既有建筑节能改造市场
发展机理与政策体系优化研究
——基于主体行为策略视角

郭汉丁/著

教育部哲学社会科学研究
后期资助项目（16JHQ031）

科学出版社

北　京

内 容 简 介

本书是教育部哲学社会科学研究后期资助项目结题成果。本书采用"总-分-合"的思路模式，基于主体行为策略视角，从系统整体概况实施全面规划着手，架构总括、市场培育实践、市场保障体系、市场发展政策、研究动态等五大模块，构建了既有建筑节能改造市场发展机理与政策体系优化的理论体系。

本书可作为高等学校、科研院所相关专业教师、研究人员和学生开展研究的参考书，也可供工程建设领域专业技术人员、行业管理工作者学习与实践借鉴，并为政府主管部门科学决策提供理论支撑。

图书在版编目（CIP）数据

既有建筑节能改造市场发展机理与政策体系优化研究：基于主体行为策略视角 / 郭汉丁著. —北京：科学出版社，2019.2

ISBN 978-7-03-059661-1

Ⅰ. ①既⋯　Ⅱ. ①郭⋯　Ⅲ. ①节能－建筑市场－发展－研究－中国 ②建筑－节能政策－研究－中国　Ⅳ. ①F426.9

中国版本图书馆 CIP 数据核字（2019）第 273251 号

责任编辑：徐　倩 / 责任校对：贾娜娜
责任印制：张　伟 / 封面设计：无极书装

科 学 出 版 社 出版
北京东黄城根北街 16 号
邮政编码：100717
http://www.sciencep.com

北京虎彩文化传播有限公司 印刷
科学出版社发行　各地新华书店经销
*

2019 年 2 月第 一 版　开本：720 × 1000　1/16
2019 年 2 月第一次印刷　印张：15 3/4
字数：302 000

定价：126.00 元
（如有印装质量问题，我社负责调换）

作者简介

郭汉丁，男，1962 年 10 月生。博士（后），教授，高级工程师，硕士研究生导师，天津城建大学生态宜居城市与可持续建设管理研究中心主任。30 多年来一直从事建设工程管理实践、教学与研究工作。主要围绕生态宜居城市与可持续建设管理开展建设工程质量政府监督管理、废旧电器回收再生利用生态产业链管理、既有建筑节能改造管理等三个方面进行研究。主持国家自然科学基金项目 3 项、省部级项目 10 余项；出版学术著作 6 部，发表学术论文 200 余篇，主编省部级规划教材 2 部；获天津市社会科学优秀成果等省部级科研成果奖 4 项。主持工程项目管理课程群教学团队获批天津市市级教学团队，主持工程建设管理综合训练中心获批天津市实验教学示范中心，获批高等教育天津市教学成果二等奖 1 项并获天津市教学名师奖。获山西省"2080"重点工程"先进个人"、"天津市优秀博士后研究人员"、天津市五一劳动奖章等荣誉。

前　言

　　伴随我国城镇化与城市现代化进程，实现经济繁荣与社会发展的同时，历史发展观的局限性也带来了自然资源枯竭、生态植被脆弱和环境恶化等负面影响。以循环经济理论为指导，牢固树立"创新、协调、绿色、开放、共享"的五大发展理念，全面落实经济建设、政治建设、文化建设、社会建设、生态文明建设五位一体总体布局，已成为以经济社会可持续发展实现强国富民梦想国家战略的内在要求，更新发展理念、优化产业结构、和谐人与自然关系成为时代进步与社会发展的主旋律。解决资源能源危机和生态环境问题需要科学的战略规划，更需要全面扎实持续推进。改革开放以来，经济社会建设成就辉煌，我国建设规模之大，建筑存量增长之快，成为世界之最，前所未有。但由于粗放型增长，建筑能耗攀升高达全社会总能耗的1/3，建筑业成为我国社会发展过程中资源与能源消费大户。因此，我国要实现节能减排的战略目标离不开建筑节能。从目前建筑业整体状况来看，建筑节能必须实施新建建筑绿色化和既有建筑绿色改造齐头并进。从我国既有建筑节能改造实践来看，以政府为主导的既有建筑节能改造经过10余年发展，取得了显著成效，但还与既有建筑绿色改造和全社会节能减排战略目标要求相差甚远，主要体现在市场机制欠完善、主体驱动乏力、政策匹配性不够等，造成节能改造功能效果、节能效益和市场发展进程都不明显。因此，基于主体行为策略视角，开展既有建筑节能改造市场发展机理与政策体系优化研究，以引导既有建筑节能绿色改造市场健康发展值得深入探讨。

　　既有建筑节能改造管理研究涉及多方面、多视角，既有开展市场管理与市场交易规则研究的必要性，也有进行市场运行模式和投融资平台建设研究的内在要求，还有深化绿色建造和绿色产业链管理探索的实践需要，更有探索绿色改造各个主体社会责任履行和协同驱动机理的市场治理要求。而且，随着建筑节能技术进步和科技创新发展，从理论上讲，既有建筑绿色改造是永恒持续的历史任务与责任，具有区域差异性和时代特征性的丰富内涵与动态演化规律。因此，全面系统地开展既有建筑绿色改造研究具有很强的理论价值和很好的实践意义。

　　基于主体行为策略的既有建筑节能改造市场发展机理与政策体系优化研究，在深入分析既有建筑节能改造市场行为特征及主体行为影响因素的基础上，以培育和完善既有建筑节能改造市场为出发点，基于既有建筑节能改造主体有限理性经济人假设，构建各节能改造主体的行为博弈策略及动态演进规律，建立既有建筑节能改造市场良性发展的保障体系；从既有建筑节能改造市场运行特征分析入手，在探讨其市场发展影响因素及其反馈关系的基础上，架构既有建筑节能改造市场发展机理模型和路径优化演进过程，提出既有建筑节能改造市场发展路径优化的基本原则与实施策略；在分析其市场构成主体、运行特征、影响因素的基础上，以政策体系构建中的主体行为策略分析为切入点，阐述既有建筑节能改造政策体系构建原理，建立既有建筑节能改造政策有效性评价体系和市场成熟度评价模型，提出基于市场成熟度的既有建筑节能改造政策体系构建与优化策略。本书采用"总-分-合"的思路模式，基于主体行为策略视角，遵循研究的学理逻辑，开展"既有建筑节能改造市场主体行为策略与保障体系、市场发展路径优化、基于市场成熟度的政策体系构建机理"三个子课题研究，从系统整体概况实施全面研究规划着手，构架总括、市场培育实践、市场保障体系、市场发展政策、研究动态等五大模块，初步形成了既有建筑节能改造市场发展机理与政策体系优化的理论体系。

本书形成经历了立题研究、学位论文论证、后期资助项目深化完善、全文统稿充实研究等，历时 10 年之久。尽管笔者进行了反复推敲与修改，但由于本书主要成果形成的阶段性，部分数据资料时间较早而尚未完全更新，研究内容分块实施可能会造成语言表达方式欠一致等不尽如人意之处。再者，由于笔者水平有限，书中的疏漏与不妥之处在所难免，敬请广大读者批评指正。

郭汉丁

2017 年 6 月 19 日

目　录

第1章 绪 论

我国自然资源丰富，但人均占有量不足，节能减排是实现可持续发展的必然要求，节能减排任重而道远。建筑能耗与工业能耗、交通能耗是我国的三大能源消耗，能源消耗总量大，造成严重的能源匮乏。我国既有建筑基数庞大，绝大部分属于非节能建筑，且每年新建建筑也只有很少一部分属于节能建筑。所以，既有建筑能耗是我国建筑能耗的主要组成部分，既有建筑节能改造势在必行。面临严峻形势，既有建筑节能改造已引起政府有关部门的高度重视，我国已积极推动既有建筑节能改造实践，但效果不很明显。因此，基于主体行为分析，培育和完善既有建筑节能改造市场发展机制，对实现我国建筑节能战略目标具有重大意义。

1.1 研究背景与意义

1.1.1 研究背景

以市场机制推动既有建筑节能改造事业发展是新时期建筑节能的内在要求，是基于我国能源匮乏、既有建筑能耗高和国家发展战略的必然选择。开展既有建筑节能改造市场发展机理与政策体系优化研究的时代背景可归纳为以下三个方面。

1）严峻的能源匮乏形势

虽然我国有着丰富的自然资源，但人均占有量严重低于世界人均占有量是不争的事实，与世界人均占有量相比，我国的煤炭人均占有量仅为其51.3%，石油为11.3%，而天然气仅为3.8%，我国面临着严峻的能源生产与供应不足的形势。《中华人民共和国2010年国民经济和社会发展统计公报》数据显示，我国2010年能源消费总量达32.5亿吨标准煤，比2009年增长5.9%，我国平均每万元国内生产总值（gross domestic product，GDP）能源消耗是0.9吨标准煤，2007～2009年的平均每万元GDP能源消耗也是一直徘徊在0.9～1.0，相比2006年之前的1.21有所下降，但仍比世界先进水平高3～4倍。近年来，我国以"高消耗"的粗放式经济发展透支我国的资源、能源和生态环境，我国各地区不同程度地出现了电荒、煤荒、油荒等现象，只能靠"拉闸限电"等措施来弥补我国的能源不足，而这仅仅是我国能源匮乏的一个缩影。未来的全球竞争将会是能源资源战，我国是一个能源资源匮乏国，而我国未来对能源与资源的需求将会越来越大。我国每年的能耗仅次于美国，居世界第二位，其中，建筑能耗占比已经从 1978 年的 10%跃升到 2012 年的 1/3，预计到 2020 年甚至会超过 35%，建筑节能无疑是缓解我国资源能源匮乏局面的有力举措。

2）严重的既有建筑能耗

随着我国城市化进程的加快和人民生活水平的持续提高，我国的城市建设会较长时期处于高峰期，每年将有 16 亿～22 亿 m² 的建筑竣工，而这些新建建筑中仅不到 10%属于节能建筑；在超过 560 亿 m² 的既有建筑中，由于当时的历史因素及技术条件的限制，最乐观估计，达到节能标准的建筑尚不足 4%。在我国庞大规模的既有建筑中，绝大部分建筑建成于 20 世纪八九十年代，没有节能的概念，围护结构、门窗等没有节能规范要求，建筑的保温、隔热、气密性较差，住宅热环境较差等。因此，我国单位建筑面积能耗相比气候条件相近的发达国家要高出 3～5 倍，其中，外墙的传热系数为 3.5～4.5 倍，外窗为 2～3 倍，屋面为 3～6 倍，门窗的空气渗透量为 3～6 倍。随着我国居民生活水平的持续提高，居民对居住环境更强调舒适度的要求，除了日常的照明、家电、生活热水等能源消耗，还有冬季采暖和夏季降温等的能源消耗。有关资料显示，在我国城镇居民中，除炊事用能外，城镇住宅其他终端用途单位面积能耗，尤其是空调，总用电量从 1996 年的不到 5 亿 kW·h 增长到 2008 年的超过 400 亿 kW·h[1]。如果继续任由既有建筑高能耗运行，到 2020 年我国的建筑能耗将达到 2000 年的 3 倍，接近 10.89 亿吨标准煤；如果从现在起同时对新建建筑节能和既有建筑节能改造双管齐下，达到新时期节能标准要求，那么到 2020 年仅仅在使用空调的高峰期就可以节约用电 8000 万 kW·h，有专家统计这个节约量相当于 4.5 个三峡电站满负荷出力，减少电力建设投资约 6000 亿元[2]。综上可知，我国既有建筑规模基数大且能耗严重，我国既有建筑具有很大的节能改造空间。

3）国家对建筑节能高度重视

我国建筑节能始于“九五”期间建立节能示范试点，并于“十一五”逐步全面展开。2004 年发布的《节能中长期专项规划》中，节能被作为一项战略性举措，且在《国民经济和社会发展第十一个五年规划纲要》中，建筑节能被纳入十大节能工程之一，在“十一五”期间，要求单位 GDP 能耗降低 20%，完成 1.5 亿 m² 的既有建筑节能改造任务等目标。在超额完成“十一五”期间建筑节能任务的前提下，《国务院关于印发“十二五”节能减排综合性工作方案的通知》（国发〔2011〕26 号）又明确提出既有建筑节能改造作为节能重点工程，在国家“十二五”期间，北方采暖地区既有居住建筑供热计量和节能改造 4 亿 m² 以上，夏热冬冷地区既有居住建筑节能改造 5000 万 m²，公共建筑节能改造 6000 万 m²，高效节能产品市场份额大幅度提高的要求[3]。所以我国既有建筑节能改造工作难度大、时间紧、任务重。

我国既有建筑能耗严重,已经引起国家的重视,既有建筑节能改造相关研究与实践也是方兴未艾,经过多年的努力,积累了一些经验,取得了一定成绩。但我国既有建筑节能改造工作还处于试点示范阶段,仍难以全面推进、大范围推广。既有建筑节能改造在我国刚刚起步,在推进过程中难免会遇到无法预知的困难和问题,分析既有建筑节能改造实践工作过程中可能存在的问题,并基于问题导向提出有效对策来实现既有建筑节能改造目标,成为建筑节能领域的重要研究课题。既有建筑节能改造市场部分失灵,仅依靠政府行政手段难以大面积推广,需要市场与政府共同作用,培育和完善既有建筑节能改造市场,运用市场机制与政府行政手段相结合的方式推动既有建筑节能改造事业发展,以完成我国建筑节能战略目标。

1.1.2 研究意义

既有建筑节能改造市场失灵导致我国既有建筑节能改造实践工作举步维艰,站在市场监管与治理角度,通过市场特征及市场主体间行为策略分析,寻求既有建筑节能改造市场治理理论创新及制度创新,培育及健全既有建筑节能改造市场,运用市场机制推动既有建筑节能改造实践,具有重大的理论与实践意义。

1)丰富市场治理理论,形成既有建筑节能改造政策体系构建理论支撑

通过分析既有建筑节能改造市场主体行为规律,探究既有建筑节能改造市场发育阶段特征、驱动机理和运行机制,构建基于主体行为策略视角的既有建筑节能改造市场治理理论体系;在对比国内外既有建筑节能改造政策体系构建实践及特点的基础上,剖析我国既有建筑节能改造政策体系存在的不足,探讨既有建筑节能改造市场成熟度评价模型、既有建筑节能改造政策有效性评价模型,探索基于市场发育的既有建筑节能改造政策演变机理,分析既有建筑节能改造政策有效性与市场发育的匹配性及适应性,构架适应市场发育的有效政策体系框架,提出既有建筑节能改造政策体系优化路径与实施策略,可以丰富市场治理理论,完善既有建筑节能改造政策理论体系,为既有建筑节能改造政策体系构建提供理论支撑,为相关部门优化既有建筑节能改造政策体系提供理论借鉴与参考。

2)繁荣既有建筑节能改造市场,实现国家节能减排战略

节能减排、可持续发展已成为我国科学发展的主旋律和国家战略,建筑能耗居高难下的问题日显突出,我国既有建筑节能改造任务超过 500 亿 m^2,推行既有建筑节能改造是实现建筑行业节能减排目标的重要工作。因此,研究既有建筑节能改造市场运行规律,探讨既有建筑节能改造市场运行的政策体系与优化路径,

创造有利于既有建筑节能改造市场健康发展的社会环境与运行机制，以市场机制推动既有建筑节能改造事业发展，繁荣既有建筑节能改造市场，对于实现我国节能减排战略目标具有重大的现实实践意义。

3）实现既有建筑节能改造各方综合效益最大化，提高既有建筑节能改造实践的有效性

我国既有建筑节能改造起步不久，建筑类别多样性与主体构成的层次复杂性，加上既有建筑节能改造主体行为失范等问题的存在，构成了既有建筑节能改造工作的各种潜在困难。基于既有建筑节能改造市场主体行为特征与需求分析，探究既有建筑节能改造市场发育规律、驱动机理与运行机制，提出既有建筑节能改造市场健康发展的政策与实施对策，对于增强既有建筑节能改造主体意识、调动主体既有建筑节能改造的积极性、繁荣既有建筑节能改造市场、推动既有建筑节能改造事业健康有序发展，具有很强的实践指导意义。节能改造主体是既有建筑节能改造市场运行的核心力量，市场培育机制研究的关键在于分析各主体的行为特征与策略、构建市场主体激励与约束机制，开展既有建筑节能改造市场培育机制与发展对策研究，形成既有建筑节能改造政府市场治理理论体系，有利于促进既有建筑节能改造主体行为规范，保证既有建筑节能改造实践的有效性，改善既有建筑节能改造的效果，更好地实现既有建筑节能改造各方综合效益最大化。能源与环境形势的日益严峻、市场发育不同阶段特征、区域发展差异性的本质对既有建筑节能改造政策体系的匹配性与针对性提出了更高的要求。因此，在对既有建筑节能改造市场发育成熟度及政策有效性进行科学评价的基础上，以政策体系构建中的主体行为策略分析为切入点，架构适应市场发育的既有建筑节能改造有效政策体系框架，可以提高既有建筑节能改造政策制定的科学性；以解决我国既有建筑节能改造政策体系实际存在问题为导向，分析政策实施的环境条件，提出既有建筑节能改造政策体系优化路径及其有效运行策略，能促进政策实施的有效性。

1.2 研究目标与内容

1.2.1 研究目标

既有建筑节能改造市场培育机制与发展政策研究，旨在深入分析既有建筑节能改造主体市场行为影响因素及其特征的基础上，根据市场形成与发展的一般性规律揭示我国既有建筑节能改造市场发展现状与基本特征；剖析既有建筑节能改造市场发展因素，建立其影响因素动态反馈模型，系统阐释既有建筑节能改造市

场发展机理；探究政府与市场主体、市场主体之间的行为博弈策略与演化机理；应用节能服务企业（energy service company，ESCO）与产业共演理论剖析既有建筑节能改造市场发展路径，从自组织和外部干预两个角度，探析既有建筑节能改造市场发展路径优化模式；剖析我国既有建筑节能改造政策体系尚存在的不足，以推进我国既有建筑节能改造市场健康发育为目标，以政策体系构建中的主体行为策略分析为切入点，以培育和完善既有建筑节能改造市场为出发点，通过建立健全既有建筑节能改造相关法律法规、制度、政策，构建系统完善的既有建筑节能改造市场运行机制，以推动既有建筑节能改造实践进程，为政府引导市场、规范既有建筑节能改造主体市场行为、推动既有建筑节能改造市场健康有序发展，提供决策理论依据和对策实践指导；以科学度量既有建筑节能改造市场成熟程度及政策有效性水平为基准，构建与市场实际发育水平相匹配的有效政策体系，形成并完善既有建筑节能改造市场治理理论体系，以提高既有建筑节能改造市场治理的科学性和有效性，更好地保证既有建筑节能改造的环境、社会及经济效益，全面落实国家建筑节能减排的发展战略。

1.2.2 研究内容

既有建筑节能改造是建设生态型社会、实现可持续发展的时代要求，既有建筑节能改造是落实国家节能减排战略、促进可持续发展的重要举措。既有建筑节能改造是我国建筑节能发展战略的重要组成部分，是国家大力倡导建设环境友好型和资源节约型社会的必然要求，培育和完善既有建筑节能改造市场，以政府促进、市场运作来推动既有建筑节能改造实践是落实建筑节能战略的必经途径。推动既有建筑节能改造市场发展已成为提高既有建筑节能改造运行效率、实现既有建筑节能改造效果必须坚持的基础性问题，推动既有建筑节能改造市场健康发展离不开科学的政策引导与规制，区域发展的差异性本质上又要求政策的匹配性与实践针对性，考虑市场发育阶段性的政策体系构建是既有建筑节能改造实践的内在要求。市场发展与运行的关键在于主体积极参与，我国地域广阔、区域发展差异性大，不同地区既有建筑节能改造任务量和市场发展阶段不同，促进既有建筑节能改造市场发展的策略选择应该有所区别。因此，探讨既有建筑节能改造市场发展路径优化机理，针对既有建筑节能改造市场发育不同阶段，探讨既有建筑节能改造政策体系构建机理具有现实的理论与实践价值。

本书在深入分析既有建筑节能改造市场行为特征及主体行为影响因素的基础上，以培育和完善既有建筑节能改造市场为出发点，基于既有建筑节能改造主体理性经济人假设，构建各既有建筑节能改造主体的行为博弈策略及动态演进模型，建立既有建筑节能改造市场良性发展的保障体系；从既有建筑节能改造市场运行特征分析入手，在探讨其市场发展影响因素及反馈关系的基础上，架构既有建筑节能改造市场发展机理模型和路径优化演进过程，提出既有建筑节能改造市场发展路径优化的基本原则与实施策略；在分析既有建筑节能改造市场构成主体、运行特征和影响因素的基础上，以政策体系构建中的主体行为策略分析为切入点，阐述既有建筑节能改造政策体系构建原理，构建既有建筑节能改造政策有效性评价体系和市场成熟度评价模型，提出基于市场成熟度的既有建筑节能改造政策体系构建与优化策略。主要研究内容包括以下六个方面。

（1）基于市场特征及合同能源管理（energy management contract，EMC，或 energy performance contract，EPC）市场机制等概述国内外既有建筑节能改造市场培育中的理论研究成果，总结国内外既有建筑节能改造市场运行特征与实践经验，在剖析我国既有建筑节能改造现状的基础上，提出既有建筑节能改造市场主体行为策略与保障体系研究构想。从既有建筑节能改造服务市场、资本市场和技术市场等多个视角剖析我国既有建筑节能改造市场构成；结合国外成熟的既有建筑节能改造市场培育经验，阐述我国在经济激励政策、合同能源管理等融资机制、节能专项基金、能效能耗标识手段以及节能法律法规设立等方面存在的不足与原因，并由此揭示我国既有建筑节能改造市场发展前景与实施路径。

（2）基于既有建筑节能改造的准公共物品属性，分别分析既有建筑节能改造市场中政府、业主、ESCO、第三方评估机构以及其他市场主体的行为特征与影响因素；从既有建筑节能改造市场失灵剖析入手，概括引起失灵原因的市场特征主要包括外部性、信息不对称性、政府缺位、相关主体动力缺失以及融资渠道不畅等。基于主体行为影响因素及市场特征分析，建立中央政府与地方政府、政府与业主、ESCO 与业主之间的非对称进化博弈模型，以及业主与业主间的对称进化博弈模型，构筑各主体的进化稳定策略和复制动态过程；通过引入修正函数消除奇异解，构造 ESCO 与第三方评估机构的博弈双方收益修正函数，得到优化纳什均衡策略，进一步论证建立第三方评估机构的必要性和积极作用。基于既有建筑节能改造主体行为博弈策略分析，从政策保障体系、主体保障体系和完善市场架构等三方面提出构建我国既有建筑节能改造市场保障体系的实施策略。

（3）基于国内外既有建筑节能改造市场发展研究成果，从激励性政策、能效标识、市场模式和投资动机等四个方面阐述国外理论演进动态，从市场性质、激励性政策、融资模式、评价体系与政府监管五个方面概述我国相关理论研究成果，提出了既有建筑节能改造市场发展路径优化研究构想。基于既有建筑节能改造市场要素结构、经济特性和系统特征的分析，阐明影响既有建筑节能改造市场发展的动力因素、制约因素、保障因素和促进因素等四个方面及其不同市场发展阶段的影响因素转换规律；运用系统动力学理论探讨既有建筑节能改造市场运行过程中节能服务市场子系统、金融市场子系统、需求市场子系统和市场调控子系统的相互关联关系和动态反馈过程；揭示既有建筑节能改造市场发展演进机理及其市场发展的动力、保障、促进、传导和实现机制；架构既有建筑节能改造市场发展机理模型及其演化过程。

（4）引入演化经济学的共演理论，从市场运行系统自组织特性分析入手，探究既有建筑节能改造市场有效发展的本质原因是企业与产业范围内的知识创生与积累；分别研究市场自组织发展模式和外部市场政府干预的既有建筑节能改造市场优化发展路径优化过程；通过既有建筑节能改造市场主体进化博弈分析，构建政府激励企业创新的进化稳定策略及其行为边界。基于既有建筑节能改造市场发展路径的演化机理分析，阐明既有建筑节能改造市场发展路径优化的基本原则，即系统性、有效性和全过程原则；从突出市场模式主导、优化要素市场构成、推动企业技术创新等三个方面提出既有建筑节能改造市场运行路径优化的发展策略。

（5）基于国内外既有建筑节能改造政策体系构建理论研究成果概述和实践特征总结，分析既有建筑节能改造市场构成主体及其职责，剖析市场运行的三方面特征；运用系统动力学原理从市场自身、社会环境、经济影响等三个维度解析了市场成熟度影响因素及其关联关系，提出了市场培育、成长、发展、成熟四个发育阶段的界定标准。从我国既有建筑节能改造政策体系构建与运行实践问题分析入手，借鉴国外发达国家成功经验，构建了涉及市场运行多主体的基于市场发育的既有建筑节能改造政策体系基本框架；从经济环境、政治支持、社会影响等五方面剖析了既有建筑节能改造政策实施的环境条件。

（6）以市场运行有效性为导向，分析政策体系构建过程中的主体行为策略问题，分别架构激励性政策下、激励性＋强制性政策下的政府主管部门和ESCO的行为博弈模型；分析政府主管部门不同政策下的ESCO的行为策略选择路径；基于博弈策略结果的理论分析，形成了激励性政策构建、激励性＋强制性政策构建的有益启迪。在分析既有建筑节能改造政策有效性评价内容的基础上，按照层次关联关系构建既有建筑节能改造政策有效性评价体系；阐明基于重要性排序法的指标权重确定方法和灰色综合评价法的量化评价实施过程；以既有建筑节能改造市场培育阶段有关政策为例，对其政策有效性进行评价与分析。从既有建筑节能改造市场划分科学性要求出发，构建既有建筑节能改造市场发育成熟度评价模型和度量标准；通过既有建筑节能改造市场发育不同阶段的政策需求特征分析，揭示既有建筑节能改造市场发育不同阶段的政策演变机理；架构适应既有建筑节能改造市场发育的有效政策体系框架和政策体系优化路径及其内在、外在的有效运行策略。

1.3 研究观点与研究方法

1.3.1 主要研究观点

本书基于市场主体行为策略视角，剖析市场运行内在规律与发展政策体系，以市场治理为切入点，形成以下八个方面的基本研究观点。

（1）既有建筑节能改造具有市场构成多元性和发展前景广阔的特征。从既有建筑节能改造服务市场、资本市场和技术市场等多视角剖析我国既有建筑节能改造市场构成；从国家节能减排发展战略、建筑节能政策和相关产业关联等分析我国既有建筑节能改造市场的发展前景。

（2）既有建筑节能改造的准公共物品属性决定了其市场运行的基本特征。基于既有建筑节能改造的准公共物品属性，分析既有建筑节能改造市场各主体的行为特征与影响因素；从既有建筑节能改造市场失灵剖析入手，概括既有建筑节能改造市场运行的外部性、信息不对称性、政府缺位、相关主体动力缺失以及融资渠道不畅等特征。

（3）既有建筑节能改造市场有序运行是各方主体行为博弈策略的结果。基于既有建筑节能改造市场运行的主体关联关系分析，构建中央政府与地方政府、政府与业主、ESCO 与业主等主体之间非对称进化博弈模型，构筑各主体的进化稳定策略和复制动态过程；基于市场运行基本特征，论证建立第三方评估机构的必要性和积极作用；从政策保障体系、主体保障体系和完善市场架构等三个方面提出构建我国既有建筑节能改造市场保障体系的实施策略。

（4）既有建筑节能改造市场运行需要内在自发和外在监管相结合。从市场运行系统自组织特性分析入手，探究既有建筑节能改造市场有效发展的本质原因是企业与产业范围内的知识创生与积累；基于市场失灵的判断，探讨既有建筑节能改造市场自组织发展模式和外部市场政府干预的既有建筑节能改造市场发展路径优化过程。

（5）既有建筑节能改造市场发展源于系统策略的共同作用。基于既有建筑节能改造市场发展路径的演化机理分析，明确既有建筑节能改造市场发展路径优化的系统性、有效性和全过程原则；从突出市场模式主导、优化要素市场构成、推动企业技术创新等三个方面提出既有建筑节能改造市场运行路径优化的系统发展策略。

（6）既有建筑节能改造需要认识市场发育的阶段性特征。基于既有建筑节能改造市场构成主体职责与运行特征分析；运用系统动力学原理，从市场自身、社会环境、经济影响等三个维度揭示既有建筑节能改造市场成熟度影响因素及其关联关系，提出市场培育、成长、发展和成熟等四个发育阶段的界定标准，以科学认识既有建筑节能改造市场发育的阶段性特征。

（7）既有建筑节能改造市场发展政策科学性有赖于其有效性评价。基于我国既有建筑节能改造政策体系构建与运行实践问题分析，构建涉及市场运行多主体的基于市场发育的既有建筑节能改造政策体系基本框架；在分析既有建筑节能改造政策有效性评价内容的基础上，按照层次关联关系构建既有建筑节能改造政策有效性评价体系，阐明指标权重确定方法和灰色综合评价法的量化过程，为政策制定提供科学的理论依据与决策基础。

（8）既有建筑节能改造市场发展政策策略应与市场发展阶段相匹配。从市场阶段划分科学性要求出发，构建既有建筑节能改造市场发育成熟度评价模型和度量标准；通过市场发育不同阶段的政策需求特征分析，揭示既有建筑节能改造市场发育不同阶段的政策演变机理，架构适应既有建筑节能改造市场发育的有效政策体系框架和政策体系优化路径及其内在、外在的有效运行策略。

1.3.2 研究方法

本书总体上采用"总-分-合"的思路实施研究过程，首先，进行研究的总体设计；其次，采用分块形式，按照三个子课题开展分工研究；最后，以三个子课题研究为基础，按照总体系统构成要求，进行集成与整合，形成完整的全书系统体系。具体研究内容实施的研究方法主要包括以下四个方面。

（1）学习借鉴与实践创新相结合。广泛收集国内外，尤其是发达国家相关理论研究成果，及时了解既有建筑节能改造市场运行与发展实践新问题，学习借鉴多学科理论方法和国外先进经验，促进理论研究深化，提出适应我国既有建筑节能改造市场运行实践的对策建议。

（2）资料分析与专家咨询相结合。以资料分析、专家咨询为主要手段，分析既有建筑节能改造市场运行实践过程，结合市场运行基本原理与实践分析，研究既有建筑节能改造市场主体行为特征、市场发展影响因素及其政策体系构建策略。

（3）定性分析与定量分析相结合。从定性分析入手，探讨既有建筑节能改造市场构成、运行特性、政策体系与市场成熟度影响因素及其评价内容，建立既有建筑节能改造市场有效性评价指标体系；用排序法、灰色综合评价法等实施指标权重确定和评价量化，保证评价的科学性。

（4）行为分析与实践策略构建相结合。基于既有建筑节能改造市场特性分析，探究既有建筑节能改造市场主体间行为博弈过程、进化稳定和复制动态策略，揭示既有建筑节能改造市场运行机理和市场发育不同阶段的政策演变机理；结合既有建筑节能改造市场运行的实践特征分析,从政策保障体系、主体保障体系和完善市场架构等三个方面提出构建我国既有建筑节能改造市场保障体系的实施策略,构建适应既有建筑节能改造市场发育的有效政策体系框架和政策体系优化路径及其内在、外在的有效运行策略。

1.4 研究思路与体系架构

1.4.1 研究思路

本书研究思路可以分为三个基本层次。第一个层次是研究规划与实施。本书采用的基本研究思路模式为"总-分-合",即以"既有建筑节能改造市场发展机理与政策体系优化研究"的课题研究总体规划为先导,进行研究的整体设计与论证,确定总体研究目标和主要分块研究内容,并以此为基础,分解规划子课题研究方向与内容;按照课题总体研究目标要求,按照分解的三个子课题"既有建筑节能改造市场主体行为策略与保障体系研究、既有建筑节能改造市场发展路径优化研究、基于市场成熟度的既有建筑节能改造政策体系构建机理研究"分别开展专题研究,形成子课题相对完整的研究成果体系;在完成三个子课题研究的基础上,基于"既有建筑节能改造市场发展机理与政策体系优化研究"的总课题研究的逻辑内涵要求,来调整、整合已完成的三个子课题研究成果,形成系统体系完整、内容逻辑严谨的成果架构,推敲修改研究内容,形成本书系统研究最终成果,保证研究成果的整体系统性。

第二个层次是勾画课题研究统一视角——基于主体行为策略视角。本书以主体行为策略为视角,开展既有建筑节能改造市场发展机理与政策体系研究,作为本书研究的基准视角;开展三个子课题"既有建筑节能改造市场主体行为策略与保障体系研究、既有建筑节能改造市场发展路径优化研究、基于市场成熟度的既有建筑节能改造政策体系构建机理研究",均以主体行为策略为研究视角;最后,整合与集成三个子课题研究成果,同样,以主体行为策略分析为主线,形成"既有建筑节能改造市场发展机理与政策体系优化研究"的最终成果,构筑研究视角的独特性与新颖性。

第三个层次是各个子课题研究过程的学理逻辑。三个子课题研究都遵循市场构成、要素分析、影响机理、行为策略、体系构建、改善策略的研究逻辑,揭示子课题研究的内在规律与关联关系,探索三个子课题"既有建筑节能改造市场主体行为策略与保障体系研究、既有建筑节能改造市场发展路径优化研究、基于市场成熟度的既有建筑节能改造政策体系构建机理研究"的本质特征,实现研究内容的深化与提升,提高研究成果的创新性与学术价值。

1.4.2 体系架构

既有建筑节能改造市场发展机理与政策体系优化研究——基于主体行为策略视角，从系统整体概况实施全面研究规划着手，构架了总括、市场培育实践、市场保障体系、市场发展政策、研究动态等五大模块。总括以总体研究体系架构为核心要素，是对本书内容的总体设计；市场培育实践以市场构成与现状分析为切入点，以市场基础、市场主体、市场机制为核心要素，是实现市场发展的基础；市场保障体系以市场健康运行为基准，以市场发展保障体系构建与策略为核心要素，是促进市场健康有序运行的根本支撑；市场发展政策以市场发育匹配为衡量准则，以政策体系构建和政策实施效果为核心要素，是驱动市场发展的有效策略；研究动态以揭示研究规律为导向，以研究结论与发展趋势为核心要素，是市场发展探索的方向标。针对五大模块形成全书12章的基本架构，模块1为总括，即第1章，绪论；模块2为市场培育实践，由第2~第6章组成，包括既有建筑节能改造市场构成及现状分析、既有建筑节能改造市场主体行为影响因素及市场特征分析、既有建筑节能改造市场主体行为博弈分析、既有建筑节能改造市场发展演化机理、基于自组织的市场发展路径选择与优化等5章内容；模块3为市场保障体系，为第7章，既有建筑节能改造市场健康发展保障体系与有效策略；模块4为市场发展政策，由第8~第11章组成，包括基于市场发育的既有建筑节能改造政策体系架构与实施环境分析、既有建筑节能改造政策体系构建中的主体行为博弈分析、适应市场发育的既有建筑节能改造政策有效性评价、基于市场发育的既有建筑节能改造政策体系优化策略等4章内容；模块5为研究动态，即第12章，结论与展望。

模块1，对应本书第1章，绪论。主要分析既有建筑节能市场发展与政策体系构建的研究背景与意义，勾画本书核心内容与目标，提出本书关于既有建筑节能改造市场发展机理与政策体系优化研究的主要观点和研究方法，揭示本书研究的基本思路，形成本书的整体内容体系架，如图1-1所示。

模块2，由三大要素构成。要素之一——市场基础，对应本书第2章，既有建筑节能改造市场构成及现状分析，分析既有建筑节能改造市场构成、运行要素和结构特性，概述国内外既有建筑节能改造市场培育理论与实践现状，揭示既有建筑节能改造市场发展前景。要素之二——市场主体，由本书第3章"既有建筑节能改造市场主体行为影响因素及市场特征分析"和第4章"既有建筑节能改造市场主体行为博弈分析"组成，分析既有建筑节能改造市场各主体行为影响因素、市场主要特征和市场发展影响因素，揭示既有建筑节能改造不同市场发展阶段影响因素的动态演化过程，基于进化博弈理论，剖析中央政府与地方政府、政府与

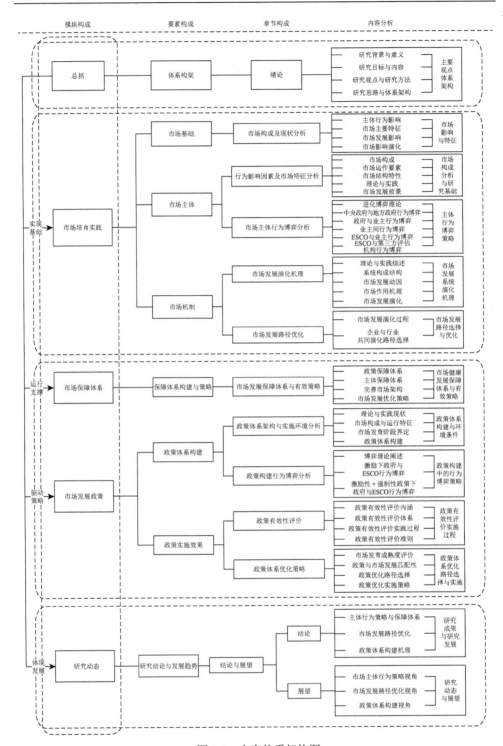

图 1-1　内容体系架构图

业主、业主与业主、ESCO 与业主、ESCO 与第三方评估机构的进化博弈策略。要素之三——市场机制，由本书第 5 章 "既有建筑节能改造市场发展演化机理" 和第 6 章 "基于自组织的市场发展路径选择与优化" 组成，概述国内外既有建筑节能改造市场发展理论与实践现状，分析既有建筑节能改造市场构成与结构，揭示既有建筑节能改造市场发展动因关系与反馈特征，剖析既有建筑节能改造市场政府监管与激励的作用机理，构建既有建筑节能改造市场发展机理与演进模型，探讨既有建筑节能改造市场发展演化过程，提出基于创新与合作的企业与产业共同演化路径选择方法，阐述政府管制下既有建筑节能改造市场发展路径优化实现机理。

模块 3，对应本书第 7 章，既有建筑节能改造市场健康发展保障体系与有效策略。从政策和市场主体两个层面，提出既有建筑节能改造市场保障体系构建的基本内容，提出完善既有建筑节能改造的市场架构，揭示既有建筑节能改造市场健康发展的基本原则，阐明既有建筑节能改造市场发展路径优化的有效策略。

模块 4，由两大要素构成。要素之一为政策体系构建，由本书第 8 章 "基于市场发育的既有建筑节能改造政策体系架构与实施环境分析" 和第 9 章 "既有建筑节能改造政策体系构建中的主体行为博弈分析" 组成，分析既有建筑节能改造政策体系建设的理论与实践现状，剖析既有建筑节能改造市场构成主体及市场运行特征，基于既有建筑节能改造市场发育成熟度影响因素分析，提出既有建筑节能改造市场发育阶段界定标准，阐明既有建筑节能改造政策体系构建的原则、思路与设计要求，分析既有建筑节能改造政策实施的环境条件，基于博弈理论，分别阐述激励性政策下和激励性 + 强制性政策下的政府与 ESCO 的行为博弈策略。要素之二为政策实施效果，由本书第 10 章 "适应市场发育的既有建筑节能改造政策有效性评价" 和第 11 章 "基于市场发育的既有建筑节能改造政策体系优化策略" 组成，基于既有建筑节能改造政策有效性内涵分析，架构既有建筑节能改造政策有效性评价体系和实施量化评价过程，开展市场培育阶段政策有效性实例分析，构建既有建筑节能改造市场发育成熟度评价模型，探讨政策有效性与市场发育的匹配性，提出既有建筑节能改造政策体系优化的路径选择与实施策略。

模块 5，即第 12 章，结论与展望。按照三个子课题划分，梳理研究结论与研究展望，研究结论包括既有建筑节能改造市场主体行为策略与保障体系研究、既有建筑节能改造市场发展路径优化研究、基于市场成熟度的既有建筑节能改造政策体系构建机理研究等三个方面；基于市场主体行为策略、市场发展路径优化和政策体系构建等三个视角，揭示既有建筑节能改造市场发展机理与政策体系优化的研究动态与展望。

第 2 章　既有建筑节能改造市场构成及现状分析

既有建筑节能改造市场构成分析涉及主体组织关系、市场要素组成体系和市场运作形式等。既有建筑节能改造的属性特征决定其市场经济特性和系统特性，探讨既有建筑节能改造市场构成特征是分析其市场运行规律的基础。

2.1　既有建筑节能改造市场构成

既有建筑节能改造在我国尚处于起步阶段，既有建筑节能改造的理念还没有被居民所接受，现阶段我国的既有建筑节能改造市场也仅是按照传统的建筑市场结构运行，相应的规范制度缺乏，政府职能单一，导致有形既有建筑节能改造市场建设不到位，市场失灵。既有建筑节能改造涉及多方主体的共同参与，它们之间的交易活动与实施过程，构成了既有建筑节能改造市场体系。然而，我国现阶段既有建筑节能改造市场架构缺乏针对性，过于突出宏观层面，微观层面运行实施问题较多。首先，有关既有建筑节能改造的相应法律法规、政策标准等不完善，使既有建筑节能改造过程难以依法规范。其次，既有建筑节能改造市场是由各方主体组成的，主体利益驱动和目标差异性，导致既有建筑节能改造市场明显投资意愿及主体源动力不足，缺乏专门的既有建筑节能改造市场主体保障体系，无法调动既有建筑节能改造市场各方主体参与节能改造的积极性。最后，现阶段的既有建筑节能改造市场体系尚不完善，缺乏相应的"链接"机构和有效的运行机制。鉴于既有建筑节能改造市场的特殊性，推动既有建筑节能改造实践必须完善既有建筑节能改造市场运行机制。完善既有建筑节能改造市场运行机制，首先需要解决的问题就是既有建筑节能改造市场构成，在此将既有建筑节能改造市场分为既有建筑节能改造服务市场、既有建筑节能改造资本市场以及既有建筑节能改造技术市场等子市场，在市场机制作用下，各市场主体之间相互作用、相互依赖、相互制约，形成一个有机系统。

2.1.1　既有建筑节能改造服务市场

在既有建筑节能改造服务市场中的主要主体是 ESCO 与既有建筑业主，它们交易的商品是既有建筑节能改造服务，其中的需方为需要进行既有建筑节能改造的业主，而 ESCO 则为提供既有建筑节能改造服务的供方。基于合同能源管理机制，ESCO 与需要进行既有建筑节能改造的业主签订节能改造服务合同，由 ESCO 负责既有建筑的节能评估、项目可行性研究、节能设计、项目融资、设备材料的选购以及安排施工直至完成改造并进行节能监测、评估等一整套服务，在合同期间，既有建筑节能改造的风险主要由 ESCO 承担，其投资成本及利润从既有建筑节能改造的收益中获得。

我国既有建筑节能改造实践尚处于起步阶段，既有建筑节能改造服务市场也还只是处于萌芽阶段。借鉴国外发达国家既有建筑节能改造实施合同能源管理的经验，既有建筑节能改造服务市场的推动需要良好的政策环境，需要建立节能改造扶持政策对 ESCO 的支持。我国的 ESCO 由于缺乏支持其发展的良好政策环境，往往面临节能融资、税收、市场开拓、风险控制等方面的问题。既有建筑节能改造服务市场的信息不对称性，缺乏相应的第三方专业评估机构对既有建筑节能改造效果进行认证评估，业主与节能改造服务企业间会增加额外的搜寻成本和信息传递成本，不仅导致业主既有建筑节能改造的积极性降低，更会形成"劣品驱良品"现象，使得既有建筑节能改造服务不好的 ESCO 将既有建筑节能改造服务好的 ESCO 逐出市场，最终导致既有建筑节能改造服务市场萎缩。

2.1.2　既有建筑节能改造资本市场

既有建筑节能改造资本市场和既有建筑节能改造服务市场是相互联系的，在既有建筑节能改造市场中，需要银行、担保公司等金融机构参与到既有建筑节能改造服务市场中，为既有建筑节能改造服务市场注入资金，以形成既有建筑节能改造资本市场。根据国际经验，既有建筑节能改造的资金来源应是多方面的，除了政府的财政拨款及节能专项基金，市场中的资金来源应占主要部分，如开发商、管理单位、供热单位、投资主体及银行等可以成为资本市场的金融机构。在既有建筑节能改造服务市场中，节能改造服务企业通过合同能源管理机制与业主签订既有建筑节能改造合同，需要由节能改造服务企业独立承担既有建筑节能改造项目的融资。因此，引导、鼓励银行等金融机构参与既有建筑节能改造，可以拓宽既有建筑节能改造服务企业融资渠道，丰富既有建筑节能改造资本市场。

EPC 模式下，既有建筑节能改造是 ESCO 投资并提供全过程服务的过程，面临的首要问题是既有建筑节能改造资金的落实，在我国超过 560 亿 m² 既有建筑中，住房和城乡建设部（简称住建部）建筑节能与科技司的测算，按既有建筑进行综合改造所需资金为 200～300 元/m² 计算[1]，全部既有建筑节能改造需要投入的资金是相当惊人的，即使国家拟在 2020 年前拿出 2.1 万亿元进行既有建筑节能改造，对庞大规模的既有建筑节能改造资金需求来说，仍是杯水车薪。国家不可能承担全部的既有建筑节能改造资金投入，更不能寄希望于业主投资。另外，基于既有建筑节能改造的特性，既有建筑节能改造投资回报周期较长，一般来说，既有建筑节能改造从不节能到节能 50%，需要 7 年左右时间才可以收回成本[4]，机会成本偏大，严重挫伤了节能改造投资者及金融机构的积极性，这使得我国既有建筑节能改造融资渠道相对单一、规模有限，我国既有建筑节能改造资本市场长期处于"贫血"状态，严重阻碍了既有建筑节能改造实践工作的顺利开展和既有建筑节能改造市场的良性运行。

2.1.3　既有建筑节能改造技术市场

　　既有建筑节能改造需要节能技术的支撑，既有建筑节能改造市场需要多方参建单位的参与，其中主要包括节能技术研发机构、节能材料研发机构、节能改造设计单位及节能改造施工单位等，为既有建筑节能改造提供节能技术支持以及节能材料供应，形成了既有建筑节能改造技术市场。既有建筑节能改造技术市场是既有建筑节能改造市场的基础辅助市场，是不可或缺的部分，其中，任一环节达不到要求必将导致高成本节能改造或节能改造建筑不节能。据国外发达国家的经验，既有建筑节能改造需要有专门的节能改造技术及节能产品等的研究机构，并加大政府对既有建筑节能改造技术市场的监管及激励力度。

　　我国既有建筑节能改造起步较晚，对既有建筑节能改造技术及节能材料的研发还没有专门的运营体系和机构，相应的配套环境不完善，无法为既有建筑节能改造工作的开展提供完善技术服务和后备支撑力量，使我国既有建筑节能改造实践工作处于"空中楼阁"的境地。在技术上，我国既有建筑节能改造技术相对落后，没有专门的既有建筑节能改造技术研发机构，既有建筑节能改造技术还在沿用新建建筑节能技术，节能标准仍按新建建筑节能 50%或 65%的标准。然而，既有建筑节能改造和新建建筑节能的体系是不同的，不能一概而论。从经济上看，我国低能耗产品意味着高成本，真正的节能产品不能发挥节能优势，成本高的影响使其被传统非节能产品排挤；加之缺乏相应的既有建筑节能改造市场监管机制，易发生"逆向选择"的问题，最终使节能产品退出市场。

2.2　既有建筑节能改造市场运作内涵与要素

2.2.1　既有建筑节能改造市场运作内涵

　　开展既有建筑节能改造市场发展机理研究，首先务必明确既有建筑节能改造市场定义，然而，查阅诸多研究文献和政策文件，均未找到明确描述。因此，有必要开宗明义，在既定研究基础上，给出以下定义：既有建筑节能改造市场是满足既有建筑节能改造市场运作的条件和载体，既有建筑节能改造市场运作则是指在系统的市场管理体制下，ESCO 通过市场机制为既有建筑所有者提供既有建筑节能改造服务的一种市场经济行为。对于此定义做如下三个方面的解释。

第一，既有建筑节能改造市场是满足既有建筑节能改造市场运作的条件和载体。在当代，市场一词不仅指交易场所，还包括了所有的交易行为。它为一切市场经济行为提供空间、原料、资本、知识、程序和通道。因此，既有建筑节能改造市场是对一切满足既有建筑节能改造市场运作系统环境的总称[5]。具体来说，按照所承载的条件与功能不同进行划分，既有建筑节能改造市场可以划分为既有建筑节能改造材料市场、既有建筑节能改造服务市场（包括节能改造服务供给市场与节能改造服务需求市场，在此，将既有建筑节能改造服务供给市场简称为节能改造服务市场，将既有建筑节能改造服务需求市场简称为需求市场）、既有建筑节能改造金融市场、既有建筑节能改造信息市场和既有建筑节能改造技术及人才市场。

第二，既有建筑节能改造市场是一个复杂系统，有其必要的运作条件与载体。因此，从控制论和系统论角度看，机制是指一种能够自行调节自身变化，以保持系统平衡的机能，而市场机制就是指市场在运行过程中，能够不断自我调整，由市场平衡到不平衡，又由不平衡到新条件下的平衡的机能[6]。在现代市场中，市场机制主要指维持市场稳定运行的供求机制、价格机制、竞争机制、货币流通机制和风险机制。因此，广义上讲，既有建筑节能改造市场机制就是指一切满足既有建筑节能改造供求规律、价格规律、竞争规律、风险规律的市场运行机制。狭义上讲，既有建筑节能改造市场机制则是指基于"合同能源管理"模式的市场运行机制。该模式起源于美国，并在欧美发达国家发展成熟，现已引入我国，并作为主要市场机制应用于既有建筑节能改造市场的培育与发展。

第三，系统的市场管理体制主要包括两个方面的内容，一方面是市场经济的本质属性——法制特性所决定的，因此，对既有建筑节能改造市场监管的基础应当是依法管理，通过完善的法律制度建立权责明晰的契约关系，从而保证既有建筑节能改造市场的健康运行。另一方面，既有建筑节能改造具有准公益性和正外部性，仅凭市场机制的单独作用，会导致市场失灵。因此，为满足此特殊性，必须介入适当的政策管制，统筹布局、因势利导是市场发展过程中必不可少的手段。但是，应该明确政府监管的行为权界，即应在法律框架下维护市场运行秩序，而不是以计划主导市场发展；约束 ESCO 的不法行为，但不干预产业发展、企业经营自由。

2.2.2　既有建筑节能改造市场运作基本模式——合同能源管理

"合同能源管理"是起源于 20 世纪 70 年代欧美发达国家的一种基于市场的节能改造运行新机制。ESCO 为客户提供既有建筑节能改造方案设计、能源系统诊断、设备选购、项目融资等专业化服务，随后提供节能检测、节能改造工程施工、合同期内节能设备的运行与保养维护、人员培训等一条龙服务[7]。根据项目最终获得的节能量和效益，按照合同要求折算成节能收益，从而从中收回投资和获得利润，即通过既有建筑节能改造项目减少的能源消耗而获得的节能收益来偿付节能改造投资费用[8]。

2.2.3　既有建筑节能改造市场运作核心主体——ESCO

ESCO 是一种基于合同能源管理机制运作的、以营利为目的的专业化服务公司。ESCO 与客户签订既有建筑节能改造合同，向其提供既有建筑节能改造集成方案和成套服务，并通过与客户分享节能效益等方式获得利润[9]。我国 ESCO 主要有四种形式：一是从业节能企业；二是建筑科研类机构；三是综合型建筑企业；四是节能服务中心[10]。目前，我国 ESCO 提供的合同能源管理模式大致分为业主或政府委托模式、节能量保证、节能效益分享、能源费用托管、设备租赁、能源管理服务、全过程能源管理服务七种模式[11]。

2.3　既有建筑节能改造市场结构与特性分析

2.3.1　既有建筑节能改造市场结构分析

既有建筑节能改造市场体系是一个统一的庞大市场系统。它的各个构成部分既相互独立，又互相依存。分析既有建筑节能改造市场特性，应该首先明确其市场要素构成、产品与服务流通时序过程和市场运行的行为承担者。

1. 市场要素结构

生产要素市场是发挥市场在资源配置中的基础性作用的必要条件，按照现代社会生产要求，生产要素由资金、劳动力、信息、技术、土地、产权等构成。其中，资金、劳动力、信息和技术是支持既有建筑节能改造市场发展的关键因素。因此，下面重点分析既有建筑节能改造市场的金融市场、劳动力市场、技术市场和信息市场。

1）金融市场

目前我国 ESCO 的融资渠道可分为内部融资和外部融资两种方式[12]。内部融资主要是 ESCO 内部自有资金，是合同能源管理项目最大的资金来源，是我国 ESCO 最主要的融资渠道，内部自有资金主要包括企业所有者自身投入的资本金、利润以及利润留存转增资本等。外部融资方式主要有股权融资和债权融资两类，分属直接融资和间接融资。目前，中国合同能源管理外部融资的主要方式有国内商业银行贷款、中小企业信用担保资金、政府节能基金和补助、国际机构贷款/赠款/EPC 信用担保贷款和租赁融资、ESCO 之间的互补合作等。

目前，越来越多的银行业金融机构，特别是以中小型企业为目标客户群的商业银行，已经对既有建筑节能改造服务行业产生浓厚兴趣。其中，兴业银行、北京银行、浦发银行、华夏银行、平安银行等已走在行业前列，均已推出 EPC 专项特色金融产品，除了利用现有传统金融产品，还在如何利用 EPC 项目未来收益权等方面进行大胆创新，促进既有建筑节能改造资金市场的发展成熟[13]。非银行金融机构如担保公司、融资租赁公司、证券公司、股权投资类机构等也均已参与到合同能源管理模式资金市场的开发中。资金市场正处于全面化、专业化、差异化的发展过程中。

另外，项目融资、民间主动融资、碳融资等模式也正处于尝试、论证过程中，为未来既有建筑节能改造资金市场发展提供新的动力。

2）劳动力市场

既有建筑节能改造从属于建筑节能范畴，其劳动力需求同建筑行业需求大致相同。在市场运作过程中，企业还需结合合同能源管理的特殊性质招收专业化人才。重点发展灵活性的财务管理人员、全面性施工技术人员和综合性管理人员。

《合同能源管理项目财政奖励资金管理暂行办法》中规定：申请财政奖励资金的节能服务公司须拥有匹配的专职技术人员和合同能源管理人才，具有保障项目顺利实施和稳定运行的能力。既有建筑节能改造劳动力市场应该为此类专业人才提供良好的沟通渠道[14]。目前，我国针对合同能源管理，建筑节能相关的执业资格认证主要有以下几种：（中/高级）注册能源管理师、注册能源审计师；注册节能评估师；建筑节能工程师；绿色建筑咨询工程师；注册环保工程师资格；注册公用设备工程师资格；注册咨询工程师（投资）执业资格；二级建造师执业资格；一级建造师执业资格等。

但是，值得注意的是，专业人员的培养大多是对建筑和工程背景从业人员的再培训，并由相关政府和社会机构完成。全国各高校普遍缺乏建筑节能专业设置，不利于综合性人才的培养。因此，应建立具有针对性的学科教育体系，依托技术力量雄厚的大中型企业及高校开展专门人才培养；科研院所、学校结合重点研发项目、重大工程建设和干部培训等方式，造就和培养一大批专业人才，从人才储备上确保既有建筑节能改造产业的全面可持续发展[15]。

3）技术市场

ESCO 提供的节能改造服务是一系列的技术集成。国际金融公司与中国节能网联合调研的《中国建筑节能服务行业发展趋势研究报告》统计，在所调查的 425 家 ESCO 中有 39%为高新技术企业，另有 30%的企业正在申请。在另一项调查中显示，有 78%的企业拥有专利，在此比例基础上，有 65%的企业拥有发明专利，86%的企业拥有实用新型专利，20%的企业拥有外观设计专利。由此可见，节能服务产业具有技术密集特性，突出了技术创新对行业和市场发展的重要作用。

在合同能源管理框架下，ESCO 需要具备以下技术：冷源改造技术、热源改造技术、照明系统节能改造技术、水系统节能改造技术、风系统节能改造技术、供配电系统改造技术、可再生能源利用和热电联产技术、建筑围护结构节能改造技术（包括门窗、墙体、屋顶节能改造）、楼宇自控与能源管理系统应用技术等[16]。

目前，国家陆续出台了《既有采暖居住建筑节能改造技术规程》、《民用建筑能效测评标识技术导则》、《民用建筑节能条例》、《公共机构节能条例》、《北方采暖地区既有居住建筑供热计量及节能改造技术导则》、《民用建筑能效测评标识技术导则》、《村镇宜居型住宅技术推广目录》、《既有建筑节能改造技术推广目录》和《夏热冬冷地区既有居住建筑节能改造技术导则（试行）》等技术规范和推广性文件。

住建部历年均组织社会企业、研究院校申报住建部科技项目，促进产学研合作，开发新技术，研究新型管理模式[17]。既有建筑节能改造行业积极开展科技成果交流论坛，最具代表性的就是每年一届的国际绿色建筑与建筑节能大会暨新技术与产品博览会，来自国内外的上百家知名企业届时展示国内外绿色建筑与建筑节能领域的最新成果、发展趋势和成功案例，以及建筑行业节能减排、低碳生态环保方面的最新技术、产品以及应用发展，极大地促进了节能技术的交流与学习。

4）信息市场

既有建筑节能改造信息市场的建立显得格外重要，一方面，从 ESCO 外部环境角度来说，既有建筑节能改造市场具有的信息不对称性，致使"逆向选择"现象发生[18]；同时，金融机构无法完全取得 ESCO 财务信息，又会导致其放贷意愿薄弱。另一方面，从 ESCO 内部运营角度来说，由于节能服务行业具有技术与资本密集型特征，企业需要通过专业的信息渠道及时了解最新技术和行业政策信息，从而掌握先机，提升自身竞争力，并降低信息搜寻成本。作为新兴行业，ESCO 也亟须通过建立媒介通道进行企业核心竞争优势的展示与宣传。由此可见，建立既有建筑节能改造信息市场具有非常重要的意义。目前，国家发展和改革委员会与财政部已经在全国范围内完成了五个批次的 ESCO 备案，从而一定程度上推进了 ESCO 运行资质的标识工作。但是，发展既有建筑节能改造市场，推进 ESCO 发展，要求尽可能实现信息资源共享，降低信息成本。其信息市场的平台建设还应包括构建能耗信息库、能源计量手段和方法交流平台、建筑用能价格公示系统、建筑产品能效认证与标识等；鼓励发展第三方评估机构与能源咨询机构；充分结合现代多媒体手段，开发 G2B（government to business）、B2B（business to business）的电子政务、商务信息平台，利用移动传媒、传统广电传媒等手段进行节能公益、企业宣传[19]。

2. 市场层次结构

市场层次结构是既有建筑节能改造市场体系的纵向结构体系，是按照商品与服务流通的时序形成的市场结构。商品或者服务在离开生产领域进入流通领域、向消费领域运动时，会发生若干次的商品实体空间位移和价值形态变换过程。承载其运行过程并与商品、服务运行各环节相匹配的市场运行承载体，被分为若干层次的市场，并依序表现为初级市场、中间市场和最终市场。

1）既有建筑节能改造初级市场

初级市场也称基础市场，主要包括节能改造材料、设备的交易市场；ESCO 发行股票和债券的一级发行市场；既有建筑节能改造项目招标市场；劳动力市场中的职业市场等四个部分。

既有建筑节能改造跨越第二产业和第三产业，既有建筑节能改造工程的实质是通过改善建筑用能设备、更换节能材料等物质条件来改善建筑能耗状况[20]。所以，从全寿命过程来讲，既有建筑节能改造市场交易内容不仅包括服务，还包括建材、设备等原料、商品。既有建筑节能改造的生产资料市场从属于建材市场，除了一般建筑材料、设备、部品需求，实施既有建筑节能改造还需要节能材料、设备和技术的支撑。我国目前已出台《既有建筑节能改造技术推广目录》，为材料、设备的选择提供了可靠参考。相关研究显示，目前，我国既有建筑改造结构与功能材料的供应情况有以下几个方面特性：第一，建筑结构胶起步较晚，发展较快，产品质量参差不齐；第二，推进纤维复合材料国产化，提高材料质量以降低成本；第三，聚合物砂浆的应用前景较好；第四，钢筋阻锈剂的研究有明显进展。需要发展的工作包括高性能胶种的开发、混杂纤维复合材料的发展及推广、耐火型既有建筑节能改造结构与材料及功能材料的研究等。从市场交易现状看，节能材料的种类相对有限，高性能材料成本较高，不利于普及。

另外，既有建筑节能改造市场的股票和债券一级发行市场，既有建筑节能改造项目招标市场和劳动力市场中的职业市场，均属于其所对应行业的一个组成部分。因此，其运作模式与规则具有行业一般性，以上只对既有建筑节能改造市场的特殊性进行阐述，其余不予赘言。

2）既有建筑节能改造中间市场

中间市场按照市场时序结构位于初级市场与最终市场之间，是承载商品流通中转环节经济活动的市场。既有建筑节能改造中间市场主要包含建材批发市场、运输市场、仓储市场与资金市场、劳动力市场与人才市场中的劳动力和技术人才转让市场、企业承包与租赁市场等[21]。其中，批发、运输、仓储市场具有行业普遍性，在此不过多介绍。资金市场、劳动力市场状况在前面有详细介绍。在此需要说明的是，中间市场结构体系中仅包括短期资金市场，其构成有票据贴现市场、短期存贷市场和定期存单市场。而包含股票和债券的二级流通市场则属于最终市场范畴。

在 EPC 机制中，融资租赁模式是 ESCO 债务融资的一种。因此，既有建筑节能改造中间市场中存在租赁市场[22]。融资租赁又称设备租赁或现代租赁，出租人根据承租人的要求和选择，出资从供货人处购得设备，并出租给承租人使用，承租人则分期向出租人支付租金，补偿出租人所支付的设备价款、利息和一定的利润。融资租赁可以减少 ESCO 的固定资产投入成本，减少债权人投资的风险，已成为国际上广泛采用的 ESCO 融资方式之一。目前，实物租赁作为一种新型经营业态已被多个国家肯定，但目前由于大部分的设备厂商对 ESCO 或节能改造项目缺乏全面了解，仍然希望通过第三方担保或实物抵押等方式来减小风险[23]；有时设备厂商也愿意本身作为节能改造项目的参与者，将设备作为投入，占有该改造项目收益的一定比例，并在改造项目结束时得到合理回报。

3）既有建筑节能改造最终市场

最终市场处于整个市场时序结构的终端环节。既有建筑节能改造的最终产品是服务，因此，既有建筑节能改造最终市场属于特殊商品最终市场范畴，包括服务市场、信息市场、金融市场、技术市场和劳动力市场。其中，金融市场是指中长期资金市场的股票、债券二级流通市场，劳动力市场包括劳务与职业市场[24]。

3. 市场组织结构

市场组织结构是指市场的组织机构、组织形式和管理方式及其相互关系。它涉及市场主体组织、市场中介组织和市场调控组织。其中，市场主体组织是从微观角度分析企业经营商品的流通机构的类型、运行特点和相互关系；市场中介组织在市场运行中起监督、服务作用，既反映企业的要求，又对市场进行监督，协助政府做好市场监管；市场调控组织是从宏观角度分析国家运用行政、经济、法律手段对市场的管理和监督。

1）市场主体组织

市场主体组织既包括生产企业，也包括流通企业。因此，在既有建筑节能改造市场中，从物质生产角度，市场主体应包含既有建筑节能改造材料设备供应商、节能技术研发机构；从服务供给角度，市场主体应包含 ESCO、规划设计单位、施工单位、监理单位和物业管理公司。

由于既有建筑节能改造属于建筑行业范畴，在大多数主体中，既有建筑节能改造只是其建筑行业中的一个分支，而 ESCO 是既有建筑节能改造市场中最具代表性的市场主体，并且其所提供的服务是既有建筑节能改造项目的核心内容。因此，ESCO 是该市场内的最重要的市场主体[25]。

随着既有建筑节能改造市场的逐步发展，ESCO 已经逐步发展为三个主要类型：传统工业节能企业、建筑科研类机构和综合型建筑企业[26]。结合既有建筑节能改造层次市场分析，三类 ESCO 在三个时序过程中均有对应。第一类型 ESCO 提供设备与技术，并实行租赁业务，参与既有建筑节能改造初级市场和中间市场运行过程；第二类型 ESCO 与第三类型 ESCO 均参与既有建筑节能改造最终市场运行过程。由此可见，ESCO 承载既有建筑节能改造市场的全过程运作，是既有建筑节能改造市场运行发展最重要的承担者。

2）市场中介组织

市场中介组织介于企业和宏观管理机构之间，为既有建筑节能改造市场提供协调服务。既有建筑节能改造市场中的重要中介机构包括专业节能服务中介机构、金融中介机构和国际组织。

一类专业节能服务中介机构是政府委托下的行业、产业协会，主要从事资质审批，能效标识检测挂牌，提供技术、政策、产业动向信息平台等工作。我国主要行业产业协会包括中国节能协会、中国建筑节能协会、中国节能产业协会和中国节能环保产业协会[27]。另一类专业节能服务中介机构是节能服务中心，通过提供能源信息和服务实现盈利；主要从事节能政策宣贯和人才培训及为节能改造需求者提供能源审计、评估等服务。

金融中介机构提供既有建筑节能改造市场的资金融通平台，引导投资流向有效的既有建筑节能改造项目。金融中介机构包括存款机构和非存款货币机构。存款机构是指商业银行、专业银行与基层合作金融中介机构、中央信托局等。其中，专业银行包括中小企业银行、工业银行与农业银行等，而基层合作金融中介机构则包括信用合作社等。非存款货币机构包括邮政储金汇业局、信托投资公司、保险公司等。既有建筑节能改造市场的重要金融中介机构有商业银行、专业银行和信托投资公司、保险公司等。

国际组织可以利用其多国关系，为中国既有建筑节能改造工程提供技术支持、先进设备，并拓宽融资渠道[28]。目前，参与到中国既有建筑节能改造工程中的国际组织有世界银行、国际金融公司、全球环境基金等。

3）市场调控组织

我国既有建筑节能改造市场中起调控作用的组织包括中央政府、地方政府等行政管理组织、财政与税收部门、银行（包括中国人民银行和专业银行）、建设与工商行政管理部门以及物价监督机构与信息反馈系统。在对既有建筑节能改造市场行为的约束和监管方面，应建立多主体联动的系统化监督体系。其中，政府行政管理机构应主要负责制度设立和发挥监管职能；行业协会等中介机构与非政府组织应发挥行业自约束作用，运用系统化、信息化、全过程管理等手段实现对市场准入、信息、价格等方面的监管，规范既有建筑节能改造市场运行秩序[29]。对既有建筑节能改造市场发展方向的调节方面，主要通过法律政策引导、财政税收调整、银行信贷政策调整等法律、经济手段来实现。其目的是通过调节资金生产要素打破生产、流通与消费之间的原有平衡，在市场机制可调节范围内引导市场发展状态的改变。

2.3.2 既有建筑节能改造市场经济特性分析

1）外部性

既有建筑节能改造业主或 ESCO 出资进行建筑节能改造，除了其自身获得居住舒适性的提升和能源费用降低，还为社会带来额外的环境收益，但并未向社会收取报酬。因此，既有建筑节能改造具有明显的正外部性[30]。既有建筑节能改造效果将持续很久，因此，其还具备代际外部性。外部性的产生导致既有建筑节能改造市场不能实现有效均衡，必须采取相应手段补偿业主或 ESCO 投资损失，才能够有效地激励业主或 ESCO 实施既有建筑节能改造[31]。根据国外先进经验，通过行政手段可以有效地解决市场外部性问题。一方面制定政策、法律明确业主或 ESCO 权利，消除"搭公车"现象；另一方面采用补贴和税收优惠等激励手段，弥补业主或 ESCO 的外部性损失[16]。

2）信息不对称性

我国既有建筑节能改造市场尚未建立完善的能效标识制度，因此，在业主、金融机构与 ESCO 之间都存在信息不对称。一方面，ESCO 与业主之间存在信息不对称。ESCO 在实施既有建筑节能改造过程中，可以通过测量、检测等手段完全获知业主既有建筑基本能耗信息；但是，业主完全不能得到此信息以及 ESCO 改造效果的信息，所以，这些信息具有单向性，不对称的信息导致 ESCO 具有更加灵活的空间，在没有监督机制的情况下，不能有效地保证施工质量和节能效益核算[32]。另一方面，在 ESCO 和金融机构之间同样存在信息不对称。在贷款过程中，金融机构不易完全取得 ESCO 的完整信息，金融机构面临逆向选择风险。因此，影响金融机构贷款意愿。在无政府担保的情况下，金融机构不愿意贷款，从而导致既有建筑节能改造市场融资难问题。

3）资本密集与知识密集

一项针对我国2339家备案ESCO的调查显示,公司注册资金总额为380亿元,平均每家1625万元。其中,注册资金在1000万元以下的企业1357家;注册资金在1000万～3000万元的企业727家;注册资金在3000万～6000万元的企业182家;注册资金高于6000万元的企业73家。2339家ESCO总资产为800亿元,企业平均总资产为3420万元。其中,总资产在1000万元以下的企业1127家;总资产在1000万～3000万元的企业771家;总资产在5000万元以上的企业253家。合同能源管理投资额在1000万元以下的企业1849家,合同能源管理投资总额为44亿元;合同能源管理投资在5000万元以上的企业112家,合同能源管理投资总额230亿元,平均每家投资额高达2.05亿元。在2339家调查企业中,已获得过银行贷款的企业431家,贷款总额为77.95亿元。贷款额度在500万元以下的企业215家,贷款总额为4.54亿元,平均每家贷款211万元;贷款额度在500万～1000万元的企业83家,贷款总额为5.55亿元,平均每家贷款669万元;贷款额度在5000万元以上的企业36家,贷款总额为51.21亿元,平均每家贷款1.42亿元。

在一份企业员工数量的调查中,共收回有效问卷431份,50人以下的ESCO 229家;50～100人的104家;1000人以上的7家。由此可见,100人以下的ESCO超过3/4,单体ESCO的整体规模不大。根据数据可以得出判断,合同能源管理模式下的ESCO具有资本密集型特征。

合同能源管理产业属于现代服务业,它的本质并不是销售某一具体的产品或者技术,而是一系列的节能改造服务和技术集成,汇集多专业的财经专家、技术专家和管理经理人等多方面人才,其技术及专利情况相关统计数据参见前述部分的介绍[33]。综合以上观点,可以看出,既有建筑节能改造市场中的服务供给主体兼备知识密集型和资本密集型特征。

2.3.3　既有建筑节能改造市场系统分析

既有建筑节能改造是系统性工程。从地理分布状况看,我国建筑分布实行按照气候区划分为严寒地区、寒冷地区、夏热冬冷地区、温和地区和夏热冬暖地区。目前,既有建筑节能改造范围主要集中于北方寒冷地区和夏热冬冷地区。从建筑类别角度看,既有建筑节能改造主要涉及居住建筑、公共建筑、工业建筑。从既有建筑节能改造流程方面讲,既有建筑节能改造是集系统诊断、节能检测、改造方案设计、设备与原材料选购、节能工程施工、合同期内节能设备的运行与保养维护、人员培训、项目融资等一系列的节能服务集合。从改造技术方面讲,既有建筑节能改造是照明系统,水、风、冷、热、电系统,可再生能源利用和热电联产、建筑围护结构节能改造技术，楼宇自控与能源管理系统应用技术等的集合。因此，既有建筑节能改造项目本身涉及范围广泛、程序复杂、技术系统庞大。作为承载其市场运作的既有建筑节能改造市场必然相应表现出内在的系统特性。另外，由于市场经济的特殊规律性，其市场表现的系统特性还包括以下三个方面。

1) 主体多元性

既有建筑节能改造市场参与主体众多，前面已经分析了市场中所存在的组织形式与结构，主体主要包括需求主体：中央政府、地方政府、居民业主、企事业用能单位、供能企业；供给主体：ESCO、材料设备供应商、规划设计单位、施工单位、监理单位、物业管理公司；第三方主体：能耗检测检验机构、银行、担保公司等金融机构、国际组织等[34]。完成一项市场运作的既有建筑节能改造项目，需要需求主体、供给主体和第三方主体的联合参与，但是，并不是每类主体中的元素都参与其中。各主体参与时序也不相同，均需严格按照法律规定、市场机制、程序和契约关系有序参与。因此，既有建筑节能改造市场主体具有多元性，且主体间的关系是复杂的，但又是有序的。

2) 协同性

既有建筑节能改造市场的发展协同性主要表现在其各主体所形成的产业链的有序运作上。产业链共分咨询设计、产品生产、改造施工、运行维护和交付使用五个环节[35]。从投入产出视角看，该链属于技术推动型产业链。从消费者需求视角看，该链属于需求拉动型产业链。从整体上看，既有建筑节能改造产业链是综合联动型服务产业链，细化到产业链内各行业，同时，又存在纵向一体化和契约型产业链。因此，既有建筑节能改造产业链是集多种特征因素为一体的复杂型产业链。产业链内各个子链间相互连接，一荣俱荣，一损俱损，产业链上的任何一个位置的发展都能推动与促进其他部分的发展。既有建筑节能改造市场的发展是建立在既有建筑节能改造产业链各部分协同发展演化的基础上的。

3) 自组织特性

既有建筑节能改造市场发展具有自组织特性。当市场培育阶段完成，市场发展具备一定的初期规模，市场环境和秩序得到稳定保证时，市场将通过自身的运行机制，结合产业的协同运作而形成自组织过程。此时，并不意味着政府完全退出市场。既有建筑节能改造市场由于外部性的存在，必须有政府主体监管的存在。但是，政府不再处于主导地位，其作用在于提供服务与规范，作为市场监管机制的一部分加入自组织过程中。

既有建筑节能改造市场的自组织过程的形成需要四个条件的支持，即开放性、远离平衡态、非线性相互作用和涨落现象[36]。开放性要求既有建筑节能改造市场不能发展成为孤立系统，要和系统外部环境建立物质、能量、信息交换，如和其他行业市场的联系以及和国外市场的联系等。远离平衡态要求既有建筑节能改造市场应该积极鼓励竞争，ESCO 要按照市场规律积极参与竞争，发展核心竞争力，向差异化、专业化方向发展[37]，活跃要素市场，增强人才、技术和信息的交流。非线性相互作用是系统形成有序结构的内在原因，企业、大学及研究机构、中介服务机构等需要发展达到一定数量，要通过提供既有建筑节能改造市场发展的公共资源等条件使各主体间的关联性加强，产生复杂的非线性相互作用。涨落现象使系统偏离定态解，促进系统演化到新的定态解上，既有建筑节能改造市场内部的涨落是指新的公司或机构的进入，其可以带来新的思想、技术变革；或者是原有公司的创新，这是对现有技术、经营管理方法的渐进性或根本性改变。

2.4　国内外既有建筑节能改造市场培育理论研究综述

国外对既有建筑节能改造的研究起步较早，关于既有建筑节能改造市场培育方面的理论也比较成熟，将完善的经济激励政策、完备的合同能源管理模式以及能效标识等运用于实践，使得既有建筑节能改造市场良性运转；我国既有建筑节能改造刚刚起步，在推进过程中难免会遇到难以预见的困难和问题，分析在推进既有建筑节能改造实践工作过程中可能存在的问题，并基于问题导向提出有效对策来实现我国既有建筑节能改造目标，成为建筑节能领域的重要研究课题[8]。

2.4.1　国外既有建筑节能改造市场培育理论研究现状

从收集到的文献资料看，国外在既有建筑节能改造市场培育的理论方面的研究，主要可归纳为经济激励政策、合同能源管理、风险定量化及节能技术体系等四个视角，如下所述。

1）基于经济激励政策的既有建筑节能改造融资研究

既有建筑节能改造需要大量资金的投入，能否融到资金是市场培育成败的关键。奥斯雷格[38]通过对德国以及东欧等国家或地区预制板居住建筑的综合节能改造投融资模式进行研究分析，说明了信贷优惠、财政补贴和税收优惠等经济激励政策的实施是德国等欧洲国家既有居住建筑节能改造成功的有力保障。Amstalden 等[39]在财政补贴、税收优惠、碳税等不同的能源价格预期及经济激励政策的基础上，站在业主的角度对瑞士既有居住建筑节能改造进行了经济分析，并用现金折现方法分析了不同投资方案的投资回报，指出瑞士的经济激励政策能够使选择节能改造的业主获利受益，进而促进业主增强节能改造的积极性。Mahmoudi 和 Mahliaz 分析了既有建筑节能改造的外部性，指出政府是社会效益和环境效益的受益者，应在节能改造中发挥主导作用，通过信贷优惠、财政补贴、税收优惠等手段增强节能改造主体投资节能改造的积极性。

2）基于合同能源管理的既有建筑节能改造市场运行机制研究

合同能源管理是由国外发展起来的一种基于节能市场的、全新的市场机制，进而形成了 ESCO 这一既有建筑节能改造模式。Beehler[40]指出采用合同能源管理模式对既有建筑进行节能改造相对用户自行改造而言，不仅可以降低节能改造失败等带来的财务风险和技术风险，给用户减小损失，还可以将风险转移，由 ESCO 承担，通过与有能力提供全过程综合服务的 ESCO 合作，共同分享提高的节能投入效益、改进的节能表现，这是一种双赢模式。Bertoldi 等[41]通过系统研究美国、欧洲等国家和地区培育 ESCO、促进 ESCO 良性运营的方法后，总结出为 ESCO 提供节能项目、确保 ESCO 提供可信赖的服务、为 ESCO 提供多渠道多方式的融资、实施ESCO 示范项目等十项促进 ESCO 发展的措施。Westling、Bertoldi、Biermann 等在相继研究了加拿大、英国、巴西等国家的 ESCO 的发展历程后，指出了影响 ESCO 行业发展的主要障碍，其中主要包括对提高能源效率的认识不足、缺少项目融资渠道和技巧、因对安全问题担忧而阻碍新技术的引进、金融机构不了解节能和合同能源管理等，并针对这些问题提出了相应的对策建议[42~44]。

3）基于风险定量化的既有建筑节能改造市场风险管理研究

既有建筑节能改造和投资是一样的，在获得收益的同时也要承担一定的风险，其风险及收益的不确定性会极大地提高节能改造商（或 ESCO）投资及居民（或改造建筑产权人）等改造的积极性。国外发达国家比较注重既有建筑节能改造风险定量化的研究，从而间接推动了既有建筑节能改造市场的形成。Mills 等[45]在搭建节能改造的风险管理分析框架的基础上，基于头脑风暴法与能效及投资决策方面的专家交流后，系统分析并定量化可能存在的风险，尽量使信息对称，让各主体明晰风险大小，为其决策提供依据，并在此基础上就风险鉴定及风险量化给出了技术指导和实证分析。David、Devan、Linda 通过调查研究对不同改造类型的需求进行了系统分类，并在此基础上建立了既有建筑基本信息数据库，通过相应的软件分析节能改造的潜在收益及定量化改造过程中的潜在风险，为最优决策提供依据。

4）基于节能技术体系的既有建筑节能改造技术市场研究

既有建筑节能改造技术市场是既有建筑节能改造市场的重要子市场，先进高效的节能改造技术为既有建筑节能改造市场提供了技术支撑。国外发达国家注重对节能改造技术方案进行研究进而使既有建筑节能改造真正达到节能的要求，以技术为后盾完善既有建筑节能改造市场。Uihiein 和 Eder[46]2010 年在对欧盟 27 国的既有建筑节能改造技术进行系统研究的基础上，认为欧盟的既有建筑改造重点在屋顶、窗户等围护结构的改造上，认为对上述建筑构件进行节能改造不仅可以带来较大的节能量，而且相应节约获得的收益远大于投入的成本。Izquierdo 等[47]与 Bustamante 和 Bobadilla[48]分别对改变建筑墙体保温层的厚度和改变墙体自身材料来达到保温隔热的性能进行了研究，利用模拟仿真技术证实了达到节能减耗的效果。Tavil[49]通过对各种玻璃的耗热量进行比较研究，明确了在采暖季节、制冷季节和过渡季节影响窗户能耗的主要因素。Al-musaed 和 Takahashi 分别对丹麦的环境气候屋顶、加拿大的绿色屋顶和日本的双层蓄水屋面进行了介绍，并研究如何利用攀缘植物来遮挡阳光，从而改善室内微环境达到节能降耗效果。

2.4.2　我国既有建筑节能改造市场培育理论研究阐述

我国既有建筑节能改造市场培育方面的理论研究侧重于分析推进既有建筑节能改造工作中存在的问题和障碍，概括起来主要有外部性、经济激励政策、合同能源管理和信息不对称四个方面。

1）基于外部性的既有建筑节能改造市场失灵研究

既有建筑节能改造市场具有正外部性，使得节能改造市场的外部成本不能够内部化，导致市场机制的失效，进而导致节能改造市场存在部分失灵的区域，严重影响了我国既有建筑节能改造市场的推广。刘玉明和刘长滨[50]认为既有建筑节能改造具有正外部性，对北方采暖区既有居住建筑节能改造的外部性进行了分类，建立了既有居住建筑节能改造的外部性度量基本公式，并利用数学模型对既有建筑节能的维护结构改造、采暖系统改造以及改造总体的外部性进行了定性和定量分析。金占勇等[51]认为在外部性影响下，既有建筑节能改造市场中相关主体很难将节能改造意愿转化为节能改造行为，应用经济学的原理和方法，分析了既有建筑节能改造的正外部性和代际外部性，并陈述了由此带来的市场无效率和福利损失危害以及对既有建筑节能改造的影响。吕石磊和武涌[52]认为开展既有建筑节能具有正外部性，导致既有建筑节能改造市场的部分失灵，不能充分发挥市场机制，政府需发挥政府职能对既有建筑节能市场进行干预，使外部性内部化。

2）基于经济激励政策的既有建筑节能改造政府主导研究

适当的经济激励政策是促使既有建筑节能改造市场外部性内部化的主要手段，可有效弥补由外部性带来的市场部分失灵，是既有建筑节能改造市场培育的主要措施。刘玉明和刘长滨[10]运用财务评价理论和风险效用理论推导出财政补贴与税收优惠的经济激励作用，并提出在建筑节能市场的起步、发展和成熟阶段应分别对两种激励政策有所偏重综合应用。张丽和王永慧[53]肯定了经济激励政策在推动既有建筑节能改造方面的作用，在借鉴国外既有建筑节能改造经济激励政策的基础上提出为提高用户节能改造的积极性，确保既有建筑节能改造工作的顺利开展，应由政府对进行既有建筑节能改造的用户提供增量成本补贴，并可依实际情况分时段递减。另外，张雪姣、张沈生、刘永健等通过数据分析及相关的调查问卷概述了沈阳市既有建筑节能改造的发展现状，阐述了经济激励政策在推进既有建筑节能改造中的作用，在借鉴国外经验的基础上结合沈阳市特点提出了税收、补贴、贷款等方面的经济激励政策。

3）基于合同能源管理的既有建筑节能改造市场运行机制研究

由于既有建筑节能改造需要大量资金的投入，没有合理的融资模式是制约我国既有建筑节能改造市场发展的主要因素。合同能源管理是一种基于市场的、全新的节能模式，也是推广和培育我国既有建筑节能改造市场必需的一种方式。李菁等[54]在分析我国既有建筑节能资金供需现状的基础上，针对当前既有建筑节能改造资本市场的融资障碍，提出了构建合理成本分担机制、实施有针对性的财税政策、发展节能服务市场等一系列措施，提出由 ESCO、政府、业主以及能源供应部门等共同分摊节能改造资金的建议。梁镜和李百战[55]、孙金颖和刘长滨[56]认为 EPC 是对公共建筑进行节能改造融资的一种重要方式，推行 EPC 不仅是公共建筑节能改造的趋势，更是拓宽节能改造资金渠道的需要，EPC 将会是公共建筑节能改造的主要模式。张新生、李明、王慧慧等在分析了国外在既有建筑节能改造中运用EPC成功经验的基础上，认为ESCO是既有建筑节能改造的有效途径，它承担了与项目实施有关的大部分风险，有助于能耗单位解决节能技术、资金和管理方面的问题，从而克服了目前实施节能项目的主要市场障碍。

4）基于信息不对称性的既有建筑节能改造市场逆向选择研究

信息不对称的市场会给消费者带来逆向选择的问题，不仅会形成"劣品驱良品"的现象[54]，还会增加消费者的搜寻成本[57]。既有建筑节能改造市场的非对称信息，会严重阻碍业主或产权单位等对既有建筑进行改造的积极性。续振艳等[28]及王洪波等[58]认为，我国既有建筑节能改造市场存在着严重的信息不对称及逆向选择现象，有改造想法的业主难以找到合适的 ESCO，基于博弈论的逆向选择原理，一般的解决逆向选择的方法是直接提供、暗示以及建立信誉等，他们在此基础上提出了信号传递及信息甄别两种更为经济的解决既有建筑节能改造市场信息不对称问题的措施。韩青苗等[59]利用委托代理分析框架分别分析了在对称信息和不对称信息下，政府向改造业主提供经济支持激励的期望效用，并倡议建立基于建筑能效的信号传递机制来约束和监督节能改造业主的努力水平，加大政府对既有建筑节能改造的激励力度。

2.5 国内外既有建筑节能改造市场培育实践分析

2.5.1 国外既有建筑节能改造市场培育实践特征

德国、美国、英国等发达国家对建筑节能的研究起步较早，新建建筑基本上是节能建筑，对既有建筑节能改造的工作成果也是相当显著，积累了一定的经验。它们在既有建筑节能改造市场培育过程中的实践经验和特征主要体现在经济激励政策、合同能源管理、设立节能专项基金、能效能耗标识和行政手段五个方面[60]。

1）以经济激励政策为驱动，引导既有建筑节能市场主体积极行为

决定既有建筑节能改造事业发展的关键在于市场主体的积极行为，以经济激励政策为驱动力，推动既有建筑节能改造发展和节能改造市场良性运营，是发达国家推动既有建筑节能改造工作市场化发展的主要特征。德国、英国、美国等发达国家重视采用多元化的经济激励政策，如财政补贴和税收优惠、信贷优惠等以鼓励市场主体积极投入既有建筑节能改造。德国政府对既有建筑节能改造除了给予一定的信贷优惠，如一些银行给予一定的低息贷款，利息甚至低至1%；且提出相应分层次的能耗降低效果奖励，若经检验后节能效果好于国家规定的相关节能标准，则不仅可以免去15%的贷款偿还额，还会再在此基础上给予10%的项目补贴。同时，德国政府拿出 30 亿欧元专款用于对老式建筑节能改造的补贴[61]。英国对房屋通风、楼顶隔热、空墙隔热和暖气控制等方面的节能改造实施经济财政补贴；以税收优惠政策、实施退税计划等来鼓励既有建筑节能改造；安装保暖墙的家庭可申请 100 英镑的退税。美国对企业节能投资提供税收豁免、税收扣除、优惠税率、延期纳税和退税等优惠政策；在信贷优惠、贷款提供担保方面，对节能项目或节能投资实施贴息贷款和贷款投资担保等。

2）以合同能源管理为主要模式，健全既有建筑节能工作市场运行机制

国外广泛用的一种商业运行模式是基于合同能源管理机制进行既有建筑节能改造，美国、欧洲国家运用合同能源管理进行既有建筑节能改造均已取得了显著成效[62]。其基本做法是由 ESCO 负责既有建筑评估，设计改造技术方案和投资回报周期方案，与业主签订合同后，负责项目融资或向政府申请贷款，并承担投融资与实施风险，完成节能改造设计和施工。合同期限内，业主按改造前标准缴纳能源费用，能源差额归 ESCO 所有，以收回成本及赢得利润；合同期满，节能收益由业主享有，ESCO 退出[63]。以合同能源管理模式实施建筑节能改造，以契约形式将 ESCO 收益和节能效果联系在一起，为尽快收回投资而赢得利润，ESCO 通过技术进步，实施专业化、现代化的节能改造和专业化、高效率的节能运行管理，旨在提高建筑节能改造的整体效益。加拿大联邦政府和地方政府都非常支持节能服务产业发展，政府机关带头为 ESCO 提供服务平台，鼓励企业和居民接受 ESCO 的专业化服务。

3）以设立节能专项基金来改善投资体系，调节既有建筑节能改造的市场失灵

既有建筑节能改造事业发展的制约瓶颈是资金投入，节能改造市场的正外部性必然带来既有建筑节能市场的部分失灵。德国、美国等发达国家通过设立专项基金或无偿提供部分资金，促使既有建筑节能改造市场外部性向内部化转变，以

解决市场失灵的问题。德国投入近百亿欧元低息贷款用于既有建筑节能改造工作，并设立了既有建筑节能改造专项基金，如 KFW（Kreditanstalt fur Wiederaufbau）基金，其目的是推动旧房改造工程，以期实现提高建筑舒适度、降低建筑能耗、减少环境污染三大目标。美国为保障低收入家庭福利与节约能源，发起低收入家庭住宅节能计划，政府为低收入家庭免费实施节能改造。英国节能基金也主要用于既有建筑节能改造，基金中的 55%作为无息贷款向节能改造者发放，既有建筑房产业主提出申请经审核，可得到政府无偿提供的 50%的节能改造资金。

4）以能效能耗标识为手段，增强既有建筑节能改造市场信息透明度

能效能耗标识制度作为降低既有建筑节能改造市场信息不对称性的有效手段，以其投入少、见效快的特征得到众多国家认可。在既有建筑节能改造实施建筑能效能耗标识制度，有利于增强其市场信息透明度，引导市场主体明确改造方向，掌握改造市场潜力，显现既有建筑节能改造的能效和能耗效果，推进既有建筑节能改造工作。据国际能源署统计，世界上已有美国、加拿大、日本等 40 多个国家推行建筑能效能耗标识制度[64]。其实施由建设单位或业主委托经政府授权的第三方评估机构对既有建筑的用能效率、能耗及热工性能进行测评、评估，公示有关能效指标和相关信息。对于建筑体积超过 100m^3 的加建建筑，德国在"EnEV2007"中做出了明确规定，强制性要求加建业主出具建筑能耗证书，符合要求才能允许加建；对于较大规模进行改造的既有建筑，要求其必须出具建筑能耗证书以确保改造后的建筑达到节能标准的要求；建筑物相关买卖交易必须有有关部门出具的建筑能耗证书，以及能耗信息透明的相关主体资料。美国推出"能源之星建筑标识"，其标准是能源效率在同类建筑中领先 25%。日本对居民住宅实施建筑节能标识制度，政府对住宅建设节能达标者给予建设费用的适当补贴，以利益驱动来促使居民节能改造。加拿大针对既有建筑，推出了既有建筑标识体系 EGH（Ener Guide for Houses），标识机构根据分值建议业主进行一定的改造或提出节能措施[65]。

5）以行政手段为调控工具，推动既有建筑节能改造事业

既有建筑节能改造是一项系统复杂的工程，不是仅靠市场机制就能完成改造任务，需要以政府行政手段辅助才能更好地完成。德国最近几年一直在修改完善的《能源节约法》（"EnEV"），是一部综合性的建筑节能法，是德国关于建筑节能立法的集大成，其中明确规定了进行既有建筑节能改造是业主的义务，并详细规定了有关节能改造的实施细则，其中"EnEV2007"对进行节能改造的既有建筑围护结构传热系数限值做出了详细规定，同时提出了对建筑物实际能源消耗量的控制，而且这些节能标准是强制性的，只有达到相关标准的建筑才能进入市场流通或算作改造达标。英国建立了全国性的节能标准（National Home Rating Energy，NHRE），要求对既有居住建筑节能改造成果评级，只有达到改造标准要求的既有建筑才能进入市场并获得国家分级补贴。2007 年美国国会颁

布的《节能建筑法案》(EEBA 2007)也强制规定了改造建筑至少在改造前的基础上减少 20%能源消耗。

2.5.2　我国既有建筑节能改造市场培育实践剖析

我国建筑节能研究与实践都晚于发达国家,既有建筑节能改造市场发育欠成熟,存在手段单调、定位含糊、运行失控等问题,但经过十几年的发展,也积累了一定的实践经验。就整体而言,我国既有建筑节能改造实践特征主要体现在经济激励手段、多元化融资渠道、示范工程带动和节能规范规程四个方面[60]。

1)借鉴发达国家经验,采取经济激励手段减弱与消除节能改造市场失灵

由于既有建筑节能改造具有投资额大、投资回收期长以及较强的外部经济特点,其一直难以大规模开展,对市场主体采取一系列的经济激励政策可以促进节能改造主体进行改造的积极性。我国现行的经济激励政策相对比较单一,以政府补贴为主,按照完成改造的面积和进行改造的内容来计算。严寒地区每平方米改造补助 55 元;寒冷地区,如华北地区,每平方米补助 45~50 元。为了鼓励尽早改造,促进地方尽快启动节能改造,国家给定了补助系数,且补助系数逐年降低,2008 年的补助系数是 1.2,2009 年的补助系数是 1.0,2010 年的补助系数为 0.8[66]。目前多数省市也根据国家的要求明确了适合本省市的既有建筑节能改造政策,主要是按照中央财政补贴政策的标准 1:1 进行补贴,做得比较好的有内蒙古自治区、新疆维吾尔自治区等。内蒙古自治区的节能改造政策是三级补贴,就是国家补助 1 元,自治区补助 1 元,项目所在的市也补助 1 元。新疆维吾尔自治区对既有建筑节能改造实行"以奖代补"的激励性政策,将资金的拨付方式由改造完核发调整为改造前预拨,这就解决了部分资金问题,提高了改造的积极性。

2)从改造制约瓶颈入手,开拓融资渠道,服务改造企业

既有建筑节能改造市场发育不足,资金成为既有建筑节能改造实施的瓶颈,推动既有建筑节能改造事业,必须首先解决既有建筑节能改造主体——ESCO 的融资渠道问题。我国基于合同能源管理的第三方模式欠成熟,自主摸索各地域各具特色的融资模式,对于促进既有建筑节能改造起到不可忽视的作用。已有工程实践中,我国既有建筑节能改造资金筹集多为以政府为主导的多方辅助融资模式,主要形式有政府资金、企业自筹资金、业主筹资和建立专门房改基金等。各省市针对各自经济及地域特点,摸索制定了符合其发展的融资模式,北京市、天津市、唐山市等在这方面做得较好。北京市政府在筹资机制上特别提出建立由产权单位、业主、各级财政(包括中央财政、市级财政、区县财政)分担的筹资机制,并将这种模式成功地运用到了惠新西街示范工程。为做好节能改造工作,天津市政府以"谁投资、谁受益"和不让既有建筑业主承担任何经济负担为基本原则,采取

供热企业投资为主，政府适当补贴为辅的市场化推广机制[67]，并成功地运用于天津市滨海新区北塘街杨北里住宅改造项目中。唐山市的既有建筑节能融资模式相对多元化，在最大额度地争取市场融资和中央奖励资金的基础上，加大地方财政补贴力度，如减免税费、打包贷款等，鼓励居民承担部分节能改造成本。多方开拓既有建筑节能改造融资渠道，更好地服务于既有建筑节能改造主体，推动既有建筑节能改造工程顺利实施。

3）以试点示范工程为标志，带动既有建筑节能改造工作全面推进

既有建筑节能改造工作需要试点探索，推行公用建筑和民用建筑节能改造试点示范工程，可以总结经验，以点带面，是市场经济条件下推动既有建筑节能改造的一种有效途径和科学工作方法。我国既有建筑基数大，种类多，首先对安居工程和公共建筑实施改造，然后全面推行，符合我国既有建筑节能改造技术进步与效率提升的客观要求。借鉴国外既有建筑节能改造经验，推动我国既有建筑节能改造工作，2005年中德两国进行了"既有建筑节能改造-ESEB（European Society for Evolutionary Biology）"技术合作项目，将河北省唐山市一号小区作为节能改造试点，改造后的房屋都达到了节能50%的要求。2007年北京市朝阳区惠新西街12号楼实施节能改造试点项目，分两批对其外墙外保温、外门窗、户内新风系统、户内采暖系统和屋面的防水保温进行了更新改造，改造后超过了北京市65%节能的要求，而且舒适度明显提高。天津市成功地为红桥区桃花园南里小区3万m²的大板楼外墙、屋顶等维护结构增加保温系统，对屋面新增加了保温层和防水层，改造后的建筑达到理想的节能效果，室内平均温度由14~16℃提高到20℃以上，相应的耗热量下降到15.6W/m²。这些示范工程改造成功，为全面推行既有建筑节能改造积累了经验，将会提高既有建筑节能改造的有效性和效果。

4）以节能规范规程为标准，保证既有建筑节能改造的效果

既有建筑节能改造是技术性、政策性、利益性强的一项综合、复杂的系统工作，离不开国家法律法规规范的指导与约束。我国尚未形成完备的既有建筑节能改造法规体系，但已出台了一些有关节能改造的技术规程和规定等，这是保证既有建筑节能改造质量和效果的关键所在。2000年建设部发布《既有采暖居住建筑节能改造技术规程》，确定了既有建筑节能改造的原则、目标以及相应的技术措施。2002年建设部颁发的《建设部建筑节能"十五"计划纲要》，把既有建筑的节能改造成套技术研究开发与工程应用列为重点开展的科技项目之一。相继在《节能中长期专项规划》《民用建筑节能管理规定》《民用建筑节能条例》等中规定了在既有建筑节能改造中的投融资、节能标准、改造必要性和可行性等方面的细则。地方政府也出台了一系列规范作为既有建筑节能改造实施的标准依据，北京市在2006年编制了《既有居住建筑节能改造技术规程》；山西省出台了《山西省人民政府办公厅关于加快既有建筑节能改造工作的意见》；天津市印发了《转发市建委

市财政局拟定的天津市 1300 万平方米既有居住建筑供热计量与节能改造实施方案的通知》，既有居住建筑节能改造工作纳入 20 件民心工程之一。

2.5.3　国内外市场培育实践对比分析

对比我国与德国、美国等发达国家既有建筑节能改造市场培育实践经验可以看出，我国在既有建筑节能改造上存在着明显的缺陷和不足，国外经验值得我们借鉴。国内外既有建筑节能改造市场培育实践特征比较如表 2-1 所示。

表 2-1　国内外既有建筑节能改造市场培育实践特征比较

	经济激励政策	合同能源管理等融资机制方面	节能专项基金	能效能耗标识	节能法律法规
国外	多元化的经济激励政策：财政补贴和税收优惠、信贷优惠等	普遍实行合同能源管理这一新型的商业模式进行节能改造，取得了很好的效果	节能专项基金专门用于节能改造有关工程，真正做到了专款专用，强化了政府行政与引导作用	普遍采用能效能耗标识手段，有专门的节能评价体系，居民充分掌握节能改造信息以及建筑能耗信息	将节能改造上升到法律化、制度化，有专门的节能改造法律法规、系统的既有建筑节能改造标准体系
国内	形式相对单一，以财政补贴为主，税收优惠等政策还只是停留在法律法规层次，没有具体实施细则，可操作性不强	合同能源管理模式刚被引进，各种机制尚不成熟，使得缺乏专门的融资渠道，节能改造经费难以落实，各地区只有自主摸索适合本地区的融资模式，其他地区难以复制，不能大范围推广	专项基金只是停留在法律、法规层次，缺乏操作性强的细则规定，且主要用于节能技术和设备领域[68]	能效能耗标识和节能评价体系等在既有建筑节能改造领域尚属空白	没有专门针对既有建筑节能改造的法规体系，只是各级政府根据国家条例和规划等制定的相应改造意见及技术规程等，没有专门的节能改造标准，按照新建建筑 65% 及 50% 等标准改造

由表 2-1 中分析对比可知，国外通过完善的经济激励政策、完备的合同能源管理模式以及能效能耗标识等手段使既有建筑节能改造市场良性运转；我国的既有建筑节能改造虽然已经在有步骤地推行，但是市场机制尚不健全，政策保障体系可操作性差和缺位，市场主体驱动力不足以及主体之间信息不对称引起的交易障碍等原因使得我国既有建筑节能改造市场还只是处于试点阶段，无法大面积展开。

2.6　既有建筑节能改造市场发展前景

既有建筑节能改造市场发展前景的展望，可从国家发展战略、政策导向和相关产业关联三个方面分析。

2.6.1 符合我国节能减排发展战略

建筑节能一直是我国实行节能减排策略的主要组成部分，我国是世界上继美国之后的第二大能源消耗国，其中的建筑能耗占 1/3，加强建筑节能是我国实现环境友好型、资源节约型社会的主要手段。继"十一五"期间全国单位 GDP 能耗降低 19.1%，在《国务院关于印发"十二五"节能减排综合性工作方案的通知》（国发〔2011〕26 号）中对我国的节能减排工作提出了新的目标和要求，到 2015 年，全国万元 GDP 能耗下降到 0.869 吨标准煤，相比 2010 年下降 16%（其中 2010 年为 1.034 吨标准煤），比 2005 年下降 32%（其中 2005 年为 1.276 吨标准煤）；"十二五"期间，基于节能减排战略实现节约能源 6.7 亿吨标准煤的战略目标。到 2015 年，全国的 COD（chemical oxygen demand）控制在 2347.6 万吨，比 2010 年的 2551.7 万吨下降 8%，SO_2 排放总量控制在 2086.4 万吨，比 2010 年的 2267.8 万吨下降 8%；全国氨氮排放总量控制在 238.0 万吨，比 2010 年的 264.4 万吨下降 10%，氮氧化物排放总量控制在 2046.2 万吨，比 2010 年的 2273.6 万吨下降 10%。既有建筑节能改造是我国建筑节能战略的关键之一，应培育和完善既有建筑节能改造市场，更好地完成我国节能减排目标。

2.6.2 符合我国建筑节能政策导向

我国建筑节能自 2004 年以来受到高度重视，并要求在"十一五"期间完成单位 GDP 能耗降低 20%以及 1.5 亿平方米的既有建筑节能改造目标，并在 2004 年编制的《节能中长期专项规划》中针对既有建筑节能改造，提出"结合城市改建，开展既有居住和公共建筑节能改造，到 2010 年，大城市完成应改造面积的 25%，中等城市达到 15%，小城市达到 10%"的要求，期间相应出台《中华人民共和国节约能源法》（以下简称《节约能源法》）、《民用建筑节能条例》等政策法规，对推进我国建筑节能工作起到了积极作用。在完成"十一五"既有建筑节能改造目标的基础上，《国务院关于印发"十二五"节能减排综合性工作方案的通知》（国发〔2011〕26 号）不仅对既有建筑节能改造提出了明确的要求和目标，更提出了相应的改造模式，要求严格落实节能减排目标责任，进一步形成政府为主导有效推动、企业为主体积极参与、市场为温床有效驱动、全社会共同参与的格局；进一步发挥并完善市场机制作用，通过政府引导、市场推动，真正把节能减排转化为企业和各类社会主体的内在要求，培育既有建筑节能改造市场是对国家"十二五"节能减排以市场化推广策略的响应。

2.6.3　带动相关产业发展

既有建筑节能改造是一项复杂的系统工程，牵涉到评估、设计、施工、融资以及研发等多个行业。实行既有建筑节能改造不仅使人们的居住、工作环境质量得到改善和提高，更能带动节能相关产业的升级及发展，如新型建筑墙体、门窗、屋顶，采暖空调，太阳能新能源等，增加新的经济增长点，为社会创造更多的就业机会。与既有建筑节能改造有关的产业链有以下八个方面。

（1）既有建筑节能改造评估机构。

（2）既有建筑节能改造的设计、建造。

（3）既有建筑节能改造技术、产品研发机构。

（4）供热采暖等用能系统的设计建造与改造。

（5）ESCO。

（6）既有节能改造的信贷与保险。

（7）节能建筑的运营与管理。

（8）其他节能改造的相关经济活动。

培育既有建筑节能改造市场，实行政府促进、市场运作、主体协同参与，将我国建筑节能事业落到实处，走向纵深。

第3章　既有建筑节能改造市场主体行为影响因素及市场特征分析

既有建筑节能改造具有准公共物品属性，存在着市场失灵的基本特性。引起市场失灵的原因是多方面的，除了由既有建筑节能改造市场作为准公共物品具有的市场正外部性特征决定，还与市场主体行为影响因素息息相关。

3.1　市场主体行为影响因素分析

1. 中央政府与地方政府行为影响因素

政府在既有建筑节能改造中扮演多重角色，不仅是既有建筑节能改造政策的制定者、节能宣传者，而且是既有建筑节能改造的推动者、多方主体利益的维护者，更是既有建筑节能改造后社会效益、经济效益和环境效益的受益者。政府推动既有建筑节能改造是为了节约资源、保护环境，完成我国建设环境友好型、资源节约型社会的目标。

由于既有建筑节能改造的准公共物品属性，既有建筑节能改造项目的实施离不开政府激励，政府对各主体的激励措施是多方面的，包括财政补贴、税收优惠及设立专项节能基金等。这就说明推动既有建筑节能改造，无论是中央政府还是地方政府都要付出一定成本，只要进行既有建筑节能改造能达到节能环保的要求，且所需资金在国家承受范围内，中央政府就会努力促使既有建筑节能改造。而对于有限理性的地方政府，鉴于我国政府体制的原因，影响地方政府是否选择进行既有建筑节能改造的因素，不仅包括中央政府对既有建筑节能改造的激励和强制力度，更取决于既有建筑节能改造对当地环境、经济等所带来的影响。实施既有建筑节能改造不仅改善了当地环境、减少了供热需求，还拉动了当地相关产业的增长，增加了就业机会和政府税收，地方政府就会积极趋向于选择实施既有建筑节能改造。

2. 业主行为影响因素

业主作为既有建筑改造市场中的主体之一，是既有建筑节能改造的最终受益者，通过进行既有建筑节能改造，不仅可以改善室内环境、提高居住使用功能，还可以减少能源消耗支出。国家统计局统计数字显示，冬季供热采暖及夏季空调降温的费用占居民日常消费的比例逐年递增，上升趋势明显。

业主实施既有建筑节能改造的积极性与既有建筑节能改造后的收益及政府的既有建筑节能改造相关激励性政策等因素有关，并受到需要分摊的既有建筑节能改造投资比例影响。由于既有建筑节能改造是一项系统工程，既有建筑节能改造需要对墙体、门窗等维护结构及供热系统等进行全面改造，此时，需要全体或大部分业主同意，而作为有限理性的业主群体，在这一点上是很难达成一致意见的。另外，由于既有建筑节能改造的信息不对称性，业主实施既有建筑节能改造的积极性还受到业主所掌握的有关建筑能耗信息和 ESCO 的相关信息，以及获得相应信息的难易程度的影响。

3. ESCO 行为影响因素

ESCO 是指以合同能源管理的方式与客户签订节能服务合同，自主担负风险为愿意进行既有建筑节能改造的客户提供节能潜力分析、项目可行性研究、设计、融资、设备选购、施工、节能检测、人员培训等一整套的服务，并保证实现合同中承诺的节能量和节能效益的一种企业，它的投资成本和利润要在为客户既有建筑节能改造后获得的节能收益中收回，这种运营模式和 BOT（即建设（build）-经营（operate）-移交（transfer））融资模式是很类似的。ESCO 运用合同能源管理机制实施既有建筑节能改造是我国建筑节能的必然趋势，ESCO 也是既有建筑节能改造市场不可或缺的市场核心主体之一。

作为新兴产业，ESCO 的发展受国家相关政策的影响。基于合同能源管理机制，由 ESCO 独自承担风险并进行融资，国家对 ESCO 的扶持政策直接影响其发展，包括税收优惠、提供无息或低息贷款。同时，还会受到节能收益的影响，在与业主签订合同期限时，应考虑合理的成本回收及利润获得期限，作为理性经济人，ESCO 实施既有建筑节能改造的目标也是利润最大化。另外，ESCO 的发展还受到市场需求的影响，当选择既有建筑节能改造业主需求量不足以维持 ESCO 经营时，ESCO 将会退出市场。当然，ESCO 的行为也会受其自身技术创新、投资能力、融资能力和运营管理水平等内在因素的影响。

4. 第三方评估机构行为影响因素

第三方评估机构指为解决既有建筑节能改造市场上的信息不对称现象，受业主、产权单位、ESCO 及有关部门的委托，依照法律、法规、规章规定和合同约定，具有相应资质条件，拥有专业的技术、设备和人员，遵循独立、客观、公正的原则,对要实施既有建筑节能改造的业主等提供能耗检测、能效诊断、节能改造潜力和效益效果认定等服务的机构[32]。

第三方评估机构是为解决 ESCO 同时扮演着项目实施方和效益效果认定方的双重角色所造成的信息不对称问题应运而生的。同样,作为独立的法人组织,第三方评估机构的评估检测成本及收益是影响其行为的主要因素,另外,国家相应的政策,如检查出 ESCO 存在不端行为时的奖励措施等,也是影响第三方评估机构行为的因素。

5. 其他市场主体行为影响因素

在既有建筑节能改造市场中,还有多个其他主体存在于既有建筑节能改造的不同过程中,如节能研发单位、节能设计单位、节能材料供应单位、节能改造施工单位、物业服务企业,以及银行、担保公司等金融机构等。与其他市场中主体的行为影响因素一样,影响这些主体既有建筑节能改造行为的因素主要是“有利可图”,同时,政府对既有建筑节能改造事业的政策扶持力度也是其重要的影响因素。

3.2 既有建筑节能改造市场的主要特征

既有建筑节能改造的市场特征是引发我国既有建筑节能改造难以大面积推广的内在原因,也是导致市场失灵的主要因素。通过对外部性、信息不对称性、政府缺位、主体动力乏失、融资渠道不畅等市场特征的分析,可以剖析引起我国既有节能改造市场失灵的深层次原因。

3.2.1 既有建筑节能改造市场的外部性

外部性是指个人从其活动中得到的私人收益小于该活动所带来的社会收益(即正外部性)或者为其活动所付出的私人成本小于该活动所造成的社会成本(即负外部性)[69]。既有建筑业主实施节能改造,不仅可以提高自身居住的舒适性和节省能源使用费用,减少能源消耗,还可以带动相关产业发展,增加新的经济增长点。然而,社会及他人在获利的同时,并未向既有建筑节能改造业主支付报酬,使得既有建筑节能改造行为带来的社会总收益大于实施节能改造主体的个人收益[70]。所以说,既有建筑节能改造具有正外部性。实施既有建筑节能改造在减少能耗的同时,减轻了环境的污染,节约了资源,为社会所有成员带来收益。所以,既有建筑节能改造同样具有区际外部性、代际外部性以及公共外部性等。

既有建筑节能改造正外部性的存在,影响了市场机制下业主实施既有建筑节能改造的积极行为，进而使既有建筑节能改造市场部分失灵，既有建筑节能改造的外部性分析如图 3-1 所示。假设我国既有建筑数量固定，即图 3-1 中的 MN，横坐标上每一点到 M、N 的距离分别表示拟实施节能改造的既有建筑数量和不实施既有建筑节能改造的既有建筑数量，MR_1 与 MR_2 分别表示进行既有建筑节能改造和不进行既有建筑节能改造得到的边际私人收益曲线，MSR_1 和 MSR_2 则分别表示业主是或否实施既有建筑节能改造社会得到的边际社会收益曲线。在不考虑外部性的条件下，既有建筑业主通过市场机制选择是否进行既有建筑节能改造在 MR_1 和 MR_2 的交点 E 达到均衡，此时实施既有建筑节能改造的建筑数量为 MB；在考虑外部性的条件下，社会最优配置均衡点应在边际社会收益 MSR_1 和 MSR_2 的交点 F 处，此时，进行既有建筑节能改造的建筑数量应为 MA。显然，在市场自发配置和社会最优配制条件下，实施既有建筑节能改造的既有建筑数量形成了差额 AB，这正是由于既有建筑节能改造的正外部性的存在，抑制了部分需要进行既有建筑节能改造业主的积极性。

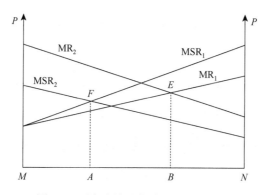

图 3-1　既有建筑节能改造外部性分析

外部性是既有建筑节能改造市场固有的特征，正是由于其区际外部性、代际外部性以及公共外部性的特征，"自愿协商""排污权交易"等解决外部性的一般措施难以在既有建筑节能改造中发挥作用，而最好的解决方法就是通过政府的经济激励政策，如财政补贴和税收优惠等将其内部化。

3.2.2　既有建筑节能改造市场的信息不对称性

信息不对称理论是指在市场经济活动中，主体双方拥有的信息数量和质量不同，信息占优的一方利用自己所掌握的有利信息谋求自身最大利益，进而针对这种特定情况设计制订一套经济学理论。在信息不对称下，不完全信息一方为了实现信息对称，会选择继续搜寻，进而增加额外的搜寻成本；若不完全信息一方不进行继续搜寻，而选择在信息不对称下进行交易，则容易形成"逆向选择"，造成"劣品驱良品"现象；而高水平主体是供给方，为了达成交易，虽然在占有完全信息的优势下，仍然需要将自己的优势信息传递给需求方，这样，也会额外增加信息传递成本。无论是搜寻成本还是信息传递成本的存在，都会挫伤双方的交易积极性。

既有建筑节能改造的技术性较强，相关信息的获得对专业知识的要求较高。一方面，我国建筑材料市场鱼龙混杂，还没有严格的能效能耗标识制度，对于所需购买的节能改造材料，很难判定其是否达到节能标准，消息来源只有依靠企业自身的宣传，也就很难保证改造后的既有建筑达到节能要求。另一方面，既有建筑节能改造的信息不对称主要体现在 ESCO 和业主两大市场主体之间。既有建筑节能改造市场中的改造方（ESCO）及被改造方（业主），无论是在时间上还是在内容上均具有明显的信息不对称性。作为既有建筑节能改造市场两大主体的既有建筑业主与 ESCO，通过合同能源管理模式实施既有建筑节能改造、分享节能收益。由于既有建筑节能改造服务技术性较强，ESCO 的服务及技术能力水平直接关系到既有建筑节能改造的成果与收益，这样就会出现严重信息不对称。既有建筑节能改造市场信息集如图 3-2 所示。对于既有建筑节能改造的基本信息，ESCO可以在服务过程中获得，这样 ESCO 就掌握了完全信息；而对于 ESCO 的基本信息以及能耗信息，业主很难获得，这样就形成了信息渠道获得的"单向行车道"，即业主处于信息不完全状态。

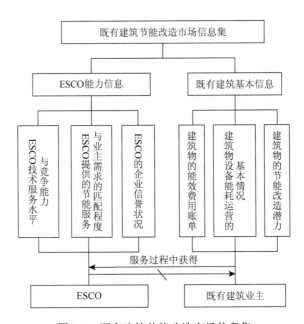

图 3-2　既有建筑节能改造市场信息集

ESCO 具有信息占优、业主处于不完全信息状态下,业主的行为便会出现"逆向选择"的问题,即业主会将各类 ESCO 的服务能力水平整齐划一,而其造成的结果将是低质量的节能服务将高质量的节能服务逐出市场,形成"劣品驱良品"现象,最终导致既有建筑节能改造市场萎缩。在信息不对称下,搜寻成本、信息传递成本及信息甄别成本的增加[28],也会削弱业主对既有建筑节能改造的积极性。

3.2.3　既有建筑节能改造市场的政府缺位

既有建筑节能改造具有准公共物品属性,既有建筑节能改造市场也存在市场失灵的区域,单纯依靠市场机制很难在既有建筑节能改造中发挥作用,需要政府的宏观调控进行引导。我国既有建筑节能改造市场仍然存在政府缺位现象,主要表现在以下三个方面。

（1）既有建筑节能改造缺乏具有约束力的法律法规。在我国的法律体系中,与建筑节能有关的主要包括《节约能源法》和《中华人民共和国建筑法》(以下简称《建筑法》)。但《节约能源法》主要偏重于工业节能,仅有第十二条和第三十七条对建筑节能提出了相关的要求,而且,责罚中并没有规定达不到要求所负的法律责任;《建筑法》主要侧重于对建筑工程质量和安全的保证,对建筑节能仅限于"鼓励"、"支持"和"提倡",缺乏针对建筑节能的强硬型法律条款。所以,无论是新建建筑节能,还是既有建筑节能改造,我国尚缺乏国家层面法律法规的支持,难以对相应主体产生强制约束力。

（2）既有建筑节能改造经济激励政策整体缺失。自我国开展建筑节能工作以来,出台了财政补贴、税收优惠、信贷政策等一系列与建筑节能有关的经济激励政策,但专门针对建筑节能的政策很少,更不用说既有建筑节能改造。针对既有居住建筑节能改造只在《北方采暖区既有居住建筑供热计量及节能改造奖励资金管理暂行办法》中提出了财政奖励的具体办法,《关于加快推行合同能源管理促进节能服务产业发展的意见》(2010 年)针对既有公共建筑的节能改造提出了相应的贴息贷款政策,《民用建筑节能条例》(2008 年)针对既有建筑节能改造、可再生能源的应用,以及民用建筑节能示范工程等提出了相应的贷款优惠政策,而其他相关政策法规只宏观提出针对既有建筑节能改造要实施经济激励政策,没有具体配套政策措施出台;即使最近几年提出的既有建筑节能改造经济激励政策,也主要集中于节能技术和设备领域,而且大多停留在法律法规层次,相应的实施细则缺失,可操作性较差,而且手段较单一。

（3）既有建筑节能改造有效管理体系缺失。目前,我国既有建筑节能改造缺乏强有力的管理机构,且相应的配套设施不健全。既有建筑节能改造需要围护结构与供热系统同步改造，但我国的建筑节能工作属于"多头管理"，负责建筑节能的职能部门和墙体材料革新的部门分属不同部门，难以统一协调管理。且既有建筑节能改造工作复杂，涉及多个部门的交叉配合，包括节能政策、能源价格、环境保护以及财税政策等，没有统一的部门领导，容易出现相互"扯皮"的现象。此外，我国建筑节能市场鱼龙混杂，缺乏完备的建筑节能管理制度和市场准入制度，在既有建筑的能耗检测、能耗评估以及能耗审计等方面，缺乏相应标准及管理制度，难以提供共享信息平台；在市场监管方面，缺乏相应监督与惩处制度，难以净化市场。

3.2.4 既有建筑节能改造市场主体动力乏失

动力乏失是指既有建筑节能改造市场中供需双方主体由于特定因素对既有建筑节能改造缺乏源动力，导致市场供需失衡的一种诱因[3]。在均衡的市场条件下，供应与需求双方交易应能达到动态均衡，处于帕累托最优状态，在既有建筑节能改造市场中，不仅缺乏供给意愿，更重要的是既有建筑节能改造需求不足。

（1）居民缺乏节能意识，节能改造积极性不高。虽然我国既有非节能建筑存量大，能耗严重，但居民的节能改造积极性不高，节能意识淡薄，节能改造工作推进不畅。住建部建筑节能与科技司组织的《建筑节能调查问卷》的结果显示，仅 1/2 的居民愿意进行既有建筑节能改造,在愿意进行既有建筑节能改造的业主中，只有很少部分愿意小成本改造，相当一部分业主对既有建筑节能改造视建筑情况、国家政策处于"观望"状态，使得既有建筑节能改造市场没有形成有效的需求，居民对既有建筑节能改造的意愿和愿意实施既有建筑节能改造居民所愿意承担的成本的调查结果统计分析分别如图 3-3 和图 3-4 所示。

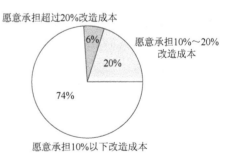

图 3-3　居民对既有建筑节能改造的意愿　　图 3-4　愿意改造居民所愿意承担的成本

（2）能源价格及收费体制不能刺激居民的节能改造需求。我国按热计量机制收费方式暂时未能大面积推广，我国尤其是北方采暖区仍然采用城镇集中供热按建筑面积收费的供暖体制，使得居民能耗与居民的经济利益脱钩，实施既有建筑节能改造无法为居民带来切实的经济利益，没有形成利益驱动机制。另外，我国现阶段的能源供给及收费机制不合理，能源价格机制处于不反映能源资源的稀缺程度、不反映能源产品的国内供求关系、不反映能源生产和使用过程中的外部成本"三不反映"状态，能源价格偏低。据有关资料统计计算，居民一次既有建筑节能改造的投入相当于其十年的能源费用，投资机会成本与预期收益之比对投资主体不具有吸引力[57]，使得业主对既有建筑节能改造持"没必要"的态度，导致既有建筑节能改造需求不足。

（3）产权多样化难以达成既有建筑节能改造共识。既有建筑节能改造是一项系统工程，既有建筑节能改造需要至少以一整栋建筑为基本改造单元，至少整栋建筑的全部业主或大部分业主同意才能进行既有建筑节能改造，但我国城市住宅大部分属于公寓建筑，产权归属问题复杂，非单一性较强，在既有建筑节能改造立项、节能改造资金筹集、节能服务投资以及节能改造施工等方面难以达成共同意愿，再加上既有建筑节能改造的正外部性问题，这些容易造成居民的"搭便车"现象，使得既有建筑节能改造的整体性与居民投资意愿多元化相矛盾。所以，如何使所有居民赞同实施既有建筑节能改造是培育既有建筑节能改造市场无法回避的问题。

假设均衡市场条件下 ESCO 的供给曲线为 S_0，业主的市场需求曲线为 D_0，在动态的市场条件下，供应和需求都会有相应的变化。由以上分析可知，由于居民缺乏节能意识、能源价格及收费体制以及产权多样化等问题，既有建筑节能改造市场需求不足，使图 3-5 中需求曲线 D_0 向左移动达到 D_1；对于 ESCO，作为理性经济人，进行既有建筑节能改造的目的是利润最大化，而既有建筑节能改造投资回报周期偏长，投资回报应该如何计算，目前还没有一个明确的公式，而回报周期将由于不同的既有建筑状况和采取的节能技术种类而长短不一，但总体偏长。

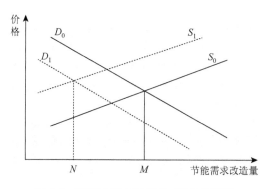

图 3-5　节能改造市场供给–需求分析图

一般来说，既有建筑从不节能到改造成节能 50%，7 年左右才可以收回成本。而在此期间的各种风险则全部由 ESCO 承担，由此造成了 ESCO 融资困难，使得资金实力不足的 ESCO 退出市场，也意味着图 3-5 中的供给曲线 S_0 向左移动到 S_1。由市场供需原理可知，供给和需求同时减少将会导致市场中总量的下降，最终导致市场萎缩。既有建筑节能改造供给-需求分析如图 3-5 所示。

3.2.5　既有建筑节能改造市场融资渠道不畅

既有建筑节能改造需要大量资金的投入，据住建部建筑节能与科技司测算，将既有建筑改造成为节能 50%标准，所需资金为 200～300 元/m^2，则将全部既有建筑节能改造，至少需要投入资金 11.2 万亿元，如此庞大的资金投入，不可能只靠国家投入，也不可能寄希望于居民承担，因此，需广开融资渠道筹集既有建筑节能改造资金。

基于合同能源管理机制，由 ESCO 为居民提供既有建筑节能改造是既有建筑节能改造市场运行实践的主要模式，我国 ESCO 主要为节能分享型企业，这就要求由 ESCO 负责项目的融资，这就对 ESCO 的资信及资金实力提出了较高的要求，但我国既有建筑节能改造市场还不成熟，ESCO 处于中小规模，自身实力不强，内源融资不足。另外，由于国家商业银行体制及观念性的障碍，ESCO 负责为居民进行既有建筑节能改造，产权不明，导致国家商业银行对 ESCO 的贷款意愿不强，并对相应的改造项目贷款设立了严格的标准和复杂的手续。虽然整体既有建筑节能改造需要大量资金的投入，但单个既有建筑节能改造项目投资规模不是很大，ESCO 每次贷款数额不大，无形中增加了商业银行的监督和经营成本，不能形成规模效益，这样就造成了规模性障碍；既有建筑节能改造专业性强而分散，且种类繁多，无形中提高了对投资人的能力要求，相应的技术经济评价需要专业知识，这也就增加了投资人介入既有建筑节能改造项目的机会成本，使我国外源融资受到限制。

长期以来，我国既有建筑节能改造市场尚没有形成，既有建筑节能改造资本市场发展相对滞后，既有建筑节能改造缺乏金融市场的支持，且一直没有形成合理的既有建筑节能改造成本分担机制，造成我国既有建筑节能改造市场投融资机制相对比较单一、规模有限，阻碍了既有建筑节能改造的有效推进。

3.3　既有建筑节能改造市场发展影响因素分析

既有建筑节能改造市场包含元素众多，结构复杂，交易关系多元化。任何新元素的引入、主体行为的改变、市场条件与环境的调整，均会对市场发展造成影响[71]。市场的发展变化是内因与外因共同作用、量变导致质变的结果，不同内容、不同形式的影响因素所造成的影响效果与程度存在差异性。因此，需要先从静态角度对众多市场发展影响因素进行分类，分析其对市场发展所产生的作用和意义。

根据在市场发展过程中所起作用的不同，市场发展因素分为动力因素、制约因素、保障因素和促进因素四类。将既有建筑节能改造市场发展比作铁轨上运行的列车，其动力因素即指使列车行进的能源动力；制约因素即指一切减缓列车运行速度的阻力；保障因素即指铁轨；促进因素即指道岔处的转辙机。

3.3.1　市场发展动力因素

市场发展动力是指引起和推动市场形成、扩张直至成熟的有利条件、力量的集合。任何增加市场利好条件量变和促进利好质变的因素均可以称为既有建筑节能改造市场发展的动力因素。以系统边界为划分标准，市场发展的动力因素又可分为内源性动力和外源性动力，以作用方式来看，具体类别定义分别为驱动力因素、拉动力因素与推动力因素。其中驱动力因素包括技术创新、企业竞争、劳动力资源、资本资源；拉动力因素为市场需求；推动力因素为政策激励。

1. 市场发展驱动力因素

1）技术创新

技术创新是实现既有建筑节能改造市场发展的根本性力量[72]。按照技术形态和内容不同可分为工艺创新与产品创新。工艺创新从基础上提高了 ESCO 的核心竞争力，提升、改良、扩展节能服务质量和范围，使行业整体服务呈现差异化发展，有助于实现既有建筑节能改造市场的平面扩张；产品创新则有助于开拓新的服务领域，从而改变资源配置模式，引发市场要素、产业结构优化，为既有建筑节能改造市场带来涨落力，为其市场性质的变化提供可能。另外，技术创新还可以降低企业平均成本，获得超额利润，其资本盈余的积累有助于服务规模的扩大和服务质量的提升。

2）企业竞争

企业竞争是既有建筑节能改造市场发展的核心动力。企业通过市场竞争机制得到有效筛选，优胜劣汰，使行业知识库不断积累先进技术、理念，摒弃过时、落后、无效的技术手段与运作模式，推进既有建筑节能改造市场系统的新陈代谢，从而使其市场得到发展。在竞争过程中，劣势企业充分暴露自身弱点，市场则充分暴露自身局限性与矛盾，正视问题，解决问题，有利于企业和市场进入新的发展层次；竞争还通过物质利益的再分配，不断调整市场结构，刺激改善竞争者之间的关系和行为策略；另外，良性竞争有助于诱发企业技术创新，提供差异化服务，满足更广泛的市场需求[73]。

3）劳动力资源

劳动力资源尤其是高素质劳动力的充沛供给，是既有建筑节能改造市场发展的支持性动力，没有人才的持续供给，既有建筑节能改造市场将止步不前。节能服务产业属于技术密集型产业，除了一般施工管理人员的劳动力需求，既有建筑节能改造市场的发展还需要具有专业背景、综合性管理能力的知识型复合人才。高素质人才有助于提高企业服务核心竞争力，改善行业基本素质，其先进的知识储备与世界观、价值观改进，有利于推动企业创新和行业变革。

4）资本资源

融资畅通是既有建筑节能改造市场发展的直接动力。资本是市场一切经济行为的物质基础表现。既有建筑节能改造市场发展程度的最直观表现就是资本积累的多少和资本市场的成熟程度[74]。追求利润是既有建筑节能改造市场行为主体参与市场活动的根本目的，也是企业投资的源动力。因此，资本的流向决定既有建筑节能改造市场主体的行为决策与选择，也可以有效地引导高素质劳动力人才流入。投资通过向特定领域集中和重新配置，实现了产业规模的扩张和产业技术的进步，从而导致既有建筑节能改造市场的横向扩展和结构优化。

2. 市场发展拉动力因素

市场需求是促进既有建筑节能改造市场发展的拉动力因素。既有建筑节能改造市场发展的目的，就是尽最大可能满足我国既有建筑节能改造需求。供求机制是既有建筑节能改造市场运作的基础机制之一，其价格机制、竞争机制等都是由既有建筑节能改造市场供求关系所决定的。应该明确的是，在既有建筑节能改造市场中，所提及的需求应当是显性需求，即需要实施既有建筑节能改造并愿意接受既有建筑节能改造的既有建筑需求。我国目前建筑业主节能意识普遍不高，既有建筑节能改造行政化因素较多，因此，随着观念普及，未来的显性需求将会大幅提高。显性需求的存在为 ESCO 提供了业务机会[75]。由于全国范围内既有建筑节能改造项目存在显著差异化，差异化需求的存在有助于刺激企业实行差异化、专业化服务发展战略。目前，我国节能服务市场还属于买方市场，因此，需求主体的选择权有利于促进既有建筑节能改造市场竞争，而对服务质量要求的提高将带动既有建筑节能改造市场技术创新。显性需求的分布状况也直接引导资本资源的流向。

3. 市场发展推动力因素

政策激励是推动既有建筑节能改造市场发展的关键力量。通过设置专项节能基金、给予税收优惠、发放直接补贴、实行贷款贴息等行政激励手段，一方面可以减缓企业融资压力，增强企业积极性，鼓励优势企业进入既有建筑节能改造市场，扩大市场供给容量，提高市场服务质量；另一方面政府的行为导向可以传递利好信号，吸引投资进入既有建筑节能改造市场，并带动其他生产要素跟进。

3.3.2　市场发展制约因素

市场发展的过程，实际上是动力因素和制约因素相互角力的过程。其中，制约因素应该分为两个类型：一种类型是相对制约因素，其元素同动力因素相同，但是作用效果相反，从而引发市场功能的衰减；另一种类型是绝对制约因素，其原理是无论动力因素存在与否和影响程度高低，其均会限制既有建筑节能改造市场发展，其元素包括项目阻碍特性、关联产业情况、节能意识和心智模式。因此，当动力因素作用效果大于相对制约因素与绝对制约因素总和时，既有建筑节能改造市场得到发展，反之，既有建筑节能改造市场停止不前或衰退、萎缩。

1）相对制约因素

相对制约因素就是动力因素的反方向作用，例如，市场缺乏技术创新、竞争低效、劳动力供给不足或者层次不高、资金供应不畅、显性需求不足、必要激励缺失等均会导致市场发展动力不足，无法实现资源的合理分配和市场规模的拓展，当影响到要素市场发展，出现产业链条断裂时，市场服务供给主体将退出市场，市场整体将面临崩溃。

2）项目阻碍特性

项目阻碍特性是指既有建筑节能改造项目本身所存在的困难属性，包括既有建筑节能改造项目存在的运行困难和经济性困难。运行困难是指既有建筑节能改造项目分布的隔离性、技术应用和融资经验等，无法得到大面积推广。具体来说，即我国既有建筑节能改造南北方差异大，北方以改造供热为主，南方则以改造空调电力等为主，城市特点也各不相同，各地经济发展水平不一，使得先进的改造技术具有应用局限性，融资模式需求差异化大，在市场发展初期，技术和资本要素无法及时满足差异化需求，从而不能形成规模效应，单位既有建筑节能改造项目成本较高，降低了 ESCO 的参与意愿[76]。经济性困难是指既有建筑节能改造项目具有较长的投资回报期，对于既有建筑的节能改造，据估计，从不节能改造成节能 50%，投资回报期大致为 7 年。而对于 7 年以上的回报周期而言，一般以营利为目的的企业是不愿意投入的。另外，投资回报的计算方法还缺乏统一标准。较长的回报周期带来了更多的不确定性，增加风险发生机会，由此阻碍了市场运作模式的建立。

3）关联产业情况

既有建筑节能改造市场发展的规模和速度受到供热产业与金融行业发展条件制约。目前，我国北方采暖地区所进行的既有建筑节能改造项目，绝大部分是改善建筑热性能，通过降低建筑终端的热损耗达到节约能源的目的。从业主角度来说，实施既有建筑节能改造的最直接利益就是降低建筑用能成本，对于北方采暖区业主来讲，则具体指减少供热费用。但是，在目前供热价格机制下，供热费用按照建筑面积统一计算，即无法用调节用热量来改变收费价格，无法给业主带来相应节能收益；而且供热采暖系统一直采用垂直单管串联方式，无法实现用户个体的节能行为。因此，业主不能形成有效节能动力。再加上节能意识普遍缺乏，虽然建筑改造潜在需求广泛，但是，显性需求严重不足。而金融行业目前涉足既有建筑节能改造融资项目的企业数量有限，且专业性不强，缺乏针对合同能源管理运行特点的金融工具，在传统风险评估和投资收益衡量模式下，金融机构贷款意愿不强。因此，不能及时有效地提供既有建筑节能改造项目所需资金，制约了既有建筑节能改造市场的进一步发展。

4）节能意识

我国购房者普遍缺乏建筑节能意识。住建部的调查数据显示，居民对既有居住建筑节能改造持愿意态度的比例为58%；愿意实施既有居住建筑节能改造的居民有74%的比例只愿意承担10%以下的改造成本[77]。节能意识的普遍缺失是造成既有建筑节能改造市场显性需求不足的直接原因。这导致既有建筑节能改造市场范围狭小，供给企业和金融企业参与性不高，既有建筑节能改造市场发展进程缓慢。另外，既有建筑节能改造除了物质功能性工程改造阶段，还包括运营阶段的使用管理改造。既有建筑实现节能降耗的主要份额源自业主的行为节能，因此，节能意识的缺乏还易造成最终市场的发展局限性，无法有效推广除改造施工建设环节外的其他运营性节能产品和服务，既有建筑节能改造市场发展延展性差，可持续性程度不高。

5）心智模式

既有建筑节能改造市场各类组织的行为执行者的心智模式，对其接受新事物，推动既有建筑节能改造市场发展造成阻力。在既有建筑节能改造市场中，存在的由心智模式所造成的阻碍有三个方面。

第一，潜在既有建筑节能改造需求业主的价值认知和风险厌恶心理。在节能意识制约因素中，前面已经提到业主节能意识淡薄导致既有建筑节能改造市场显性需求不足。但是，从比较角度而言，造成业主节能意识不足的原因，主要来自于传统价值观，人们往往将经济性收益置于首位。因此，虽然节能行为具有社会价值，能改善与提高人居品质，但是由于实施节能行为存在成本投入，且收益具有持续性与微利性，人们往往采取只关注、不参与的态度；另外，现在的建筑产权绝大部分实现了私有化，业主从利己角度出发，担心既有建筑节能改造期间对自己的生活和工作带来不便，所以，对非需求性的既有建筑节能改造要求持抵触心理。

第二，金融机构的决策者的风险厌恶心理。目前，政府为既有建筑节能改造提供的补贴资金可谓杯水车薪，既有建筑改造项目的主要融资渠道就是银行贷款，而银行并不看好既有建筑节能改造项目的投资回报，除非有政府担保，都被当作高风险项目。而且，金融机构缺乏针对合同能源管理，以未来能源节约收益为担保机制的金融工具和产品的设计，以传统风险评估机制来审核、看待既有建筑节能改造项目，显然缺乏专业性和客观性。由此所产生的资金供给不足，实际是由金融机构缺乏创新能力、规避风险的传统心智模式造成的。

第三，政府对准公益事业的认知误区。既有建筑节能改造项目的实施具有公益性特点，节约建筑能源可以降低社会运行成本，减少环境污染。因此，政府有权利也有必要适当参与既有建筑节能改造市场的建设与管理[78]。但是，我国社会主义市场经济模式仍处于发展阶段，政府在行使行政权力的过程中，还依然存在缺失和过当两种现象。目前，全国范围内的既有建筑节能改造项目均由中央及地方政府统一计划、招标、验收，这导致 ESCO 不能获得市场主体地位，形成对政策性援助的过度依赖，不利于企业技术研发与创新，不利于市场融资渠道构建自身能力的发展，而金融机构则以政府为绝对担保，不去采取风险控制手段，而是采用风险规避的方法挑选贷款对象，破坏市场机制的运行条件，使既有建筑节能改造市场发展处于低效甚至停滞状态。另外，政府主导下的既有建筑节能改造，虽然强调系统性和阶段性，但是，仍然存在重量不重质的问题。市场供求机制下的既有建筑节能改造需求是从实际出发，为了切实提高业主居住质量和节能需求而产生的。因此，在竞争机制作用下，既有建筑节能改造将得到符合实际的质量保证。而从公共事业的角度出发，整个片区的既有建筑节能改造技术同质化，建筑的差异化改造需求得不到有效满足，同时，存在资源浪费和效力不足两个问题。最后就是目前政府主导下的既有建筑节能改造，只重视改造项目的计划、施工和验收过程，对于节能效果是否达标缺乏跟踪性的观测和后评价。而以 EPC 为基础的市场机制下，则要求 ESCO 提供全寿命的建筑节能改造服务，其投资收益必须以节能效果符合项目设计要求为前提。因此，政府只重过程[79]、不重效果的认知模式，容易为服务能力水平较差的 ESCO 提供生存空间，影响既有建筑节能改造市场竞争环境。

3.3.3　市场发展保障因素

市场发展保障因素是指一切有助于克服市场发展制约因素，促进动力因素有效作用于市场发展，为市场提供稳定环境的因素总和。保障因素是市场秩序形成的基础，保障不仅仅包括监管性质的约束力量，凡是参与稳定秩序形成的因素都可以划为市场发展的保障因素。因此，既有建筑节能改造市场发展保障因素包括法律规范、行政调控、行业监督和信息管理。

1) 法律规范

市场经济就是法制经济。市场经济活动包括诸多社会关系和利益关系，公平地处理多种利益关系的依据就是有关的法律法规。法律法规具有权威性、强制性、规范性、稳定性和不可侵犯性，是保护既有建筑节能改造市场活动顺利进行的根本手段。在既有建筑节能改造市场发展过程中，法律规范具有以下四个意义：第一，制约既有建筑节能改造市场发展过程中的非理性行为，抑制垄断、不完全竞争、不公平分配、市场投机、生态失衡等情况发生。第二，保障既有建筑节能改造市场发展的公平环境，维护既有建筑节能改造市场竞争秩序。法律通过国家强制力对各种非市场因素障碍予以消除，建立公平、自由、有效的既有建筑节能改造市场竞争秩序。第三，规制行政机构权力。经济法的制定有效规制了行政机构的经济权力，既有建筑节能改造市场可依据法律有效抵制政府的非法干预。第四，振兴和扶持既有建筑节能改造市场主体的发展。既有建筑节能改造市场在资源配置中起着基础性作用，法律的责任是培育和扶持市场主体，可以通过立法的方式支持节能服务产业发展，确立合同能源管理模式的基础性地位，为技术、资本、人才等生产要素的流动提供明确指引和可靠依据。

2) 行政调控

既有建筑节能改造市场中的行政调控主要是规定、制定行业规范，包括服务标准、合同规范、招投标程序、节能减排效益的测试和验证标准等。政府主管部门应制定行业最高能耗限额或最低能效标准，建立能耗奖惩制度，加强能耗监测，监督企业服务质量，加强先进技术、工程示范，推广公共部门合作与支持等。行政调控的本质目的是管理既有建筑节能改造市场运行秩序，其作用主要有维护既有建筑节能改造市场制度、保护公平交易秩序、抑制投机过度、防止垄断和不正当竞争、引导生产要素集中和再分配、应对市场突发事件、对非正常市场运行状态实施直接干预等。但是，调控干预过度，有时会隔断经济运行中的各个环节、各个要素之间的内在经济联系，造成市场分割、地区封锁，抑制微观主体积极性和主动性，使既有建筑节能改造市场经营僵化，市场运行不畅，市场功能破坏或严重萎缩。

3) 行业监督

行业协会等机构是政府委托下实行市场监管的市场中介组织。本质上说，行业协会同政府一样，对既有建筑节能改造市场发展具有维护、监管和保障作用。但是，区别在于行业协会是行业具体监督工作的设计者和执行者。由于其更接近市场主体 ESCO，较政府更了解行业和市场发展的实践情况，可以及时地处理小型突发事件，在维持微观市场的运行秩序方面具有灵活性强、理论结合实践、经验丰富的优点。在保障市场发展的手段上，除了被动性地采取监管措施，还可以通过采取主动手段建立市场秩序。例如，通过制订信用评价等级，EPC 行业协会对 ESCO 实行信用等级评价，为金融机构和节能客户筛选合作对象，并为金融机构按不同的级别实行不同的贷款提供依据。其实质是促进市场信息公开，引导生产要素的有效集中和再分配。

4）信息管理

现代市场经济的本质是知识经济，而知识经济的内在要求便是信息经济。信息的有效沟通是既有建筑节能改造市场实现资源要素合理化分配的前提保障。第一，既有建筑节能改造市场本身具有信息不对称特性，ESCO 与业主之间、ESCO 与金融机构之间的信息不对称，直接影响到既有建筑节能改造市场容量和资金投入量。因此，建立信息化平台和发展第三方评估机构是实现既有建筑节能改造市场公平交易、消除逆向选择、扫清疑虑心理的必要措施手段。第二，实现技术市场和人才市场的信息及时性、全面性和准确性，有利于推动企业技术水平的提高，为技术创新和制度创新提供素材与动力。第三，行业内、市场内的有效信息，可以使需求容量、市场价格、生产要素、引导性政策等资源性要素透明化，有利于企业之间展开良性竞合，使优胜劣汰的市场竞争机制得以有效发挥。第四，政策信息的及时传递和节能理念信息的广泛传播，有利于提高全社会节能意识，为既有建筑节能改造市场的可持续发展提供环境基础。

3.3.4　市场发展促进因素

市场发展促进因素是指一切为既有建筑节能改造市场发展提供契机的因素，通过提供涨落力来使既有建筑节能改造市场的系统状态得到改变。市场的动力因素和保障因素主要是实现既有建筑节能改造市场量变发展的因素，当量变积累到一定程度时会引发既有建筑节能改造市场状态的质变。而既有建筑节能改造市场发展的促进因素则可以直接引发市场的质变性发展。

1）制度变革与产业整合

从系统论的角度来讲，制度变革与产业整合都是使系统偏离平衡态，为系统提供涨落力的方式。通过既有建筑节能改造市场内部运行规则的调整和生产结构的变化，集中生产资料，再按照新的秩序进行重新分配。市场制度变革在既有建筑节能改造市场发展的不同阶段，作用效果也不尽相同。在市场秩序混乱、市场功能紊乱期间，制度变革可以有效剔除不具备竞争能力的企业，由此引发的既有建筑节能改造市场内部竞争环境的改变和产业生产效率的提升，有助于促进既有建筑节能改造市场的重新发展。而在市场运行状态良好期间，实行制度变革，往往出于战略目的，根据适者生存的竞争法则，市场环境的改变可以刺激技术创新，筛选出适应当下环境的企业,促进既有建筑节能改造市场向既定方向发展。产业整合的目的在于提高生产要素的使用效率,使企业达到规模经济,优化既有建筑节能改造市场组织结构和层次结构,增强既有建筑节能改造市场竞争的有效性,为既有建筑节能改造市场发展提供新的契机。

2)突发事件

突发事件的发生是既有建筑节能改造市场发展的偶然性因素。由其发生发展具有很强的不确定性,无法人为地产生和控制。既有建筑节能改造市场应该善于利用突发性事件的积极性,促进市场发展利好政策的制定和借此调整要素配置,为既有建筑节能改造市场结构优化转型提供机遇。根据辩证法原理,偶然性事件往往蕴涵必然性。这就要求既有建筑节能改造市场主体和监管组织应时刻掌握行业、产业动向,把握宏观方向,有及时处理突发事件的能力。例如,北方雾霾天气的突然发生,既有偶然性的一面,又是粗放式经济发展的结果。政府应借此机会宣传节能理念,提高群众节能意识,从而增加显性需求,拉动既有建筑节能改造市场发展。

3.4 不同市场发展阶段下影响因素的动态演进过程

既有建筑节能改造市场是个复杂系统,其发展过程是多种影响因素共同作用的结果。由于不同影响因素对市场发展所起的作用不尽相同,而既有建筑节能改造市场发展在不同阶段所呈现出的主要矛盾也存在区别。既有建筑节能改造市场发展影响因素随时间的变化而呈现出更替性,即不同既有建筑节能改造市场发展阶段下影响因素呈现动态演进过程。不同影响因素在市场机制的作用下相互耦合,为既有建筑节能改造市场发展提供协同作用力。因此,找出既有建筑节能改造市场各阶段的关键影响因素,解决发展过程中的主要矛盾,是推动既有建筑节能改造市场发展的必然要求。既有建筑节能改造市场在不同的生命周期阶段有不同的市场特征,因此,其发展影响因素的作用程度便有先后主次之分。首先,在所有既有建筑节能改造市场发展影响因素中,占据基础地位的就是市场发展保障因素,无论既有建筑节能改造市场处于任何阶段,稳定的市场环境和秩序是既有建筑节能改造市场进行任何行为的根本保障。因此,法律规范、行政调控、行业监督、信息管理构成了既有建筑节能改造市场发展的外部约束框架,这四种因素均是既有建筑节能改造市场发展各阶段的基础性因素。其次,对于既有建筑节能改造市场发展促进因素中的突发事件的正确理解,应是其具有偶然性、不可预知性,在市场发展的预测和管理方面缺乏研究意义,故不讨论其影响的重要性。

下面将重点分析六种市场发展动力因素(市场需求、政策激励、技术创新、竞争机制、制度变革、产业调整)、五种市场发展制约因素(项目阻碍特性、关联产业情况、节能意识、心智模式、反动力因素），以及一种市场发展促进因素（监督和引导职能），在市场的形成、成长、成熟阶段下的动态演进规律。其中，动力因素与促进因素作为正向影响因素进行分析，而制约因素则为逆发展因素。在市场的不同发展阶段，各影响因素的作用强度均有不同。市场发展动力通常由低级要素向高级要素转换；当市场发展成熟时，各影响因素处于均衡状态，动力一般由资本密集向技术密集转化。

3.4.1　市场形成期的重要影响因素

既有建筑节能改造市场形成初期，主要面临显性需求不足，市场生产要素供给匮乏，尤其是资金要素的缺失，市场内仅有少数 ESCO，所提供的节能服务种类有限，质量基本只限于产业基本水平，价格机制不完善，运营成本居高不下等问题。但是，同时从市场空间来看，无论是潜在需求还是技术、资金、劳动力等生产要素，均有很大的开发潜力。因此，形成期市场发展的基本任务就是基本建立市场供求机制和价格机制，寻求生产要素，使社会接受新的服务和新的组织。由此可见，形成期市场发展的重要动力因素是市场需求和政策激励。需求一方面为市场中的企业提供生存空间，在市场发展初期，让尽可能多的企业存活下来是当务之急；另一方面市场的发展最终依赖于市场需求的认可。而政策激励一方面提供企业发展所需要的资金；另一方面为市场带来利好信息，吸引其他生产要素的流入。而在此阶段，由于既有建筑节能改造的资本密集型特征，资金成为市场要素的主要需求。但由于市场内的企业分布数量和市场结构，还无法形成有效竞争，竞争机制基本未得到有效建立，还不能对市场发展助力。

市场发展制约方面，改造项目本身的阻碍特性和关联产业情况是最突出的影响因素。因为改造项目本身所具有的长投资回收期和供热收费问题，严重打击了资金供应者和市场需求方的参与积极性，因此，若想实现市场发展，应优先考虑解决这两个问题。

3.4.2　市场成长期的重要影响因素

既有建筑节能改造市场发展至成长期，市场内部企业数量增加、服务质量要求提高、改造项目投资规模扩大、改造需求向差异化方向发展、劳动力需求增加、产业与市场结构需要优化。其中，形成有效的市场竞争机制，为客户提供差异化、专业化、高质量的服务是市场该发展阶段的主要因素。因此，市场成长阶段下，既有建筑节能改造市场实现发展的重要影响因素是技术创新、需求拉动与竞争机制完善。市场显性需求的开发是该阶段市场开发的第一要务，显性需求的激增为企业成长和市场扩张提供空间。在此阶段，为抢占需求资源和生产要素，新老企业间通过激励的竞合手段谋求自身生存、发展，因此，公平、稳定的竞争环境是市场通过优胜劣汰原则筛选供给主体的必要条件。而从企业自身发展角度，只有不断进行技术创新，才可以提供差异化服务，从而扩大市场份额，并带动开发更多需求。也可以降低服务成本，增加资本积累，为下一步企业的发展和产业的扩张形成物质积累。当市场中的大部分企业均实现此积累过程时，市场便呈现出持续发展状态。在成长阶段后期，制度变革和产业调整也起到相对重要的作用，它有利于调整市场结构，优化市场组成，促进竞争机制的有效发挥，为市场步入成熟阶段提供条件。而政府激励则不再作为主要影响因素，此时，政府应让出主导地位给市场，只实行必要的监督和引导职能。生产要素需求也由资本密集转向技术密集，劳动力要素，尤其是高质量人才的需求成为急需解决的问题。

市场发展制约方面，由于此阶段下，通过供热计量改造和热价改革项目的实施，以及金融行业均对市场存在响应，关联产业发展情况已经不再是市场发展的制约因素。同时，由于技术创新和竞争机制的逐渐成熟，既有建筑节能改造本身的运行困难也得到解决。所以，该阶段的主要影响因素是业主的节能意识，以及金融行业和政府的心智模式。这两个因素一是会减缓显性需求数量的增加，二是会影响资金要素的及时供应，三是政府的行为越界可能造成市场秩序的暂时性混乱。因此，若想实现市场向成熟阶段发展，应该提升居民节能意识，改变业主、金融机构和政府的心智模式。

3.4.3 市场成熟期的重要影响因素

既有建筑节能改造市场发展至成熟阶段，市场机制基本健全完善，市场运行的最主要任务就是为广泛的需求方提供差异化、专业化的服务，同时，维护有效的市场竞争机制，抑制垄断行为，防止市场向同质化、官僚化方向转变。此时，市场内的企业数量与市场结构基本稳定，竞争情况激烈，传统业务市场基本达到饱和，所得利润维持在低水平线上，虽然各企业之间，行业与行业之间，市场与市场之间均建立了稳定的生产要素供应渠道。但是，对生产要素的竞争也更加激烈。因此，此时市场发展急需寻求新的市场空间，通过技术创新，一方面提高企业核心竞争力，降低服务成本；另一方面开发新的需求，创造新的市场。所以，在市场发展进入成熟阶段后，推动市场继续发展的重要因素是技术创新、开发新需求、制度变革与产业调整。制度变革和产业调整是优化市场结构与资源分配方式，剔除缺乏竞争力的企业，一方面努力维护市场竞争机制有效运行；另一方面为市场和产业升级提供机会。

市场发展制约方面，在市场走向成熟的过程中，一切问题和矛盾得到合理解决，因此，此时最大的问题就是反动力因素的作用，也就是说市场动力不足或者崩溃。其中，最为严重的就是竞争机制的破坏。若市场此时竞争机制失效，则市场将逐步走向衰退阶段，企业将逐渐向垄断模式发展，组建具有官僚化特征，生产资源将流向固定寡头企业，市场创新动力不足，服务趋向同质化，可服务市场空间越来越狭小。至此，市场进入衰退阶段。所以，在市场进入成熟阶段后，需要努力维持市场竞争机制，不容许有任何破坏竞争秩序的行为持续发生。

　　可见，在既有建筑节能改造市场发展演化过程中，各影响因素作用发挥程度存在差异，各阶段均具有不同主导因素。随着市场发展阶段的变化，市场发展与资源禀赋的联系强度减弱，资源动力要素逐渐体现出边际报酬递减特征；而其发展与技术、制度的联系明显加强。市场的发展体现为由资源要素主导向制度要素主导转变、由资本要素向知识要素转变的过程。其发展表现出更强的复杂性。这种从低级到高级，从简单到复杂的影响因素动态演变过程，是推动既有建筑节能改造市场发展、使市场走向成熟的基本原理。

第4章 既有建筑节能改造市场主体行为博弈分析

市场是既有建筑节能改造的温床，实现既有建筑节能改造目标需要培育和完善既有建筑节能改造市场。主体是市场的重要组成部分，市场主体的行为策略是影响市场良性运转的重要因素。既有建筑节能改造市场主体行为属于群体行为，群体的策略选择是不均衡的，主体的最优策略不是一次选择的结果，是一种反复学习、不断调整的过程，与生物进化循环类似，先进行策略选择，然后进化，接着进行新的策略选择，然后再次进化、再次选择……以此往复，是一个不断循环的过程。因此，下面基于市场各主体进化博弈模型的行为分析，探求既有建筑节能改造市场主体行为和需求规律，探索市场主体之间的行为策略。

4.1 进化博弈相关理论阐述

4.1.1 进化博弈论及有限理性

博弈论（games theory）自 1980 年以来在经济学领域得到迅速发展，它是在考虑多个主体行为决策互动影响下，研究理性主体如何决策以及决策均衡问题的理论。传统的主流博弈论的前提条件是博弈主体完全理性，即要求行为主体始终以自身最大利益为目标，具有在确定和非确定性环境中追求自身利益最大化的判断与决策能力，还要求它们在存在交互作用的博弈环境中具有完美的判断和预测能力等，通过一次博弈决策就能找到最优策略。而这与现实中，尤其是群体博弈中单个主体的学习能力以及信息的获取能力不同等是不符的。另外，当博弈存在多重均衡时，传统博弈论也无法确定将要达到哪一个均衡，以及到达各个均衡的前提条件。所以，现实中人们在遇到事情时所表现的理性难以达到完全理性要求，这也是传统博弈论的局限性。

进化博弈论（evolutionary games theory）产生于 20 世纪 80 年代，是非合作博弈理论和生态学理论的完美结合，它摒弃了主流博弈论以行为主体为完全理性的假设，认为行为主体是有限理性的，使其更接近于实际。将这种思想应用于经济学领域，人类的竞争行为与经济活动类比于生物间的生存竞争和进化，从而来研究人类基于进化行为选择策略的均衡，以及向均衡状态调整、收敛的过程与性质[80]。

　　传统博弈论对博弈局中人要求完全理性，而进化博弈论降低了对此的要求，不是以行为主体为"完全理性"作为假设，而是把进行博弈的主体视为有限理性（bounded rational），它们在相互学习、复制的过程中完成自身的进化。有限理性是行为主体不会一开始就选用最优策略，而是在不断调整中达到一种策略均衡，然后再偏离，再均衡，策略选择是个递进循环的过程。在有限理性条件下，博弈者通过进化机制和模仿学习机制完成自身的进化，进化机制主要强调个体的选择倾向性和比较选择，通过模仿和复制，较优策略便逐渐被多次采用，进而实现策略均衡；模仿学习机制主要是指通过模仿较优策略或者是经过经验、教训的积累，对自己的策略进行调整和改进以达到策略均衡与演化稳定。

4.1.2　复制动态方程及进化稳定策略

　　进化博弈模型的建立要基于两个假设：一是假定每个参与人都通过与其他人行为互动的学习过程来改变其策略，通过特定的方法来修正对其他参与人行为的预期；二是假定参与人没有固定博弈对手，通过随机配对，进行反复的博弈。进化博弈论主要有两种基本方法：一种是复制动态（replicator dynamics，RD）方程，描绘的是一种动态轨迹，动态地表现了策略的演化变迁和实现均衡策略的过程；另一种是进化稳定策略（evolutionarily stable strategy，ESS），即当既定策略受到变异策略入侵时能保持稳定的状态。

　　复制动态方程是一个动态微分方程，它主要描述的是某一特定策略在一个群体中被采纳的比例。设博弈方可选择的策略为 i，则 x_i 为群体中选择策略 i 的比例，我们以 $U(x_i, x)$ 代表群体中选择策略 i 所获得的收益，则相应的群体平均收益为 $U(x, x)$，复制动态方程可表述如下：

$$\frac{\mathrm{d}x_i}{\mathrm{d}t} = x_i[U(x_i, x) - U(x, x)] \qquad (4-1)$$

　　由上述复制动态方程的数学描述可知，选择既定纯策略的博弈者比例的变化率是与选择该策略的博弈方占群体中的比例及个体收益与平均收益的差别成正比的，即当选择该策略所获得的收益比群体平均收益高时，该策略就会在该群体中被模仿、发展。

　　由上述复制动态方程可求得多项抗干扰能力不同的稳定状态，求得的稳定状态有抗干扰能力强的，有抗干扰能力弱的，将其中抗干扰能力强的稳定状态称为"进化稳定策略"，进化稳定策略是进化博弈分析的核心概念。

　　设群体中的个体选择策略为 x_i，博弈对手选择的策略为 x_j，此时相应收益为 $U(x_i, x_j)$。当 x_i 相对于所有的可选策略 x_j 时，如果 x_i 能满足下面条件之一，则称 x_i 为一个进化稳定策略：

（1）$U(x_i, x_i) > U(x_j, x_i)$，即 x_i 一定是一个关于它自己的最好策略。

（2）$U(x_i, x_i) = U(x_j, x_i)$，且 $U(x_i, x_j) > U(x_j, x_j)$，即若 x_j 是关于 x_i 的一个相同策略，此时 x_i、x_j 是等价可选的，且 x_i 是关于 x_j 的一个最好策略，则 x_i 一定是一个比 x_j 关于它自己的最好策略。

4.2 中央政府与地方政府的行为博弈分析

中央政府实施既有建筑节能改造是为了使公共利益最大化，虽然我国建筑能耗逐年增加，但作为有限理性主体，当既有建筑节能改造资金投入不能达到预期的经济效益、环境效益和社会效益时，中央政府会选择将相应的资金投入其他基础设施建设中以获得最大化公共利益；地方政府的策略选择具有明显的有限理性，地方政府与中央政府在利益上既有一致又有分歧，基于我国政府体制及既有建筑节能改造准公共物品属性，为实现自身利益最大化，地方政府对待既有建筑节能改造的行为是需要进行多次学习、调整和模仿的动态过程。

4.2.1 模型的基本假设

假设 4.1 构成博弈的两个局中人，局中人1是中央政府，为既有建筑节能改造提供节能专项基金及优惠政策，推进既有建筑节能改造等；局中人2是地方政府，运用节能专项基金执行节能改造，并将中央政府和地方政府抽象为两个有限理性的博弈方。分析框架要求反复在设定的两群体内部随机抽取一组配对进行博弈[81]，为了分别对两类群体进行复制动态和进化稳定策略分析，要求博弈双方的学习和策略模仿需局限在所在群体内部[82]。

假设 4.2 针对既有建筑节能改造，局中人双方均有两个策略可供选择：中央政府有"积极推进既有建筑节能改造、提供节能改造专项基金"（简称"积极推进、提供节能专项基金"）和"消极推进既有建筑节能改造、不提供节能改造专项基金"（简称"消极推进、不提供节能专项基金"）两个纯策略选择；而地方政府的两个纯策略选择是"积极执行、专款专用"和"消极执行、资金滥用"。

假设 4.3 设中央政府选择"积极推进、提供节能专项基金"策略的比例为 x，相应地选择"消极推进、不提供节能专项基金"策略的比例为 $1-x$；同样，地方政府选择"积极执行、专款专用"策略的比例为 y，相应地选择"消极执行、资金滥用"策略的比例为 $1-y$。

假设 4.4 中央政府推进既有建筑节能改造的措施主要包括经济激励措施和设立节能专项基金，为便于计算，设中央政府积极推进既有建筑节能改造的投入为 R；当地方政府选择"积极执行、专款专用"策略时，中央政府选择"积极推进、提供节能专项基金"策略可获收益为 r，其中，包括社会收益、经济收益以及环境收益等，若中央政府选择"消极推进、不提供节能专项基金"策略，此时中央政府除了失去收益 r，还会带来由能耗严重带来的治理成本 C_1，并为定值；当地方政府选择"消极执行、资金滥用"策略时，中央政府选择"积极推进、提供节能专项基金"策略的收益为 $-R-C_1$，选择"消极推进、不提供节能专项基金"策略的收益为 $-C_1$。

假设 4.5　若中央政府选择"积极推进、提供节能专项基金"策略，则此时地方政府选择"积极执行、专款专用"策略的收益为 R，选择"消极执行、资金滥用"策略的收益为 $R-C_3$，其中 C_3 表示地方政府由于资金滥用所受到的惩罚；当中央政府选择"消极推进、不提供节能专项基金"策略时，地方政府选择"积极执行、专款专用"策略的收益为 $-C_1$，选择"消极执行、资金滥用"策略的收益为 $-C_2$，C_2 表示地方政府因申请不到节能改造资金而滥用的机会损失，且 $C_2 < C_1$。

基于上述分析，通过随机配对建立博弈模型，得到中央政府与地方政府之间的相关博弈得益矩阵如表 4-1 所示。

表 4-1　既有建筑节能改造中央政府与地方政府间得益矩阵

		地方政府	
		积极执行、专款专用（y）	消极执行、资金滥用（$1-y$）
中央政府	积极推进、提供节能专项基金（x）	r, R	$-(R+C_1), R-C_3$
	消极推进、不提供节能专项基金（$1-x$）	$-(r+C_1), -C_1$	$-C_1, -C_2$

4.2.2　中央政府与地方政府间的进化博弈分析

1）中央政府与地方政府间的复制动态方程

根据表 4-1，中央政府选择"积极推进、提供节能专项基金"策略的期望收益（U_1）和"消极推进、不提供节能专项基金"策略期望收益（U_2）以及混合策略的平均期望收益（$\bar{U}$）分别为式（4-2）～式（4-4）：

$$U_1 = yr + (1-y)(-R-C_1) \tag{4-2}$$

$$U_2 = -y(r+C_1) + (1-y)(-C_1) = -yr - C_1 \tag{4-3}$$

$$\bar{U} = xU_1 + (1-x)U_2 \tag{4-4}$$

同理，对于地方政府来说，选择"积极执行、专款专用"策略的期望收益（U_3）和"消极执行、资金滥用"策略的期望收益（U_4）以及混合策略平均期望收益（$\bar{U}^*$）分别为式（4-5）～式（4-7）：

$$U_3 = xR + (1-x)(-C_1) \tag{4-5}$$

$$U_4 = x(R - C_3) + (1-x)(-C_2) \tag{4-6}$$

$$\overline{U}^* = yU_3 + (1-y)U_4 \tag{4-7}$$

因此，由以上期望收益可得出中央政府在选择"积极推进、提供节能专项基金"策略情形下的复制动态方程 $F(x)$ 和地方政府选择"积极执行、专款专用"策略的复制动态方程 $F(y)$ 分别为式（4-8）和式（4-9）：

$$F(x) = \frac{\mathrm{d}x}{\mathrm{d}t} = x(U_1 - \overline{U}) = x(1-x)(2yr - R + yR + yC_1) \tag{4-8}$$

$$F(y) = \frac{\mathrm{d}y}{\mathrm{d}t} = y(U_3 - \overline{U}^*) = y(1-y)[xC_3 - (1-x)(C_1 - C_2)] \tag{4-9}$$

式（4-8）描述了中央政府选择"积极推进、提供节能专项基金"策略的进化过程，反映了如果中央政府选择"积极推进、提供节能专项基金"策略的得益 U_1 优于混合策略的平均得益 $\overline{U}$，则选择该策略的比例就会上升；式（4-9）描述了地方政府选择"积极执行、专款专用"策略的进化过程，反映了如果地方政府选择"积极执行、专款专用"策略的得益 U_3 优于混合策略的平均得益 $\overline{U}^*$，则地方政府选择"积极执行、专款专用"的比例也会上升。

2）中央政府的复制动态方程分析

令 $F(x) = 0$，得出其两个可能的稳定状态点 $x_1^* = 0$、$x_2^* = 1$ 以及 $y^* = \dfrac{R}{2r + R + C_1}$。当 $y = y^*$ 时，无论 x 取任何值，$F(x) = 0$ 且 $F'(x) = 0$，即当地方政府选择"积极执行、专款专用"策略的比例达到 $y^* = \dfrac{R}{2r + R + C_1}$ 时，中央政府选择"积极推进、提供节能专项基金"策略和"消极推进、不提供节能专项基金"策略的比例达到均衡；当 $y > y^*$ 时，$F'(0) > 0$，$F'(1) < 0$，因此 $x_2^* = 1$ 是中央政府的进化稳定策略，即当地方政府选择"积极执行、专款专用"策略的比例超过 y^* 时，中央政府最终趋向于选择"积极推进、提供节能专项基金"策略；当 $y < y^*$ 时，$F'(0) < 0$，$F'(1) > 0$，因此 $x_1^* = 0$ 是中央政府的进化稳定策略，即当地方政府选择"积极执行、专款专用"策略的比例低于 y^* 时，中央政府最优策略为"消极推进、不提供节能专项基金"。中央政府的复制动态方程相图如图 4-1 所示。

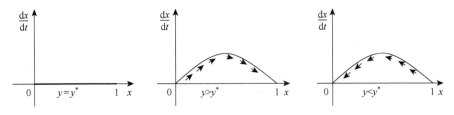

图 4-1 中央政府进化博弈复制动态方程相图

3）地方政府的复制动态方程分析

同上述分析，令 $F(y)=0$，得出地方政府的两个可能的稳定状态点 $y_1^*=0$、$y_2^*=1$ 以及 $x^*=\dfrac{C_1-C_2}{C_1+C_3-C_2}$。当 $x=x^*$ 时，无论 y 取任何值，$F(y)=0$ 且 $F'(y)=0$，即当中央政府选择"积极推进、提供节能专项基金"策略的比例达到 $x^*=\dfrac{C_1-C_2}{C_1+C_3-C_2}$ 时，地方政府选择"积极执行、专款专用"策略和"消极执行、资金滥用"策略的比例达到均衡；当 $x>x^*$ 时，$F'(0)>0$，$F'(1)<0$，因此 $y_2^*=1$ 是地方政府的进化稳定策略，即当中央政府选择"积极推进、提供节能专项基金"策略的比例超过 x^* 时，地方政府最终趋向于选择"积极执行、专款专用"策略；当 $x<x^*$ 时，$F'(0)<0$，$F'(1)>0$，因此 $y_1^*=0$ 是地方政府的进化稳定策略，即当中央政府选择"积极推进、提供节能专项基金"策略的比例低于 x^* 时，地方政府最优策略为"消极执行、资金滥用"。相应的进化路径复制动态方程相图如图4-2所示。

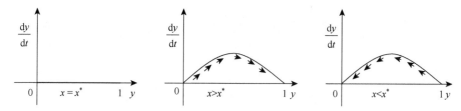

图4-2 地方政府进化博弈复制动态方程相图

4）中央政府与地方政府行为初始状态分析

将上述2）和3）分析中的中央政府和地方政府两个博弈群体的复制动态和稳定性在以 x 和 y 为坐标的平面图上表示出来，得到中央政府与地方政府行为进化博弈复制动态演化相图如图4-3所示。

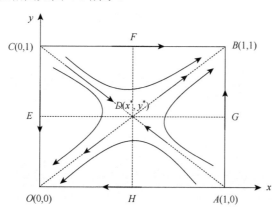

图4-3 中央政府与地方政府行为进化博弈复制动态演化相图

图 4-3 描述了主体双方的决策行为动态演化过程,从图中可以看出,$(x^* = 0,$ $y^* = 0)$与$(x^* = 1, y^* = 1)$是中央政府和地方政府针对既有建筑节能改造行为博弈中复制动态的两个进化稳定策略,其他不稳定的点 $A(1, 0)$、$C(0, 1)$及鞍点 $D(x^*, y^*)$都不是复制动态中收敛和抗干扰的稳定状态,其中鞍点 $D(x^*, y^*)$是分界点,随着 $D(x^*, y^*)$的移动可以改变两个稳定区域的面积,面积 $ABCD$ 表示趋向于 $B(1, 1)$的比例。从进化相图可知,系统的演化均衡路径与博弈支付矩阵密切相关,系统的收敛稳定点受博弈发生的初始状态影响。因此,在中央政府与地方政府博弈过程中,构成双方博弈支付收益函数参数的初始值及其变化将导致演化系统向不同的稳定点收敛。

将 $x^* = \dfrac{C_1 - C_2}{C_1 + C_3 - C_2}$ 对 C_2 和 C_3 求导,可得式(4-10)和式(4-11):

$$\frac{\partial x^*}{\partial C_2} = \frac{-C_3}{(C_1 + C_3 - C_2)^2} < 0 \qquad (4\text{-}10)$$

$$\frac{\partial x^*}{\partial C_3} = \frac{C_2 - C_1}{(C_1 + C_3 - C_2)^2} < 0 \qquad (4\text{-}11)$$

从式(4-10)可知,地方政府申请不到节能改造资金而滥用的机会损失 C_2 增加将导致鞍点向左移动,使 $ABCD$ 的面积增大,系统收敛于 B 点的概率增加,即机会损失 C_2 的增大将导致地方政府采取"积极执行、专款专用"策略;从式(4-11)可知,随着中央政府对资金滥用监督及惩罚力度的加大,即 C_3 的增加,地方政府选择"积极执行、专款专用"策略的比例增加,鞍点将向左移动,使 $ABCD$ 的面积增大,系统收敛于 B 点的概率增加。

将 $y^* = \dfrac{R}{2r + R + C_1}$ 对 R 和 r 求导,可得式(4-12)和式(4-13):

$$\frac{\partial y^*}{\partial R} = \frac{2r + C_1}{(2r + R + C_1)^2} > 0 \qquad (4\text{-}12)$$

$$\frac{\partial y^*}{\partial r} = \frac{-2R}{(2r + R + C_1)^2} < 0 \qquad (4\text{-}13)$$

式(4-12)表示,随着中央政府投资于既有建筑节能改造资金 R 的增大,鞍点将向上移动,使得 $ABCD$ 的面积减小,系统收敛于 B 点的概率减少。式(4-13)表示,随着节能改造后相应效益 r 的增加,鞍点将向下移动,相应导致 $ABCD$ 面积增大,系统收敛于 B 点的概率增加。

4.2.3 博弈演化结果分析

基于有限理性,构建中央政府和地方政府间的进化博弈模型,运用进化稳定策略和复制动态方法分析中央政府和地方政府的策略稳定条件与策略演变动态轨迹，可得如下结论。

（1）由中央政府的进化稳定策略分析可知，中央政府选择"积极推进、提供节能专项基金"策略与节能改造资金投入 R 及节能改造后的相关收益 r 有关，即与节能改造效果 $\dfrac{r}{R}$ 有关，应在节能改造资金投入的基础上，加大节能改造的相关收益，相应还降低了 y^* 的比例，当 $y>y^*$ 时，中央政府的进化稳定策略就是"积极推进、提供节能专项基金"。由 4.2.2 节中 4）的分析可知，可以降低鞍点 D 的纵坐标，加大区域 $ABCD$ 的面积，则系统收敛于 B 点的概率增加。

（2）由地方政府的进化稳定策略分析可知，地方政府选择"积极执行、专款专用"策略受机会损失 C_2 及中央政府的惩罚力度 C_3 影响，加大地方政府申请不到节能改造资金的机会损失及加大监督惩罚力度，会相应降低 x^* 的比例，当 $x>x^*$ 时，地方政府的进化稳定策略就会趋向于"积极执行、专款专用"。由 4.2.2 节中 4）的分析可知，使得鞍点 D 的横坐标向左移动，加大了区域 $ABCD$ 的面积，即增加了系统收敛于 B 点的概率。

4.3　政府与业主的行为博弈分析

由于节能改造业主数量的庞大和节能改造的复杂性，业主自身的能力如信息的获取能力、对节能的认识、对待风险的态度等是不相同的，还要考虑节能改造后对自身的影响及其他业主是否采取节能措施的影响。业主对待节能改造的行为更多地通过对前期与其进行博弈的其他业主行为的学习、模仿进行调整，是一个动态调整的过程。政府对节能改造业主进行激励，需要付出一定的激励成本，当节能改造带来的外部性收益大于政府的激励成本时，政府才会加强对节能改造的激励力度，随着外部性收益的增加，激励强度也会增加。

4.3.1　模型的基本假设

假设 4.6　构成博弈的两个局中人，局中人 1 是作为既有建筑节能改造激励主体的政府，局中人 2 是作为激励对象的既有建筑业主，并将政府和业主抽象为两个有限理性的博弈方。

假设 4.7　在对既有建筑节能改造的激励过程中，作为博弈双方的政府和业主的策略选择都有两种：政府对业主进行"激励"和"不激励"两个纯策略选择；业主的两个纯策略选择就是"节能改造"和"不节能改造"。

假设 4.8　设政府针对既有建筑节能改造选择"激励"策略的比例为 y，则其相应选择"不激励"策略的比例为 $1-y$；同样，业主选择"节能改造"策略的比例为 x，则其相应选择"不节能改造"策略的比例为 $1-x$。

假设4.9 在政府对既有建筑节能改造不进行激励的情况下，业主选择不节能改造的状态下的收益为0，选择进行节能改造时收益为 m（m 可能为正，也可能为负）；在政府选择进行激励的条件下，激励措施主要包括经济激励与经济约束，经济激励是指财政补贴、税收优惠以及信贷优惠等，为便于计算，设此时业主选择节能改造可另得收益 I_1；经济约束是指对超过一定能耗的既有建筑业主增收能源消耗税等，同样为便于计算，计其为 I_2，则业主选择不进行节能改造收益损失为 $-I_2$。

假设4.10 由于既有建筑节能改造的正外部性的存在，在政府不进行激励而业主选择节能改造时，政府收益为 P_1（包括经济效益、社会效益和环境效益等）；在政府选择进行激励下，政府会有相应的激励成本 C，若业主不选择节能改造，则此时的政府收益为 $-C$，若在激励措施下业主选择进行节能改造，则政府获得的收益为 P_2-C，在激励措施下，业主的节能意识及节能改造行为均会增加，即此时的外部性收益 $P_2>P_1$。

构建随机配对的博弈模型，得政府与业主间的博弈得益矩阵如表4-2所示。

表4-2 既有建筑节能改造政府与业主间得益矩阵

		政府	
		激励（y）	不激励（$1-y$）
业主	节能改造（x）	$m+I_1$，P_2-C	m，P_1
	不节能改造（$1-x$）	$-I_2$，$-C$	0，0

4.3.2 政府与业主间的进化博弈分析

1）政府与业主间的复制动态方程

根据表4-2，对于业主群体来讲，选择"节能改造"策略的期望收益（U_1）和"不节能改造"策略的期望收益（U_2），以及群体的平均期望收益（$\bar{U}$），可分别表示为式（4-14）～式（4-16）：

$$U_1 = y(m+I_1)+(1-y)m = I_1 y + m \tag{4-14}$$

$$U_2 = -I_2 y + (1-y)0 = -I_2 y \tag{4-15}$$

$$\bar{U} = xU_1+(1-x)U_2 = x(I_1 y + m)-(1-x)I_2 y \tag{4-16}$$

同理，对于政府来说，选择"激励"策略的期望收益（U_3）和"不激励"

策略的期望收益(U_4),以及群体的平均期望收益($\bar{U}^*$)可分别表示为式(4-17)~式(4-19):

$$U_3 = x(P_2 - C) + (1-x)(-C) = x(P_2 - C) - (1-x)C \qquad (4-17)$$

$$U_4 = xP_1 + (1-x)0 = xP_1 \qquad (4-18)$$

$$\bar{U}^* = yU_3 + (1-y)U_4 = xy(P_2 - P_1) + xP_1 - Cy \qquad (4-19)$$

因此,由以上期望收益可得出业主在采用"节能改造"策略情形下的复制动态方程 $F(x)$ 和政府采取"激励"策略下的复制动态方程 $F(y)$ 分别表示为式(4-20)和式(4-21):

$$F(x) = \frac{\mathrm{d}x}{\mathrm{d}t} = x(U_1 - \bar{U}) = x(1-x)(I_1 y + I_2 y + m) \qquad (4-20)$$

$$F(y) = \frac{\mathrm{d}y}{\mathrm{d}t} = y(U_3 - \bar{U}^*) = y(1-y)[x(P_2 - P_1) - C] \qquad (4-21)$$

式(4-20)描述了业主选择"节能改造"策略的进化过程,反映了如果业主选择"节能改造"策略的得益 U_1 比群体的平均得益 $\bar{U}$ 高,则相应的群体比例就会上升;式(4-21)描述了政府选择"激励"策略的进化动态过程,描述了如果政府选择"激励"策略的收益 U_3 比群体的平均得益 $\bar{U}^*$ 高,则政府选择"激励"的群体比例也会慢慢上升。

2)业主的复制动态方程分析

令 $F(x)=0$,可得业主两个可能的稳定状态点 $x_1^* = 0$、$x_2^* = 1$ 以及 $y^* = -\dfrac{m}{I_1 + I_2}$。

当 $m>0$ 时,意味着在无政府经济激励政策下业主进行节能改造的收益大于0,$y^*<0$,此时,当 $y>y^*$ 时,$F'(0)>0$,$F'(1)<0$,因此 $x_2^*=1$ 是业主进行节能改造的进化稳定策略。当 $m<0$ 时,意味着业主进行节能改造的收益为负,$y^*>0$,此时,当 $y>y^*$ 时,$F'(0)>0$,$F'(1)<0$,因此 $x_2^*=1$ 是业主进行节能改造的进化稳定策略,即当政府选择"激励"策略的比例超过 y^* 时,业主的趋向选择策略是"节能改造";当 $y<y^*$ 时,$F'(0)<0$,$F'(1)>0$,此时 $x_1^*=0$ 是业主进行节能改造的进化稳定策略,即当政府选择"激励"策略的比例小于 y^* 时,业主将趋向于选择"不节能改造"策略。业主的进化路径复制动态相图如图4-4所示。

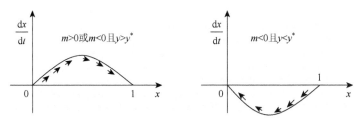

图4-4　业主进化博弈复制动态方程相图

3) 政府的复制动态方程分析

同上述分析，令 $F(y)=0$，得出政府的两个可能的稳定状态点 $y_1^*=0$、$y_2^*=1$ 以及 $x^*=\dfrac{C}{P_2-P_1}$。当 $C\geqslant(P_2-P_1)$ 时，意味着政府实施激励的成本过高，即 $x^*\geqslant1$，此时 $F'(0)<0$，$F'(1)>0$，即 $y_1^*=0$ 是政府选择"激励"的进化稳定策略，意味着政府将会趋向于选择"不激励"；当 $C<(P_2-P_1)$ 时，即 $x^*<1$，当 $x>x^*$ 时，$y_2^*=1$ 为其进化稳定策略，即当业主选择进行"节能改造"的比例超过了 x^* 时，政府会对节能改造选择"激励"策略；当 $x<x^*$ 时，$y_2^*=0$ 为其进化稳定策略，即政府的最优策略是采取"不激励"政策。政府的进化路径复制动态相图如图 4-5 所示。

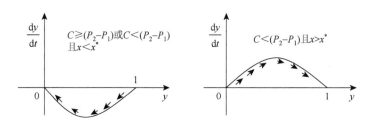

图 4-5 政府进化博弈复制动态方程相图

4) 政府与业主节能改造行为初始状态分析

将上述 2) 和 3) 中的业主与政府两个群体博弈类型的相关复制动态以及进化稳定策略，通过建立坐标平面图在坐标图上共同表示出来以对比，政府与业主节能改造行为进化博弈复制动态演化相图如图 4-6 所示。

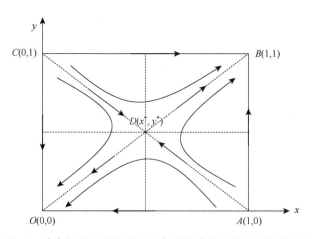

图 4-6 政府与业主节能改造行为进化博弈复制动态演化相图

图4-6描述了政府与业主博弈的动态演化过程,从图中可以看出,$(x^* = 0, y^* = 0)$ 与 $(x^* = 1, y^* = 1)$ 是政府和业主激励与节能改造博弈中复制动态的两个进化稳定策略,其他不稳定的点 $A(1, 0)$、$C(0, 1)$ 及鞍点 $D(x^*, y^*)$ 都不是复制动态中收敛和抗干扰的稳定状态,其中鞍点 $D(x^*, y^*)$ 是分界点,随着 $D(x^*, y^*)$ 的移动可以改变两个稳定区域的面积,面积 $ABCD$ 表示趋向于 $B(1, 1)$ 的比例。从进化相图可知,系统的演化均衡路径与博弈得益矩阵的建立关系密切,且初始状态影响到系统的收敛稳定点。因此,在政府与业主博弈模型建立的过程中,构成双方博弈支付函数建立的相关参数,如激励成本、外部性、节能改造收益以及激励收益等的初始值及其变化将导致演化系统向不同的稳定点收敛。

将 $x^* = \dfrac{C}{P_2 - P_1} = \dfrac{C}{\Delta P}$ 对 C 和 ΔP 求导,可得式(4-22)和式(4-23):

$$\frac{\partial x^*}{\partial C} = \frac{1}{\Delta P} > 0 \tag{4-22}$$

$$\frac{\partial x^*}{\partial \Delta P} = \frac{-C}{(\Delta P)^2} < 0 \tag{4-23}$$

从式(4-22)可知,政府实施激励成本增加将导致鞍点向右移动,使 $ABCD$ 的面积减少,系统收敛于 B 点的概率减少,即激励成本的增加将导致政府不采取激励策略。从式(4-23)可知,随着正外部性的增加,即业主选择节能改造的比例增加,鞍点将向左移动,代表群体比例的 $ABCD$ 的面积逐渐增大,系统收敛于 B 点的概率增加,即外部性的增加将导致政府对节能改造采取激励策略。鞍点的左右移动取决于政府需要付出的激励成本及节能改造所带来的外部性大小的比较。

将 $y^* = \dfrac{-m}{I_1 + I_2} = \dfrac{-m}{I}$ 对 m 和 I 求导,由 4.3.2 节中 2)的分析知,当 $m > 0$ 时,业主的最终稳定策略趋向于"节能改造",在此不做讨论,只分析 $m < 0$ 的情况,可得:$\dfrac{\partial y^*}{\partial m} = -\dfrac{1}{I} < 0$;$\dfrac{\partial y^*}{\partial I} = \dfrac{m}{I^2} < 0$,说明随着节能改造收益的增加和政府激励力度的加大,相应的鞍点向下移动,代表群体比例的 $ABCD$ 的面积增大,系统收敛于 B 点的概率增加,即业主从节能改造中获利的增加导致业主选择"节能改造"策略。

4.3.3　博弈演化结果分析

基于外部性与业主有限理性理论,构建政府与业主群体间的节能改造进化博弈模型,运用进化稳定策略和复制动态方法分析政府与业主的策略稳定条件及策略演变动态轨迹,可得如下结论。

（1）由业主的进化稳定策略分析可知，业主选择"节能改造"策略与节能改造收益及政府的激励强度成正相关。当业主的节能改造收益为正时，业主的进化稳定策略便会趋于"节能改造"，即潜在的节能改造业主通过调整复制最终会选择"节能改造"策略；当业主的节能改造收益为负，即 $m<0$ 时，只有当政府的激励比例 $y>y^{*}=\dfrac{-m}{I_{1}+I_{2}}$ 时，业主的进化稳定策略才会趋于"节能改造"，否则业主选择"不节能改造"策略。由 4.3.2 节中 2）的分析可知，节能改造收益的增加和政府激励力度的加大都会使面积 $ABCD$ 即业主选择"节能改造"策略的比例增加。

（2）由政府进化稳定策略分析可知，政府选择"激励"策略受政府的激励成本影响，与进行节能改造所带来的外部性收益（包括经济效益、社会效益和环境效益等）密切相关。当政府的激励成本大于进行节能改造所带来的外部性收益时，政府的进化稳定策略便会趋于"不激励"；当政府的激励成本小于进行节能改造所带来的外部性收益时，只要业主选择进行节能改造策略的比例 $x>x^{*}=\dfrac{C}{P_{2}-P_{1}}$，政府便会选择"激励"策略。同样由 4.3.2 节中 3）的分析可知，激励成本减少及节能改造的外部性收益增加均能使面积 $ABCD$ 即政府选择"激励"策略的比例增加。

4.4　节能改造业主间的行为博弈分析

由于节能改造业主数量庞大，业主自身能力、价值取向、风险态度等差异性，以及它们相互之间的影响，加之，既有建筑节能改造在我国尚未普及，相对属于新兴事物，业主对其持观望的态度，业主对待节能改造的行为更多地通过对前期与其进行博弈的其他业主行为的学习、模仿进行调整，是一个动态调整的过程。因此，既有建筑节能改造业主在决策是否进行节能改造时，有着明显的有限理性特征。基于有限理性的分析框架，本书分别建立了在没有政府行政干预和有经济激励措施下的业主间节能改造的进化博弈模型，通过业主间的博弈，分别分析了业主针对节能改造的复制动态和进化稳定策略，探析影响其行为策略选择的因素[83]。

4.4.1　模型的基本假设

假设 4.11　将既有建筑节能改造市场中具有相同特征的业主划分为两大类，即作为博弈局中人的业主 A 和业主 B，且作为博弈双方的业主都是有限理性的。

假设 4.12　博弈双方的策略选择为两种：节能改造和不节能改造。

假设 4.13　设在业主群体中，选择"节能改造"与"不节能改造"的业主的比例分别为 x 和 $1-x$。

假设 4.14　在没有政府行政干预条件下，业主双方节能改造所得收益均为 m（可能为正，也可能为负）；一方节能改造，另一方不节能改造，则其节能收益分别为 m、p，由于既有建筑节能改造存在正外部性，所以 $p>m$；业主双方均不节能改造的收益则为 0。

假设 4.15　政府对既有建筑节能改造进行行政干预，采取经济激励及约束措施促使节能改造，经济激励措施包括财政补贴、税收优惠以及信贷优惠等，为便于计算，设此时节能改造业主可另得收益为 I_1；约束措施即对超过一定能耗的既有建筑业主增收能源消耗税等措施，同样为便于计算，不节能改造的业主相应的损失为 I_2。

4.4.2　无政府行政干预下的业主进化博弈分析

1）业主间博弈得益矩阵

在无政府行政干预的条件下，既有建筑节能改造主体依据市场机制自发进行节能改造，由假设 4.11、假设 4.12 及假设 4.14，通过随机配对构建业主间的博弈模型，得到无政府行政干预下业主间的博弈得益矩阵如表 4-3 所示。

表 4-3　节能改造业主间得益矩阵

		业主 B	
		节能改造	不节能改造
业主 A	节能改造	m, m	m, p
	不节能改造	p, m	0, 0

2）建立博弈模型关系式及解析

对于业主群体来讲，选择"节能改造"策略的期望收益（U_1）和选择"不节能改造"策略的期望收益（U_2），以及群体的平均期望收益（$\bar{U}$），可分别表示为式（4-24）~式（4-26）：

$$U_1 = xm + (1-x)m = m \tag{4-24}$$

$$U_2 = xp + (1-x)0 = xp \tag{4-25}$$

$$\bar{U} = xU_1 + (1-x)U_2 = xm + (1-x)xp \tag{4-26}$$

由以上期望收益可得出业主在采用"节能改造"策略时的复制动态方程为式（4-27）：

$$F(x) = \frac{\mathrm{d}x}{\mathrm{d}t} = x(U_1 - \bar{U}) = x(1-x)(m-xp) \qquad (4\text{-}27)$$

令 $F(x) = 0$，得出其三个稳定状态点为：$x_1^* = 0$；$x_2^* = 1$；$x_3^* = \dfrac{m}{p}$。

一个稳定状态必须对微小扰动具有稳定性才能称为进化稳定策略。就是说，作为稳定策略点 x^*，不仅需要满足本身均衡状态即 $\dfrac{\mathrm{d}x}{\mathrm{d}t} = 0$，而且若博弈方偶然错误地偏离均衡，复制动态仍然会使 x 回到均衡的 x^*，根据微分方程的"稳定性定理"，一个进化稳定策略要求 $F'(x^*) < 0$，即式（4-28）：

$$F'(x^*) = m - 2px - 2mx + 3px^2 < 0 \qquad (4\text{-}28)$$

将三个稳定状态点的结果代入式（4-28），可知：$F'(0) = m$；$F'(1) = p - m$；$F'(x_3^*) = \dfrac{m^2 - pm}{p}$。

当节能改造收益 $m<0$ 时，只有 $F'(0) < 0$，即 $x_1^* = 0$ 为其唯一的进化稳定策略，当节能改造的收益为负时，即使开始有业主选择了"节能改造"，经过一段时间的模仿学习，业主的均衡策略都会趋向于"不节能改造"，此时其既有建筑节能改造业主复制动态相图如图 4-7（a）所示。

当节能改造收益 $m>0$ 时，$F'(x_3^*) < 0$，即 $x_3^* = \dfrac{m}{p}$ 为其唯一的进化稳定策略，由图中业主群体的博弈演化路径可知，进行节能改造的业主群体比例稳定在 $\dfrac{m}{p}$，即此比例的大小由进行节能改造的收益（m）和节能改造的外部性（p）决定，在保证进行节能改造具有一定收益的情况下，通过一段时间的模仿和学习等会有一定比例的业主调整策略选择"节能改造"，并趋于稳定，此时既有建筑节能改造业主复制动态相图如图 4-7（b）所示。

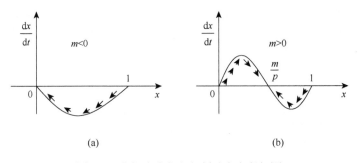

(a) (b)

图 4-7　节能改造业主复制动态方程相图

4.4.3 政府经济激励约束下的业主进化博弈分析

1）激励状态下业主间博弈得益矩阵

由假设 4.15 可知，在政府通过经济激励及约束等措施行政干预下，随机配对的博弈业主之间的得益将会发生改变，在原来的基础上形成新的既有建筑节能改造业主间的得益矩阵如表 4-4 所示。

表 4-4 激励状态下节能改造业主间得益矩阵

		业主 B	
		节能改造	不节能改造
业主 A	节能改造	$m+I_1$, $m+I_1$	$m+I_1$, $p-I_2$
	不节能改造	$p-I_2$, $m+I_1$	$-I_2$, $-I_2$

2）新博弈模型关系的建立及解析

对于业主群体来讲，选择"节能改造"策略期望收益（U_3）和选择"不节能改造"策略的期望收益（U_4），以及群体的平均期望收益（$\bar{U}^*$），可分别表示为式（4-29）～式（4-31）：

$$U_3 = x(m+I_1) + (1-x)(m+I_1) = m+I_1 \tag{4-29}$$

$$U_4 = x(p-I_2) + (1-x)(-I_2) = xp - I_2 \tag{4-30}$$

$$\bar{U}^* = xU_1 + (1-x)U_2 = x(m+I_1) + (1-x)(xp-I_2) \tag{4-31}$$

由以上期望收益可得出新的业主在采用"节能改造"策略情形下的复制动态方程为式（4-32）：

$$F(x) = \frac{\mathrm{d}x}{\mathrm{d}t} = x(U_3 - \bar{U}^*) = x(1-x)(m+I_1+I_2-xp) \tag{4-32}$$

令 $F(x)=0$，则得出其可能的三个稳定状态点：$x_1^* = 0$；$x_2^* = 1$；$x_3^* = \dfrac{m+I_1+I_2}{p}$。

同理，需使 $F'(x^*) = (m+I_1+I_2) - 2(m+I_1+I_2+p)x + 3px^2 < 0$，得 $F'(0) = m+I_1+I_2$；$F'(1) = p - (m+I_1+I_2)$；$F'(x_3^*) = \dfrac{(m+I_1+I_2)(m+I_1+I_2-p)}{p}$。

当 $(m+I_1+I_2) < 0$ 时，即在采取经济激励措施后仍不能使业主节能改造收益大于 0，则结果同 4.4.2 节中 2）中 $m<0$ 的情况，复制动态相图如图 4-8（a）所示。

当 $(m+I_1+I_2) > p$ 时，即 $F'(1) < 0$，而 x_3^* 不是方程的解，则 $x_2^* = 1$ 为其进化稳定策略，相应的既有建筑节能改造业主复制动态相图如图 4-8（b）所示。只要

开始有业主选择"节能改造"策略，其他开始选择"不节能改造"的业主经过一段时间的模仿、学习，最终都会选择"节能改造"策略。

同理，当 $0<(m+I_1+I_2)<p$ 时，$F'(1)>0$，$F'(x_3^*)<0$，故进化稳定策略是

$x_3^*=\dfrac{m+I_1+I_2}{p}$，复制动态相图如图 4-8（c）所示。由图 4-8 中业主群体的博弈

进化路径可知，进行节能改造的业主群体比例稳定在 $\dfrac{m+I_1+I_2}{p}$，即此比例的大

小由进行节能改造的收益（m）和政府的经济激励约束政策（I_1、I_2）以及节能改造的外部性（p）决定，通过和无政府行政干预下 $m>0$ 时业主复制动态方程相图（虚线）进行比较可以看出，在采取了经济激励约束政策后，进化稳定策略明显增加。

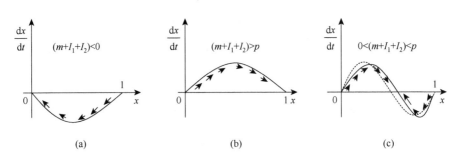

$$(a) \qquad\qquad (b) \qquad\qquad (c)$$

图 4-8　激励状态下节能改造业主复制动态方程相图

4.4.4　业主进化博弈演化结果分析

基于有限理性理论，构建业主节能改造进化博弈模型，运用进化稳定策略和复制动态方法分别分析业主在没有政府行政干预和政府经济激励政策条件下的策略稳定条件与策略演变动态轨迹，可得如下结论。

（1）在无政府行政干预下，由其进化稳定策略可知，业主选择进行节能改造的趋向比例与节能改造的外部性成反比，与节能改造的收益成正比；由复制动态相图可以看出，在节能收益 $m<0$ 时，业主的趋向稳定策略将会趋向于 0，选择不进行节能改造；当 $m>0$ 时，业主经过学习、复制等策略调整，最终选择节能改造的比例趋向于 $\dfrac{m}{p}$，收益越大，选择节能改造的业主比例越大。

（2）在政府采取经济激励政策条件下，当采取经济激励措施后仍不能弥补收益的亏损，即 $(m+I_1+I_2)<0$ 时，业主的进化稳定策略仍为 0，即复制动态趋向选择不进行节能改造；$0<(m+I_1+I_2)<p$ 时，选择进行节能改造的业主的比例会相

对于无政府行政干预下 $m>0$ 时的比例有所增加，相应增加的比例为 $\dfrac{I_1+I_2}{p}$，这时外部性得到了部分补偿，与政府所采取的经济激励政策的力度成正相关；$(m+I_1+I_2)>p$ 时，节能改造的外部性被内部化，业主的进化稳定策略为 1，复制动态趋向于 1，即选择节能改造。

4.5　ESCO 与业主的行为博弈分析

在既有建筑节能改造市场上，业主是节能改造的需求端，ESCO 是节能改造的供给端，业主与 ESCO 之间是一种典型的选择与契约的动态过程，它们之间针对既有建筑节能改造也是基于有限理性的重复博弈。政府培育既有建筑节能改造市场的关键就是要刺激供给、拉动需求，基于有限理性理论建立业主与 ESCO 间的进化博弈模型，探索在既有建筑节能改造中业主与 ESCO 间的相关行为特点及规律，为政府培育既有建筑节能改造市场、制定相应的市场激励制度及激励措施提供可供选择的依据。

4.5.1　模型的基本假设

假设 4.16　构成博弈的两个局中人，局中人 1 是既有建筑节能供给端的 ESCO，局中人 2 是既有建筑节能改造需求端的业主，并将这两个博弈群体设定为有限理性。

假设 4.17　在既有建筑节能改造服务过程中，博弈双方均有两种不同的策略选择：而 ESCO 的纯策略选择就是"提供合格服务"和"提供不合格服务"；业主选择"接受节能改造"和"不接受节能改造"。

假设 4.18　设 ESCO 选择"提供合格服务"策略的比例为 y，则其相应选择"提供不合格服务"策略的比例为 $1-y$；同样，业主选择"接受节能改造"策略的比例为 x，则其相应选择"不接受节能改造"策略的比例为 $1-x$。

假设 4.19　设 ESCO 无论选择"提供合格服务"策略，或是选择"提供不合格服务"策略，业主选择"不接受节能改造"策略的初始收益均为 0；当 ESCO 选择"提供合格服务"时，业主选择"接受节能改造"的收益为 P_1，其中 P_1 为业主选择"接受节能改造"时由能耗费用的减少、舒适度的提高等所带来的净收益；当 ESCO 选择"提供不合格服务"时，业主选择"接受节能改造"策略的收益为 $-P_2$，其中 $-P_2$ 表示业主购买不合格的服务所造成的成本及节能收益减少所带来的损失。

假设 4.20　当业主选择"不接受节能改造"，此时 ESCO 选择"提供不合格服务"的初始收益为 0，而选择"提供合格服务"的收益为 $-C$，其中，C 表示

ESCO 为了使其服务达到合格的要求所付出的在技术、服务、设备等方面的努力成本；当业主选择"接受节能改造"时，ESCO 选择"提供合格服务"策略的收益为 Q_1-C，其中 Q_1 表示 ESCO 进行合格的节能改造业务所带来的企业收益以及企业公信力的增加和信息传递成本的减少等的综合收益；而当 ESCO 选择"提供不合格服务"策略的收益为 Q_2 时，ESCO 在短期内获得超额收益是一种投机型收益，但从长远来看，这种服务会破坏企业自身品牌价值及公信力，最终失去客户，长期下去将造成 ESCO 退出节能改造市场，是得不偿失的，所以此时 $Q_2 \ll Q_1$。

基于上述分析，通过随机配对构建博弈模型，得到业主与 ESCO 间的博弈得益矩阵如表 4-5 所示。

表 4-5 既有建筑节能改造业主与 ESCO 间得益矩阵

		ESCO	
		提供合格服务（y）	提供不合格服务（$1-y$）
业主	接受节能改造（x）	P_1, Q_1-C	$-P_2$, Q_2
	不接受节能改造（$1-x$）	0, $-C$	0, 0

4.5.2 ESCO 与业主间的进化博弈分析

1）ESCO 与业主间的复制动态方程

根据表 4-5，对于节能改造需求端的业主来讲，"接受节能改造"策略的期望收益（U_1）和"不接受节能改造"策略的期望收益（U_2）以及群体的平均期望收益（$\bar{U}$）分别表示为式（4-33）～式（4-35）：

$$U_1 = yP_1 + (1-y)(-P_2) = yP_1 + yP_2 - P_2 \tag{4-33}$$

$$U_2 = y0 + (1-y)0 = 0 \tag{4-34}$$

$$\bar{U} = xU_1 + (1-x)U_2 = xyP_1 + xyP_2 - xP_2 \tag{4-35}$$

同理，对于 ESCO 来说，选择"提供合格服务"策略的期望收益（U_3）和"提供不合格服务"策略的期望收益（U_4）以及群体平均期望收益（$\bar{U}^*$）可分别表示为式（4-36）～式（4-38）：

$$U_3 = x(Q_1 - C) + (1-x)Q_2 \tag{4-36}$$

$$U_4 = x(-C) + (1-x)0 = -xC \tag{4-37}$$

$$\bar{U}^* = yU_3 + (1-y)U_4 \tag{4-38}$$

由上述业主和 ESCO 期望收益方程可得出，业主在采用"接受节能改造"策略情形下的复制动态方程 $F(x)$ 和 ESCO 采取"提供合格服务"策略下的复制动态方程 $F(y)$ 可分别表示为式（4-39）和式（4-40）：

$$F(x) = \frac{dx}{dt} = x(U_1 - \bar{U}) = x(1-x)(yP_1 + yP_2 - P_2) \qquad (4\text{-}39)$$

$$F(y) = \frac{dy}{dt} = y(U_3 - \bar{U}^*) = y(1-y)[x(Q_1 - Q_2) + Q_2] \qquad (4\text{-}40)$$

2）业主的复制动态方程分析

令 $F(x) = 0$，得出业主复制动态方程的两个可能的稳定状态点 $x_1^* = 0$、$x_2^* = 1$ 以及 $y^* = \dfrac{P_2}{P_1 + P_2}$。当 $y = y^*$ 时，无论 x 取任何值，$F(x) = 0$ 且 $F'(x) = 0$，即 ESCO 选择"提供合格服务"策略的比例达到 $y^* = \dfrac{P_2}{P_1 + P_2}$ 时，业主选择"接受节能改造"策略和"不接受节能改造"策略的比例达到均衡；当 $y > y^*$ 时，由于 $F'(0)$ >0，$F'(1)<0$，$x_2^* = 1$ 是业主的进化稳定策略，即当 ESCO 选择"提供合格服务"策略的比例超过 y^* 时，业主最终趋向于选择"接受节能改造"策略；当 $y<y^*$ 时，由于 $F'(0)<0$，$F'(1)>0$，$x_1^* = 0$ 是业主的进化稳定策略，即当 ESCO 选择"提供不合格服务"策略的比例低于 y^* 时，业主最优策略为"不接受节能改造"。相应的进化路径复制动态方程相图如图 4-9 所示。

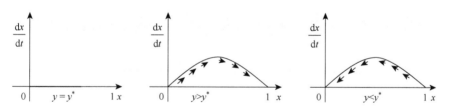

图 4-9　业主进化博弈复制动态方程相图

3）ESCO 的复制动态方程分析

与业主复制动态方程分析相同，令 $F(y) = 0$，可得出 ESCO 的两个可能稳定状态点 $y_1^* = 0$、$y_2^* = 1$ 以及 $x^* = \dfrac{C}{Q_1 - Q_2}$。当 $x = x^*$ 时，无论 y 取任何值，$F(y) = 0$ 且 $F'(y) = 0$，即当业主选择"接受节能改造"策略的比例达到 $x^* = \dfrac{C}{Q_1 - Q_2}$ 时，选择"接受节能改造"策略和"不接受节能改造"策略的比例达到均衡；当 $x>x^*$ 时，由于 $F'(0)>0$，$F'(1)<0$，$y_2^* = 1$ 是 ESCO 的进化稳定策略，即当业主选择

"接受节能改造"策略的比例超过 x^* 时，ESCO 最终趋向于选择"提供合格服务"策略；当 $x<x^*$ 时，由于 $F'(0)<0$，$F'(1)>0$，$y_1^*=0$ 是 ESCO 的进化稳定策略，即当业主选择"接受节能改造"策略的比例低于 x^* 时，ESCO 最优策略为"提供不合格服务"。ESCO 的进化博弈路径复制动态方程相图如图 4-10 所示。

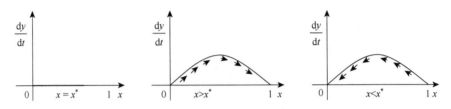

图 4-10　ESCO 进化博弈复制动态方程相图

4）ESCO 与业主行为初始状态分析

将本节 2）和 3）分析中的 ESCO 和业主两个博弈群体的复制动态和稳定性在以 x 和 y 为坐标的平面图上表示出来，得其博弈演化趋势图，如图 4-11 所示。从图中可以看出，$O(0,0)$ 及 $M(1,1)$ 是 ESCO 与业主节能改造博弈中复制动态的两个进化稳定策略，其他不稳定的点 $N(1,0)$、$P(0,1)$ 及鞍点 $Q(x^*,y^*)$ 都不是复制动态中具有收敛性和抗干扰性的稳定状态，其中鞍点 $Q(x^*,y^*)$ 是分界点，随着 $Q(x^*,y^*)$ 的移动可以改变两个稳定区域的面积，面积 $MNPQ$ 表示系统趋向于 $M(1,1)$ 的比例，在此区域内业主收敛于 $x=1$ 的速率快于 ESCO 收敛于 $y=0$ 的速率或者 ESCO 收敛于 $y=1$ 的速率快于业主收敛于 $x=0$ 的速率，使得最终的进化稳定策略收敛于 $(1,1)$；否则，反之。

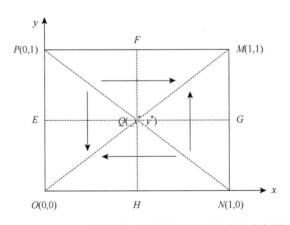

图 4-11　ESCO 与业主行为进化博弈复制动态演化相图

从演化相图（图 4-11）可知，系统的演化均衡路径与博弈得益矩阵密切相关，系统的收敛稳定点受博弈发生的初始状态影响。进化博弈收敛方向对系统的初始条件具有敏感性和依赖性，通过改变鞍点 $Q(x^*, y^*)$ 的位置，可以影响博弈的最终结果。为使业主收敛于 $x=1$ 的速率快于 ESCO 收敛于 $y=0$ 的速率或者 ESCO 收敛于 $y=1$ 的速率快于业主收敛于 $x=0$ 的速率，需要降低鞍点 $Q\left(x^* = \dfrac{C}{Q_1 - Q_2}, \ y^* = \dfrac{P_2}{P_1 + P_2}\right)$ 的位置，调整鞍点 x 方向的位置需要加大 ESCO 提供合格服务的收益，加大提供不合格服务的惩罚力度及宣传力度，使得 x^* 向 $O(0, 0)$ 方向移动；调整鞍点 y 方向的位置需要结合"胡萝卜＋大棒"的政策，加大既有建筑节能改造的宣传力度，通过相应的经济激励政策和相应的强制性政策要求业主购买节能服务进行节能改造，使得 y^* 向 $O(0, 0)$ 方向移动，最终使既有建筑节能改造市场达到帕累托最优。

4.5.3　博弈演化结果分析

通过对基于有限理性的业主与 ESCO 间的非对称进化博弈行为进行分析可知，博弈双方的策略选择与节能后收益及对方的策略选择有关，并受到系统初始状态的影响，结论如下。

（1）由业主的进化稳定策略分析可知，业主选择"接受节能改造"的积极性与节能改造后的收益 P_1 成正相关，并受到 ESCO 选择"提供合格服务"策略比例的影响，增加业主节能改造后的收益还能减少 y^* 值，当 $y > y^*$ 时，使得业主选择"接受节能改造"的速率大于 ESCO 选择"提供不合格服务"的速率。同时，由 4.5.2 节中 4）的分析可知，同时也降低了鞍点 Q 的纵坐标，使初始状态处于收敛于(1, 1) 的区域。

（2）由 ESCO 的进化稳定策略分析可知，ESCO 选择"提供合格服务"的意愿受到两种策略收益差异，即 $Q_1 - Q_2$ 的影响，并与业主是否选择"接受节能改造"有关。针对新兴产业，政府应出台相应的激励及扶持政策，加大 ESCO 的产业收益，同时也要加大惩罚力度，对提供不合格服务、扰乱市场的行为给予严惩；增加收益差异，还可相应增加业主选择"接受节能改造"的趋势，减小 x^* 值，当 $x > x^*$ 时，使得 ESCO 选择"提供合格服务"的速率大于业主选择"不接受节能改造"的速率。同时，由 4.5.2 节中 4）的分析可知，同时也降低了鞍点 Q 的横坐标，使初始状态处于收敛于(1, 1) 的区域。

4.6　ESCO 与第三方评估机构的行为博弈分析

在既有建筑节能改造市场中，业主与 ESCO 之间具有严重的信息不对称性，据上所述，第三方评估机构就是为了消除这种信息不对称以透明化既有建筑节能改造市场而存在的。目前，我国 ESCO 同时扮演着项目实施方和效益效果认定方的双重角色，这就使得 ESCO 拥有绝对的市场信息优势，弱化了业主节能改造的积极性，降低了 ESCO 的权威性和社会声誉，最终结果是客户难以接受单方认定的效益和结果[66]。所以，由第三方评估机构提供节能效果的检测与验证信息是建筑节能改造市场发展的必然需要。第三方评估机构与 ESCO 之间是评估与被评估的关系，然而，此处所说的第三方评估机构是潜在的，通过构建 ESCO 与第三方评估机构的得益矩阵及博弈模型，论证了可以有效促进既有建筑节能改造市场健康有序发展的第三方评估机构存在的必要性及其积极作用。

4.6.1　ESCO 与第三方评估机构的行为策略关系

第三方评估机构与 ESCO 在既有建筑节能改造效果的检测与评估中是评估与被评估的关系。两者在既有建筑节能改造中作为独立的法人，最终的目的是利益最大化。ESCO 的收益从节能改造后的节能收益中取得，在没有第三方评估机构进行认证评估的条件下，ESCO 很容易受到利益驱动，通过向业主隐瞒相关信息而取得超额利润，长期下去，将会破坏既有建筑节能改造市场的良性发展。引入第三方评估机构后，其具有专业化优势，会促使 ESCO 节能改造信息的透明化。第三方权威认证及评估机构通过客观地对节能效果进行检测和评估，虽然在短期内有可能影响 ESCO 的额外收益，不利于其走捷径获得近期快速发展；但从长远角度来看，其客观公正的检测认证会得到社会公众的认可，有利于调动业主选择节能改造的积极性，增强既有建筑节能改造的市场驱动力，不仅有助于规范既有建筑节能改造市场的有序发展，还可以促使 ESCO 在健康有序的既有建筑节能改造市场中形成良性竞争，增强 ESCO 的公信力、降低信息传递成本，实现 ESCO 可持续发展。货真价实的既有建筑节能改造最终是业主受益、社会受益，从而实现既有建筑节能改造市场的良性发展。

第三方评估机构是基于既有建筑节能改造市场信息不对称而出现的必然产物，这样的市场特性为其存在与发展提供了良好的机遇。其收益是通过为业主和 ESCO 提供既有建筑节能改造公正独立的社会化、专业化检测和评估服务而得到的，其立根之本是为公平公正的专业化高效服务。若第三方评估机构为减少努力成本而不认真评估，短期似乎可以取得较高收益，但会从根本上影响它们的社会公信度和权威性，这样也许就失去了存在的必要性。

第三方评估机构的理性选择应该是公正独立地实施专业化检测与评估，但又面临着 ESCO 为追求自身利益最大化隐瞒相关信息而造成的最终双方受损，要有效实现第三方评估机构科学正确的检测与评估，就必须基于第三方评估机构和 ESCO 之间的行为分析来探究它们的行为策略选择关系和动态平衡问题。

4.6.2　模型的基本假设

假设 4.21　构成博弈的 2 个局中人，局中人 1 是第三方评估机构，局中人 2 为 ESCO（主要指能源托管型的）。

假设 4.22　假设局中人 1 是具有职业道德和技术检测评估水平的单位，它的纯策略选择是对 ESCO 改造的建筑"认真进行认证评估"和"不认真进行认证评估"。

假设 4.23　假设局中人 2 的纯策略选择是"完全提供节能改造信息"和"不完全提供节能改造信息"。前者是指 ESCO 仔细进行能源检测、评估、节能设计和实施，以求在最短时间内收回成本获得利益，并将节能改造前后的信息完全告诉业主；后者是指虽然 ESCO 在施工中对建筑进行节能改造，使建筑达到节能的要求，但将既有建筑节能改造前后的信息对业主进行隐瞒或者欺骗而得到额外的利益收入。

假设 4.24　设在节能改造中，局中人 2 对既有建筑进行节能改造达到设计节能要求预计所花费的成本为 T，实际进行节能改造后局中人 2 从节能收益中收回的成本和利润为 F。为了分析方便，引入 F 相对于 T 的变动比率的绝对值参数 $\alpha = \dfrac{|F-T|}{T}$，$0 < \alpha < 1$，$\alpha$ 表示 ESCO 能从改造后的节能收益中取得的利润百分率。设局中人 1 在认证评估中的收益为 M，假定 $M = \beta T$。α、β 反映的是取得的利润百分率对局中人 2 和局中人 1 的收入影响，且 $0 < \beta < \alpha < 1$。设 b、c 为局中人 1 和局中人 2 在进行节能改造中的努力成本系数，$0 < b < 1$，$0 < c < 1$。由于节能改造的正外部性，我国政府对进行节能改造的局中人 2 实行经济激励政策，主要是财政补贴和税收优惠政策，为分析方便，这里折算为激励系数，即局中人 2 的经济激励系数为 λ，且 $0 < \lambda < 1$。无论节能效果如何，局中人 2 和业主都会通过协议确定局中人 1 的认定及评估费用 βT，而局中人 2 若是被检查出对业主实行欺骗或隐瞒以不完全提供信息，则不存在对其的激励，相反还会对其处以 λT 的处罚，且处罚的资金归局中人 1；若局中人 2 对业主完全提供节能改造信息，除了相应的激励补贴还会另获 λT 的收益。

4.6.3　局中人双方的收益向量分析

（1）局中人 1 工作认真，局中人 2 完全提供信息。若局中人 1 认真进行认证评估，局中人 2 如实进行节能改造且对业主完全提供节能改造信息，此时它们各自的收益就是它们的利润加上激励收益再扣除它们的努力成本，即局中人 1 的收益为 $\pi_{11} = \beta T - bT$，局中人 2 的收益为 $\pi_{21} = (\alpha + \lambda)T - cT$。

（2）局中人 1 工作认真，局中人 2 不完全提供信息。若局中人 1 认真进行认证评估，局中人 2 虽然进行了节能改造但对节能改造前后的信息向业主进行隐瞒或欺骗，局中人 2 不但不能得到国家的经济激励补贴，还会处以相应的罚款 λT，而局中人 1 却可以因此获得额外收益 λT，则局中人 1 的收益为 $\pi_{12} = (\beta + \lambda)T - bT$，局中人 2 的收益为 $\pi_{22} = \alpha T - (c + \lambda)T$。

（3）局中人 1 工作不认真，局中人 2 完全提供信息。若局中人 1 不认真进行认证评估，局中人 2 努力工作，对业主完全提供节能改造信息，此时局中人 1 节约了努力工作成本 bT，则局中人 1 的收益为 $\pi_{13} = \beta T$，局中人 2 的收益为 $\pi_{23} = (\alpha + \lambda)T - cT$。

（4）局中人 1 工作不认真，局中人 2 不完全提供信息。若局中人 1 不认真进行认证评估，局中人 2 虽然进行了节能改造但对节能改造前后的信息向业主进行隐瞒或欺骗，此时局中人 1 节省了努力工作成本 bT，局中人 2 不仅节省了努力工作成本 cT，还能得到经济激励政策，则局中人 1 的收益为 $\pi_{14} = \beta T$，局中人 2 的收益为 $\pi_{24} = (\alpha + 2\lambda)T$。

局中人双方可根据各自行为所获收益的大小来选择是否认真进行认证评估和是否对业主完全提供节能改造信息。若局中人 1 认真进行认证评估的概率是 ρ_1，局中人 2 选择对业主完全提供节能改造信息的概率是 ρ_2，由（1）～（4）的分析可知，局中人 1（第三方评估机构）和局中人 2（ESCO）的得益矩阵如表 4-6 所示。

表 4-6　第三方评估机构与 ESCO 间得益矩阵

		ESCO	
		完全提供节能改造信息（ρ_2）	不完全提供节能改造信息（$1-\rho_2$）
第三方评估机构	认真进行认证评估（ρ_1）	$\beta T - bT$，$(\alpha+\lambda)T - cT$	$(\beta+\lambda)T - bT$，$\alpha T - (c+\lambda)T$
	不认真进行认证评估（$1-\rho_1$）	βT，$(\alpha+\lambda)T - cT$	βT，$(\alpha+2\lambda)T$

4.6.4　局中人双方的收益函数求解及分析

若直接根据表 4-6 建立的双方收益函数进行分析，得出的结果为 $\rho_1^* = \dfrac{c+\lambda}{c+3\lambda}$、$\rho_2^* = \dfrac{\lambda - b}{\lambda}$，式中，$\rho_1^*$ 和 ρ_2^* 分别表示在不考虑期望行为和实际行为差异情况下

的最优概率，则其混合博弈纳什均衡解出现奇异解[84, 85]。在实际工作中，人们每采取一种行为之前，对此都有一种预期，包括对自己行为的预期和对对方行为的预期。局中人 1 对自己认真进行认证评估的概率有一个期望值，对局中人 2 完全提供节能改造信息的概率也有一个期望值。同样，局中人 2 对对方也有一个期望值。这种预期值和实际的差距对对方的行为都会产生影响，对双方的收益也必定会产生影响。在此引入期望概率，即局中人 1 认真进行认证评估的期望概率是 $\bar{\rho}_1$，局中人 2 选择完全提供节能改造信息的期望概率是 $\bar{\rho}_2$，并设局中人 1 对局中人 2 完全提供节能改造信息的期望概率是 $\bar{\rho}_{12}$，局中人 2 对局中人 1 认真进行认证评估的期望概率是 $\bar{\rho}_{21}$。局中人 1 认真进行认证评估的期望概率与实际认真进行认证评估的概率的单位方差对其收益的影响为 $g_1 T$，局中人 2 完全提供节能改造信息的概率与局中人 1 对其完全提供节能改造信息的期望概率之差对局中人 1 收益的影响系数为 $g_{12} T$，局中人 2 完全提供节能改造信息的期望概率与实际完全提供节能改造信息的概率的单位方差对其收益的影响为 $g_2 T$，局中人 1 认真进行认证评估的概率与局中人 2 对其认真进行认证评估的期望概率之差对局中人 2 的影响系数为 $g_{21} T$。若分别在双方收益函数中增加 2 个修正项 $\frac{1}{2}(\rho_1 - \bar{\rho}_1)^2 g_1 T$、$(\rho_2 - \bar{\rho}_{12})^2 g_{12} T$ 和 $\frac{1}{2}(\rho_2 - \bar{\rho}_2)^2 g_2 T$、$(\rho_1 - \bar{\rho}_{21})^2 g_{21} T$，则可分别得到局中人 1 收益和局中人 2 收益的修正函数分别表示为式（4-41）和式（4-42）：

$$\pi_1 = [(\beta - b)T\rho_2 + (\beta + \lambda - b)T(1 - \rho_2)]\rho_1 + [\beta T\rho_2 + \beta T(1 - \rho_2)](1 - \rho_1)$$
$$-1/2(\rho_1 - \bar{\rho}_1)^2 g_1 T + (\rho_2 - \bar{\rho}_{12})^2 g_{12} T \qquad (4\text{-}41)$$

$$\pi_2 = [(\alpha + \lambda - c)T\rho_1 + (\alpha + \lambda - c)T(1 - \rho_1)]\rho_2 + [(\alpha - c - \lambda)T\rho_1 + (\alpha + 2\lambda)T(1 - \rho_1)](1 - \rho_2)$$
$$-\frac{1}{2}(\rho_2 - \bar{\rho}_2)^2 g_2 T - (\rho_1 - \bar{\rho}_{21})^2 g_{21} T \qquad (4\text{-}42)$$

分别对 π_1 求 ρ_1 的偏导、对 π_2 求 ρ_2 的偏导，并令其等于零，即 $\dfrac{\partial \pi_1}{\partial \rho_1} = 0$，$\dfrac{\partial \pi_2}{\partial \rho_2} = 0$，经整理得到 ρ_1、ρ_2 的联立方程组为式（4-43）和式（4-44）：

$$\begin{cases} (\lambda - b + \bar{\rho}_1 g_1) - g_1 \rho_1 - \lambda \rho_2 = 0 & (4\text{-}43) \\ (c + 3\lambda)\rho_1 - g_2 \rho_2 - (\lambda + c - \bar{\rho}_2 g_2) = 0 & (4\text{-}44) \end{cases}$$

求解联立方程组并整理可得局中人 1 和局中人 2 的最优概率分别为式（4-45）和式（4-46）：

$$\begin{cases} \rho_1^* = \dfrac{\lambda^2 + \lambda c - bg_2 + g_2 \lambda + g_1 g_2 \bar{\rho}_1 - \lambda g_2 \bar{\rho}_2}{\lambda c + 3\lambda^2 + g_1 g_2} & (4\text{-}45) \\[4mm] \rho_2^* = \dfrac{-g_1(\lambda + c) + (c + 3\lambda)(\lambda - b) + (c + 3\lambda)g_1 \bar{P}_1 + g_1 g_2 \bar{P}_2}{\lambda c + 3\lambda^2 + g_1 g_2} & (4\text{-}46) \end{cases}$$

由式（4-45）和式（4-46）可知，2 个公式中的分母均大于零，若局中人 2 的期望概率 $\overline{\rho}_2$ 增加，那么局中人 1 认真进行认证评估的最优概率 ρ_1^* 就会下降，即局中人 1 可通过局中人 2 增加努力工作程度和增加完全提供节能改造信息的概率来降低认证评估力度，从而节约努力成本而获利。反之，若局中人 2 完全提供节能改造信息的期望概率 $\overline{\rho}_2$ 减少，为了保证达到合格的节能量且对业主负责，局中人 1 认真进行认证评估的最优概率 ρ_1^* 就必须增加，即要加大认证评估力度，杜绝局中人 2 向业主隐瞒节能改造信息。从式（4-45）还可以看出，局中人 1 认真进行认证评估的最优概率同它的期望概率同方向变化，期望概率增加，最优概率也增加，反之亦然。

若局中人 1 认真进行认证评估的期望概率 $\overline{\rho}_1$ 减少，那么局中人 2 完全提供节能改造信息的最优概率 ρ_2^* 也会相应减少，即由于局中人 1 没有认真进行认证评估，局中人 2 便会有投机的心理，进而减少努力成本或对业主不完全提供改造信息以赢得额外的利润。反之，若局中人 1 认真进行认证评估的期望概率 $\overline{\rho}_1$ 增加，则局中人 2 完全提供节能改造信息的最优概率 ρ_2^* 也会增加，因为局中人 1 认真进行认证评估的力度加大对局中人 2 来说增加了被处罚款的风险，此时局中人 2 的最优战略选择就是对业主完全提供节能改造信息。从式（4-46）还可以看出，局中人 2 选择对业主完全提供节能改造信息的最优概率同它的期望概率也是同方向变化，期望概率增加，最优概率也增加，反之亦然。

第5章 既有建筑节能改造市场发展演化机理

既有建筑节能改造市场形成与发展有其内在规律性，其运行过程既有内在系统因素的作用，又受到系统环境因素的影响，探讨既有建筑节能改造市场发展演化机理，就是通过分析既有建筑节能改造市场运行过程中的影响因素及其反馈关联关系，揭示既有建筑节能改造市场运行的路径优化与内在作用机理，以促进既有建筑节能改造市场健康有序发展。

5.1 既有建筑节能改造市场发展机理研究概述

据统计，我国既有建筑面积总计约为 560 亿 m^2，且大部分是非节能建筑[86]，既有建筑节能改造任重道远。国家节能工作自 1986 年开始，市场化运作模式逐渐形成，积累了较丰富的理论与实践经验，但作为建筑节能主要任务的既有建筑节能改造刚刚起步，尚处于摸索阶段。发达国家既有建筑节能改造市场化发展较为成熟，市场运行机制健全，形成了可供借鉴的丰富实践经验和理论成果。在此，从理论和实践两个视角梳理既有建筑节能改造市场发展历程，在概括总结国内外既有建筑节能改造市场发展经验和研究前沿的基础上，剖析既有建筑节能改造市场发展的内在规律，以期提高既有建筑节能改造市场运行的质量与效率，促进既有建筑节能改造事业健康发展。

5.1.1 发达国家既有建筑节能改造市场发展实践特征

美国、德国、法国等发达国家既有建筑节能改造实践起步早，在法律法规体系、政策激励体系、市场运作模式、标准化措施方面形成了独特的产业优势和实践特点。

1）健全完善的法律法规体系，保障市场健康发展

既有建筑节能改造市场良性运行离不开健全完善的法律法规，发达国家非常重视既有建筑节能改造市场法治化、规范化建设，其实践特点如下：一是立法时间早。德国于 1976 年颁布实施《建筑节能法》，提出对既有建筑节能改造的特殊规定和要求，法国与英国政府分别于 1973 年、1985 年颁布相关法律指导旧房改造工作；二是法律体系层次丰富。在既有建筑节能改造市场发展过程中，德国建

立了"一律""两规""多条例"的法律体系，即以《建筑节能法》为基本法律，以《建筑保温法规》《供暖设备法规》为配套法规，以《供热计量条例》和《生态建筑导则（LNB）》等指导文件为补充的完善法律体系[87]。2002年起，立法机关把几部法规条例整合成一部全面完善的法典《能源节约法》（"EnEV"），形成一套综合的法律系统。三是法律约束范围广泛。2005年美国颁布《能源政策法案》，内容涵盖建筑最低能耗标准制度、建筑能效标识制度、建筑运行管理制度、建筑节能监管制度和建筑节能信息服务制度，涉及材料市场、技术市场、融资市场、节能服务市场等方面，全面、综合规范既有建筑节能改造市场发展[5]。

2）发展有别的激励性政策组合，引导市场持续发展

发达国家采用税收优惠、财政补贴、优惠贷款、建筑节能基金等激励手段多元组合方式引导不同发展阶段下既有建筑节能改造市场发展。法国在既有建筑节能改造市场的起步阶段重点实行住房改造补贴、建筑能效审计补贴等补贴政策；在市场发展阶段实行节能设备补贴、设立环境保护和节制能源消耗基金；在市场成熟阶段实施节能设备补贴并出台三项税收减免政策，惠及范围广泛[39]。德国在市场发展阶段主要提供能效津贴、补贴；在发展成熟阶段主要施行生态环保类的税收减免和低息贷款。英国在市场起步和发展阶段重点实行财政补贴和设立节能基金；在市场成熟阶段实行两项税收减免优惠政策及增收碳税和能源消费税等限制政策。考虑市场发展不同阶段特性的不同组合激励性政策有效地引导了既有建筑节能改造市场发展实践。

3）建立成熟有效的市场运作模式，驱动市场有序运行

实行合同能源管理被实践证明是既有建筑节能改造的有效市场化运行模式。发达国家以科学有效的合同能源管理模式驱动了既有建筑节能改造市场的有序运行。在美国，经过30多年的发展，节能服务产业已经成为实现商住和公共建筑节能改造的成功途径，产业年增长率维持在10%～15%，2009年产业收入达到56亿美元，今后数年产业复合年增长率仍将达到两位数，预计2020年可完成节能服务产业199亿美元的产业收入，根据美国2009年的经济刺激计划要求，美国政府将实施能源管理完成50亿美元的住宅节能改造和40亿美元的联邦政府机构建筑节能改造资助，实现75%以上的联邦机构大楼的改造工作[42]。德国要求政府办公建筑必须强制性接受能源服务公司的能源服务，到目前为止，德国约有480个能源服务公司，年营业额超过32亿欧元，已有12万栋建筑接受了能源服务。

4）制定多层联动的标准化措施，促进市场规范化成长

发达国家通过建立综合评价体系，实施能效标识制度和示范工程样板等标准化手段促进既有建筑节能改造市场发展。

（1）建立综合评价体系规范改造市场行为。发达国家在建筑综合性评价体系中都涉及既有建筑节能改造评价子体系，其目的在于规范改造市场行为。如美国

LEED（Leadership in Energy and Environmental Design）绿色建筑评估体系中的 LEED-EB（Leadership in Energy and Environmental Design for Existing Building）既有建筑的绿色改造标准、英国 BREEAM（Building Research Establishment Environment Assessment Method）建筑研究组织环境评价体系下的 BREEAM in-use 评价体系以及德国 EnEV2007《建筑物节能规范》推出的"建筑能源证书体系"等[88]，一定程度上约束了既有建筑节能改造 ESCO 的市场行为，保证专业高质的市场服务。韩国政府专门建立 ESCO 评价、评优制度促使 ESCO 提高服务水平。

（2）实行能效标识制度激励主体市场行为。发达国家引入既有建筑节能改造能效标识制度，通过度量既有建筑能耗水平的公开化，推动 ESCO 提升既有建筑节能改造效果。德国 DENA（Deutsche Energie-Agentur）建筑能耗认证证书、美国 Energy Star 能源之星、加拿大 Ener Guide 标识制度、俄罗斯能源护照、丹麦"EM"体系等是各具有代表性的能效标识制度。实行第三方能效测评标识方式、实施有别的强制性或自愿性标识形式等有力地保证了既有建筑节能改造市场发展的公平公正性，为 ESCO 获得社会信誉和竞争优势提供了一个有效的市场辨别途径，引导其改进服务质量和效果。

（3）实施示范项目引路带动市场全面发展。发达国家推动既有建筑节能改造市场发展的另一成功实践就是示范引导、全面推进。德国从 2004 年起选择对分布在全国各地的 143 座有代表的老房屋先进行节能改造，使之成为节能改造样板工程；法国环境保护与能源管理署在法国的皮卡罗地区建立改造试点，开发适合本地区既有建筑节能改造的有效模式；美国把实施阿姆斯特朗国际工业公司总部大厦 701 改造项目作为示范单体建筑节能样板，起到良好示范作用。

5.1.2　发达国家既有建筑节能改造市场发展理论研究动态

国外既有建筑节能改造理论研究始于 20 世纪 60 年代，近期相关成果主要集中于激励性政策、能效标识、市场运作模式和投资动机的研究。

1）基于经济外部性的激励性政策研究

既有建筑节能改造具有经济外部特性，需要科学有效激励。Mahmoudi 和 Mahliaz 2004 年指出政府是既有建筑节能改造中的主导力量，可通过信贷优惠、财政补贴、税收优惠等手段消除外部性；Beerepoot M 和 Beerepoot N 通过评价分析已有经济激励政策实施效果，指出税收优惠政策是未来消除既有建筑节能改造经济外部性政策的发展方向；John 和 Peeehenino 等构建了一种两期世代交叠模型（over lapping generation models，OLG），讨论环境外部性和资本积累问题，认为短期政府制定政策可以内在化市场代内外部性，长期政府则可以内在化市场代内、代际环境外部性[88]。

2）基于信息不对称性的能效标识研究

既有建筑节能改造市场存在信息不对称性，导致搜寻成本和信息传递成本冗余，能效标识是有效的信息披露机制。Sammer 研究能效标识对消费者行为的影响，认为能效标识是解决既有建筑节能改造市场信息不对称的一种重要工具；Casals 分析了欧洲建筑节能领域信息披露机制的作用及缺陷，认为市场化的建筑能效标识认证运作机制，能够在一定程度上改变市场信息不对称的现象[89]；Mahlia、Masjuki 等提出了能效标准和能效标识的系统理论，可以有效指导既有居住建筑节能改造工作。

3）基于合同能源管理的市场运作模式研究

合同能源管理可以提供专业化服务、运作风险分担、收益共享的既有建筑节能改造有效市场运行模式。国外学者 Vine 对美国节能服务行业进行调查，认为合同能源管理已经成为建筑节能领域主要管理模式，由 ESCO 主导既有住宅建筑节能改造活动，提供诊断、设计、融资、改造、运行、管理一条龙服务；Beehler 指出相对用户自行改造而言，采用合同能源管理模式进行既有建筑节能改造不仅可以增加客户收益，还可以降低节能投入失败的财务风险与技术风险，通过与有能力提供施工、运营管理和资产维护等综合服务的 ESCO 合作，共同分享节能收益，是一种双赢模式；Painuly 等认为在许多发展中国家，ESCO 在市场发展初期会遭遇市场、金融、体制性障碍[90]。政府应以客户、信息的提供者和决策者身份积极参与促进 ESCO 的发展，金融机构应发展节能融资专业业务，开发节能技能评估和设计专业金融产品，以加快节能改造市场发展。

4）基于合理收益的投资动机研究

收益驱动投资是既有建筑节能改造市场发展的内在经济特性。Carlsmith 等认为能源产品价格过低是影响建筑节能投资不足的主要因素，过低的价格使得建筑节能投资不足以在住房使用者改造后获得的财务经济收益上反映；Fisher 和 Rothkopf 考虑了信息交易成本的影响，认为银行等投资中介机构对既有建筑节能改造行业不熟悉，为规避风险不会进行主动投资，限制市场发展；Golove 等通过运用资本资产定价模型（capital asset pricing model，CAPM）分析得出既有建筑节能改造市场投资风险和回报率不匹配，不利于吸引投资；Cameron 认为房东与租户之间的利益分配关系影响投资积极性，一般既有建筑的节能改造费用由房东支付，而改造后的收益由租户享受，这种不平等的利益分配机制影响了投资者的投资热情。

5.1.3 我国既有建筑节能改造市场发展实践探析

与发达国家相比，我国既有建筑节能改造市场起步较晚，成熟度低，市场潜力巨大。

1）市场发育不成熟，发展潜力巨大

我国既有建筑节能改造市场是建筑节能市场的重要组成部分，我国建筑节能市场建成30年，经历了理论探索、试点示范、转型推广和全面开展四个阶段。但既有建筑节能改造从20世纪90年代初开始至今仍然处于试点起步阶段。无论是市场运作规范，还是市场主体规模，与发达国家相比差距尚大，市场发育不成熟表现突出。现阶段既有建筑节能改造的主要任务是改造老式居民建筑和已有公共建筑。既有建筑增量主要集中在经济发达的华东地区，非节能既有建筑增减数量已基本趋于平衡，达到162亿 m² 左右。节能改造费用将达2万亿元。"十二五"期间需要完成北方采暖地区既有居住建筑供热计量及节能改造面积4亿 m² 以上，启动和实施夏热冬冷地区既有建筑节能改造面积5000万 m²，完成公共建筑节能改造面积6000万 m²，通过供热计量及节能改造，形成2700万吨标准煤节能能力[91]。以市场需求来看，我国既有建筑节能改造任务艰巨，市场发展潜力巨大。

2）政府履行职能，营造市场发展环境

我国政府注重构建既有建筑节能改造市场发展相关政策体系，以引导市场健康有序发展。

（1）制定法律法规制度，促进市场依法开拓。2004年11月国家发展和改革委员会颁布《节能中长期专项规划》，对既有居住建筑和公共建筑节能改造提出了明确任务，并对北方采暖区既有建筑节能改造做了专门强调，从国家层面推动既有建筑节能改造。随后政府先后出台既有建筑节能改造相关法律法规、政策文件20余项，其中《八部委关于进一步推进城镇供热体制改革的意见》推行供热体制改革、《既有采暖居住建筑节能改造技术规程》规范技术规程、《民用建筑节能管理规定》制定投资政策等[86]。住建部先后制定并实施了建筑能耗统计制度、建筑物能源审计制度、评价与能效公示制度、建筑节能专项检查制度、按实际用热量计量收费制度、既有建筑节能改造制度、建筑能效标识制度等，基本构建了有规划指导、制度保障的助推既有建筑节能改造的法规制度体系。

（2）实行分层次多样化经济激励政策，引导市场快速发展。我国实行以中央政府政策为纲要、各地方政府因地制宜灵活补充的分层次多样化经济激励政策，加速我国既有建筑节能改造市场发展。中央政府制定了《北方采暖区既有居住建筑供热计量及节能改造奖励资金管理暂行办法》，规定在既有居住建筑节能改造启动阶段，对开展节能改造工作的主体给予资金奖励。实施了包括财政贴息、设立专项基金或资金、加大信贷支持力度、税收优惠等在内的多种经济激励政策。各地政府制定灵活高效的经济激励政策。北京市建立产权单位、业主、财政分担的筹资机制，针对不同产权、不同建筑类型、不同改造方式，采取全额支付、补贴、贷款贴息等多种方式的财政支持政策；唐山市实行财政补贴、减免税费、打包贷款、给予奖励资金等经济激励政策鼓励多方承担节能改造费用等。

（3）开展国际合作示范项目，指导市场制定政策。我国政府同加拿大、德国、英国、美国、世界银行等国家和国际组织在既有建筑节能改造领域合作广泛。我国于1999年启动中法合作的"中国住宅领域提高能效与可持续发展合作项目"，为既有建筑节能改造提供了成功经验和模式；2005年11月启动中德技术合作的"中国既有建筑节能改造项目"，为期5年，分别在唐山、北京、乌鲁木齐等城市进行工程示范，利用示范项目经验为政策制定提供建议，推动我国节能改造市场的发展；2005年启动与世界银行/全球环境基金的"中国供热改革与建筑节能项目"，确定天津、大连、唐山、承德、银川和乌鲁木齐为6个示范城市，已实施7个示范工程，示范面积达410万 m^2，指导政府出台供热改革与建筑节能相关政策、标准，制定技术规程。

（4）推动形成标准和评价体系，促进市场技术进步。政府颁布了《既有采暖居住建筑节能改造技术规程（附条文说明）》（JGJ 129—2000）[①]、《居住建筑节能检测标准》（JGJ/T 132—2009）、《夏热冬冷地区居住建筑节能设计标准（附条文说明）》（JGJ 134—2001）[②]等一系列标准，以指导改造技术全面升级；逐步建成既有建筑节能改造建筑外围护结构保温隔热技术体系、外窗节能改造技术体系、屋面节能改造技术体系和供热采暖系统节能改造技术体系等；相继发布了《中国生态住宅技术评估手册》、《住宅性能评定技术标准》、《民用建筑能效测评标识技术导则》和《绿色建筑评价标准》等评价体系，评价既有建筑节能效果，推动技术进步。

3）发展合同能源管理模式，提高市场运行效率

既有建筑节能改造模式正由政府主导模式转向市场运作的EPC模式。"十一五"期间，我国节能服务产业快速发展，总产值年均增速在60%以上，成为市场机制推动既有建筑节能改造的有效力量。中国节能协会节能服务产业委员会（ESCO Committee of China Energy Conservation Association，EMCA）发布的《2011中国节能服务产业年度报告》显示，截至2011年底，全国共有实施合同能源管理项目的ESCO 1472家，比2010年增加了88.23%，合同能源管理项目投资额从2010年的287亿元增加43.70%达到412.43亿元。"十二五"期间，国务院发布的《"十二五"节能减排综合性工作方案》中把合同能源管理推广工程作为实施节能重点工程的重点内容，明确提出加快推行合同能源管理、落实财政、税收和金融扶持政策，引导专业化ESCO采用高效的合同能源管理方式为节能改造服务需求方提供节能改造。

5.1.4 我国既有建筑节能改造市场发展理论概述

国内学者开展既有建筑节能改造市场发展的相关理论研究主要包括市场特性、市场阶段划分、激励性政策、融资模式、综合评价体系、政府监管机制六大方面。

---

① 该标准已废止，被《既有居住建筑节能改造技术规程》（JGJ/T 129—2012）代替。
② 该标准已废止，被《夏热冬冷地区居住建筑节能设计标准》（JGJ 134—2010）代替。

1）市场特性研究

既有建筑节能改造市场特性决定市场发展形势。金汐和魏景姝等认为既有建筑节能改造市场综合联动、集成一体的复杂式产业链有助于改造市场协调发展；王玲等认为既有建筑节能改造市场需形成集约化程度高、上下游互补、分工协作关系明确的产业链，实现市场逐步扩大，推动产业持续发展[92]；卢双全认为建筑节能改造市场存在正外部性和代际外部性，导致既有建筑节能改造市场无效率，存在社会福利损失；马兴能和郭汉丁等提出政府应加大经济激励政策力度以内部化改造市场的经济外部性，激励政策制定与节能改造的外部性收益密切相关；王洪波和梁俊强等依据信息成本理论分析讨论了既有建筑节能改造市场存在的建筑ESCO 信息占优的信息不对称问题；韩青苗和刘长滨等认为发展节能改造服务市场协同机制可减少节能服务行业交易中的信息不对称，在市场发展不同阶段建立相适应的协同机制以降低服务市场交易费用，促进市场发展。

2）市场阶段划分研究

市场发展要素作用的差异性、阶段性决定了探究既有建筑节能改造市场发展阶段划分原则的必要性。韩青苗和刘长滨根据市场机制的成熟情况将既有建筑节能改造服务市场分为发展初期和发展中期两个阶段；刘玉明和刘长滨从既有建筑节能改造相关政策法规、管理制度、技术标准和市场服务等体系成熟程度出发，将既有建筑节能改造市场划分为起步、发展和成熟三个阶段；孙鹏程根据节能意识程度、购买节能服务需求情况、国家制度保障体系建立情况、节能服务的效益与规模、投资意愿、价格机制完善程度等方面将市场划分为初始、发展和成熟三个阶段；贺勇和张云波等指出我国既有建筑节能改造是一个新兴行业，从战略角度提出其发展要经历幼稚期、成长期、成熟期和衰退期四个不同阶段。

3）激励性政策研究

激励性政策是解决既有建筑节能改造市场外部性的有效措施，这是国内学者的共识。韩青苗认为经济激励可以有效解决外部性导致的市场失灵问题，利用经济杠杆激励市场发展，具有成本低、灵活性强的特点；王玲和田稳苓等认为财政支出、优惠贷款、基金融资和引进外资等政策有利于推动技术向生产力的转化，税收调控、补贴、奖励等政策有利于减少市场化的价格阻力，政府定价、价格补贴、税收调节等激励手段有利于活化市场，推动市场繁荣发展；卢双全认为在既有建筑节能改造市场的培育与推广阶段应采用税收减免、财政补贴等鼓励性政策，市场进入成熟阶段则应采取较多的强制性政策；刘玉明提出改造市场在不同发展阶段下适用不同的由财政补贴、税收优惠和低息贷款等组成的激励性政策组合，市场越成熟，财政补贴政策力度越弱，税收优惠与低息贷款政策力度越大，有效引导既有建筑节能改造市场发展。

4）融资模式研究

成熟的融资模式是既有建筑节能改造市场健康发展的重要条件，探索融资模式有利于既有建筑节能改造市场发展。詹朝曦、贺勇、刘邦认为"BOT＋EPC"融资模式具有有限追索、风险分担、税收优势、无需第三方认证等优点，有利于我国既有建筑节能改造行业的长远发展；张德海和王涛探讨引入民间主动融资（private finance initiative，PFI）拉动既有建筑改造市场发展，认为相较传统融资模式，PFI模式可充分利用民间资本和民营企业管理技术及知识分散项目投资风险；赵林海和詹朝曦总结我国既有建筑节能改造市场存在七条融资渠道，指出同一改造项目可选择多条渠道融资；金占勇和孙金颖等认为在市场不同发展阶段，融资渠道组合形式不同，应实现传统政府主导融资模式向市场化融资模式过渡以推动市场逐渐成熟。

5）综合评价体系研究

提升既有建筑节能改造效果是市场发展的重要目标，衡量效果的方法在于科学评价。刘玉明基于全寿命周期成本理论进行既有建筑节能效益评价，通过全寿命周期成本评价、既有居住建筑节能改造项目财务评价、既有居住建筑节能改造项目方案比选衡量改造工作的经济效益，实现改造项目实施的最优化决策；续振艳、葛继红、孙鹏程和周奇琛等分别探究了ESCO资质、ESCO竞争优势、节能服务质量和ESCO收益风险的评价系统，其目的是提高ESCO服务质量，带动既有建筑节能改造市场发展；尹波和王清勤完成"十一五"国家科技支撑计划重大项目课题，重点研究既有建筑节能改造技术评价，为规范化施工提供理论指导；蒋楠基于可持续发展角度建立生态、经济、社会、文化的可持续发展指标，衡量既有建筑节能改造市场发展的可持续性。

6）政府监管机制研究

无论是解决既有建筑节能改造市场的外部性，还是信息不对称性，都离不开完善的政府监督。赵盈盈和申玲应用演化博弈论分析建设主管部门与ESCO之间的演化博弈行为，认为监管既有建筑进行改造市场需要设置合理的奖励和惩罚力度；梁洋和毕既华基于监管俘获理论分析建立既有建筑改造监管机制，需采取市场准入监管、价格监管、信息监管和质量监管，加强既有建筑改造全过程监管是规范既有建筑改造市场发展的必要保证；台双良和王要武将国内外既有建筑综合改造管理体制进行比较研究，提出基于房屋建筑物全寿命周期的管理模式、试点，建立既有建筑物强制检测制度，逐步改变现在管理重叠的局面，为我国的政府监管市场发展提供详细建议。

既有建筑节能改造是可持续发展战略对提高建筑功能效率的基本要求。分析国外既有建筑节能改造实践成果可以看出，法律保障、政策引导、EPC模式驱动、评价手段规范是国外实现既有建筑节能改造市场成熟发展的成功经验。我国既有建筑节能改造任务艰巨、市场潜力巨大，既有建筑节能改造市场具有与面临任务挑战的不匹配性，加速既有建筑节能改造理论与实践研究将成为业内同行专家学者的历史使命。国内学者重点探究市场发展的影响要素，但普遍基于静态视角，对基于影响要素动态演进的市场发展机理研究尚属少见。因此，借鉴国外发达国家既有建筑节能改造成功的实践经验，考虑我国既有建筑节能改造市场特性和发展现状，探索市场影响要素动态演进规律，研究市场机制推动既有建筑节能改造事业发展的路径与运行机理是需要深化探索的重要课题。

5.2　系统动力学基本原理及适用性分析

1. 系统动力学基本原理

系统动力学（system dynamics）是麻省理工学院的 Forrester 教授于 20 世纪 50 年代创立的一门分析研究信息反馈系统的新学科。他强调运用定性与定量相结合、系统综合推理的方法建立模型，再通过计算机对结构-功能进行模拟，依据系统内部结构与反馈机制来研究复杂系统的结构、功能与行为之间动态的辩证对立统一关系。

系统动力学有以下几个特点：①通过实际观测到的信息建立结构模型而不依据抽象的假设。②在数据不充足的情况下也可进行研究。③构建一个学习、调查、研究的过程。④系统内部反馈机制及系统结构决定系统行为模式。⑤该系统的目标是寻求改善系统输出效果的机会和途径而不是寻找最优解。

2. 系统动力学的适用性分析

系统动力学的主要研究对象是社会经济系统。系统动力学模型在社会经济系统研究中具有适用性。

第一，系统动力学擅长处理长期问题。系统动力学探究系统结构和运行机制，可以进行长时间仿真实验，对于研究具有较大惯性的社会系统十分必要。既改市场的发展不是一朝一夕的过程，具有长期性和阶段性，因此运用系统动力学工具十分恰当。

第二，系统动力学适合进行数据缺少条件下的研究。系统动力学模型的结构是以反馈环为基础的，数据敏感度不高。当所估计参数落在宽容度内时，系统行为仍显示相同的模式，重点用来探究系统行为趋势。既有建筑节能改造市场发展现处于初级阶段，市场中可获得的有效数据具有很大的局限性，另外很多变量是不可以直接量化的，系统动力学可以很好地解决这些问题。

第三，系统动力学擅长处理高阶、非线性、时变问题。既有建筑节能改造市场是一个持续发展、多元复杂的社会、经济系统。利用常规的数学手段很难求解方程并从中获得完整信息。而且没有适当模型可以描述时序递进条件下的多元主体协同作用机理。采用系统动力学方法处理市场发展中的多主体性、非线性网络关系、时变特性是极为恰当的。

5.3 既有建筑节能改造市场发展系统目标与构成分析

1. 系统分析目标

建立既有建筑节能改造市场发展系统动力学模型的主要目标有三个：第一，直观化表示既有建筑节能改造市场结构、市场主体间的相互关系、市场影响因素的作用对象和作用过程；第二，通过将系统划分成若干子系统的研究方法将复杂问题简单化，先分析清楚其系统内要素之间的作用关系和时序过程，再研究子系统之间的协同作用关系，从而还原系统完整作用机理；第三，通过分析关键因果环路和关键基模，找到市场发展过程中引起市场形态、结构、功能变化的主导作用因素，为促进市场行为改善和制定合理的既有建筑节能改造市场发展策略提供相关依据，为市场发展机制的解释和机制模型的构建提供理论分析基础。

2. 系统边界确定

钱学森先生提出系统是由相互制约的各部分组成的具有一定功能的整体。我们将系统之外的一切事物或系统的总和，称为该系统的环境，把系统和环境分开来的某种界限，称为系统的边界。在系统动力学分析中，我们将系统内包含的变量称为内生变量，将系统外环境包含的变量称为外生变量。系统动力学研究的主要是系统的内生变量，外生变量不能对系统的运行产生本质的影响，只可通过作用于系统内生变量而影响系统运行。因此，研究既有建筑节能改造市场系统，需要确定其系统边界，定义内生变量和外生变量。

确定既有建筑节能改造市场系统的边界必须首先明确既有建筑节能改造市场的层次问题，即区分狭义市场和广义市场。根据前面对既有建筑节能改造市场的定义，本书所研究的既有建筑节能改造市场是在市场管理体制下，企业通过市场机制为需求者提供既有建筑节能改造服务行为的载体，包含一切有助于完成服务交易过程的要素。市场关系符合市场供求机制、市场竞争机制、市场监管机制，牵涉的主体包括 ESCO、政府、银行、业主等，总共包含材料市场、节能服务市场（供给市场与需求市场）、金融市场、信息市场和技术及人才市场五个子市场，因此，本书研究的既有建筑节能改造市场是广义市场。而行业中经常提到的既有建筑节能改造市场通常是指按照合同能源管理机制提供既有建筑节能改造服务的节能服务市场（供给市场与需求市场），金融机构、政府存在于市场关系之外，因此，相较之下，此定义下的既有建筑节能改造市场是狭义市场。在系统边界的确定上采纳广义市场定义,即凡是构成广义市场结构和功能的元素均属于系统内生变量,其余为外生变量。

3. 系统关系示意图

既有建筑节能改造市场主体多元、关系复杂,若直接分析市场的全过程,难度较大,逻辑性不强。因此,应首先建立市场简化模型。其内容应该包含两个方面:其一为行为主体关系示意图,既有建筑节能改造市场行为主体关系如图 5-1 所示;其二为作用关系示意图,既有建筑节能改造市场作用关系如图 5-2 所示。

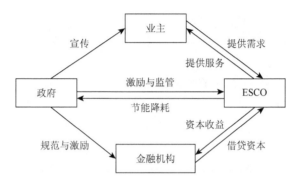

图 5-1　既有建筑节能改造市场行为主体关系示意图

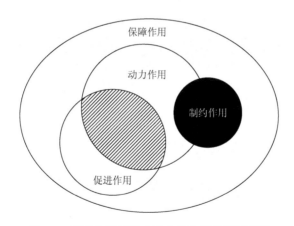

图 5-2　既有建筑节能改造市场作用关系示意图

市场行为主体区别于市场组织结构中的市场主体。行为主体是指在既有建筑节能改造市场中所有参与者的集合,其中 ESCO、业主、金融机构、政府为行为关系最复杂、参与市场环节最多的四个市场行为主体,因此既有建筑节能改造市场运行过程主要由这四个行为主体间的相互关系体现。

市场作用关系图是描述市场各要素间相互作用过程中，所产生的发展影响因素对市场发展的协同作用关系示意图。按照上述分析内容，市场发展因素分为动力因素、制约因素、保障因素和促进因素。图中斜线阴影区域是在四种因素影响下，实现市场发展的协同作用力量。其中制约作用虽然未与斜线阴影区域相交，但是其限制了动力作用程度，若制约作用等于或者大于动力作用，则市场无法实现发展，不会出现阴影区域。

5.4 既有建筑节能改造市场发展系统结构分析

了解与掌握系统结构是分析系统变化的关键，要想通过观察现象或收集的信息来解释有关现象的意义必须先了解系统结构。拟采用的研究方法是先分后总，首先，把整个市场系统划分为若干个子系统，分别对各个子系统深入分析；然后，研究子系统之间的相互作用关系，再综合考虑，根据各个子系统之间的互动关系组合成所要研究的大系统。

既有建筑节能改造市场是以节能服务市场为核心的。需求市场是节能服务市场存在的根本意义和目标，要素市场为节能服务市场提供物质条件，市场调控为节能服务市场发展提供秩序条件。因此，既有建筑节能改造市场可以看作以节能服务市场为核心，需求市场、要素市场和调控组织协同运作的经济系统。值得说明的是，要素市场可以细分为材料市场、金融市场、劳动力市场、信息市场和技术市场。其中，材料市场、劳动力市场、信息市场和技术市场是既有建筑节能改造产业链的组成部分，因此，可以归纳进节能服务市场范畴，不再进行单独分析。而金融市场的市场主体（即金融机构）是既有建筑节能改造市场四个基本行为主体之一，其市场发展相对独立，因此需要构建系统模型进行分析。基于此，既有建筑节能改造市场系统可以划分为节能服务市场子系统、金融市场子系统、需求市场子系统和市场调控子系统，既有建筑节能改造市场系统结构如图5-3所示。

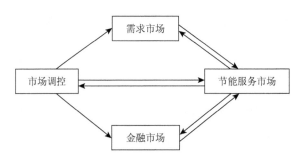

图 5-3 既有建筑节能改造市场系统结构示意图

1. 节能服务市场子系统

既有建筑节能改造服务市场的形成和发展的实质就是 ESCO 的数量扩增、总资本的增长和节能服务产业的扩张。既有建筑节能改造显性需求为 ESCO 提供生存空间和成长动力,金融市场和产业发展为其提供物质基础和发展机遇,而调控组织则为其提供环境保障和动力。因此,节能服务市场子系统构成结构如图 5-4 所示。

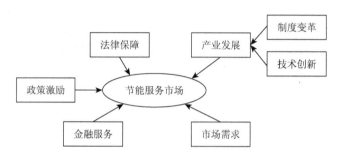

图 5-4　节能服务市场子系统结构示意图

2. 金融市场子系统

金融市场参与既有建筑节能改造的本质目的就是通过向 ESCO 贷款、投资,当项目成功完成后,赚取资本收益。其参与动力一方面是在既有建筑节能改造服务市场中有利可图;另一方面是源自政府的政策导向或压力。而其实现目的的根本方法就是开发适合既有建筑节能改造项目的金融产品,降低投资风险,增加收益比率。由此可得,金融市场子系统构成结构如图 5-5 所示。

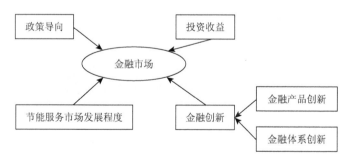

图 5-5　金融市场子系统结构示意图

3. 需求市场子系统

既有建筑节能改造潜在需求市场是巨大的,但是,只有显性市场需求才能发挥市场拉动力作用。因此，研究需求市场子系统应该是重点分析显性需求市场，而促进需求显性化的要素就是业主的改造意愿，而改造意愿又是由业主的节能收益、节能成本、节能意识和节能服务质量决定的。因此，需求市场子系统构成结构如图5-6所示。

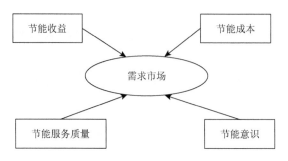

图 5-6　需求市场子系统结构示意图

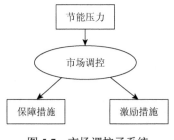

图 5-7　市场调控子系统
结构示意图

4. 市场调控子系统

市场调控组织以政府为主,市场发展保障因素中法律规范和行政调控为主要因素,而市场调控又包括保障措施和激励措施两种。因此,市场调控行为的主要实施者是政府机构。因为既有建筑节能改造具有准公益性,其改造结果具有社会效益,所以政府有义务和责任推动与保障既有建筑节能改造市场发展。由此可得出,市场调控子系统结构如图5-7所示。

5. 既有建筑节能改造市场总系统结构

综合上述分析可以得到，既有建筑节能改造市场总系统结构如图5-8所示。

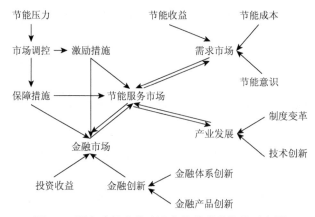

图 5-8　既有建筑节能改造市场总系统结构示意图

5.5　既有建筑节能改造市场发展过程动态因果关系分析

系统动力学主要从微观结构入手研究系统，并根据系统结构与功能的相互关系构造系统模型。既有建筑节能改造市场发展系统由 53 个基本元素构成。运用系统动力学专用软件 Vensim PLE 绘出既有建筑节能改造市场发展总系统因果关系图，如图 5-9 所示。

图 5-9 变量数较多，相互之间关系复杂，因此，仅对系统总图进行分析难免过于笼统，不能将市场发展的运作过程机理解释清楚。但是，从图 5-9 中可以基本看出：第一，以 ESCO 为主体的既有建筑节能改造服务市场内部的相关元素之间相互影响，关系密切，因此，可以看作一个以是否满足既有建筑节能改造服务市场自组织发展条件为系统边界的子系统。第二，以金融机构为主体的金融市场相对独立地存在于总系统之中，其仅与既有建筑节能改造服务市场和调控组织有一定关系，因此可以划分为一个以是否有助于实现既有建筑节能改造市场融资过程为系统边界的子系统。第三，以业主为主体的需求市场有需求形成的内部过程，其组成元素相对独立且完整，因此，可以划分为一个以是否参与市场供求机制形成为系统边界的子系统。第四，政府为市场调控行为的主要承担者，在总系统中市场调控以 3 类 7 种方式交叉作用于服务市场、金融市场和需求市场，对每个市场均有影响，因此，分析其变量关系树型结构可以明确调控行为的作用过程和机理。

为了更清楚地分析既有建筑节能改造市场发展机理，分别绘制既有建筑节能改造服务市场子系统因果关系图、既有建筑节能改造金融市场子系统因果关系图和既有建筑节能改造需求市场子系统因果关系图，并进行概括分析。

5.5.1　既有建筑节能改造服务市场子系统因果关系图

构成既有建筑节能改造服务市场子系统的元素包括 ESCO 意愿、ESCO 投入资本、ESCO 收益、ESCO 服务能力、ESCO 资产水平、ESCO 资金成本、ESCO 运营管理能力、产业规模、产业重组与联合、人才培养与引进、差异化服务、市场竞争、技术研发创新、技术研发成本、ESCO 资产投入、投资回收期、投资风险、提供既改服务的 ESCO 数量、既改服务价格、显性需求、服务成本、服务效率、能源价格、节能收益、节能改造要素成本、行业平均利润、规模经济、进入壁垒、金融机构参与意愿、项目贷款、项目运营风险、预期收益共 32 个变量。

由因果关系图（图 5-10）可以直观看出，ESCO 意愿、ESCO 收益、ESCO 服务能力、人才培养与引进、技术研发创新等是与其他元素联系较多的 5 个元素。服务

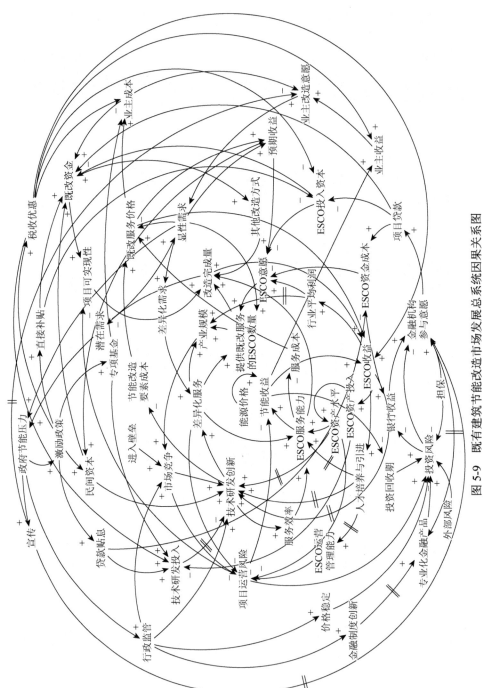

图 5-9　既有建筑节能改造市场发展总系统因果关系图

市场的发展因果循环过程可描述为 ESCO 数量与服务能力的提升促进产业发展,从而通过推动技术创新、人才培养等方式降低既有建筑节能改造服务实施管理成本和风险水平,进而通过有效市场竞争一方面满足市场差异化需求,使其得到更加广阔的发展空间,另一方面优化企业资产结构,增强企业信用水平而得到金融机构资金支持。最终改善市场发展环境,吸引更多的 ESCO 加入或提升自身核心竞争力水平。既有建筑节能改造服务市场子系统因果关系如图 5-10 所示。

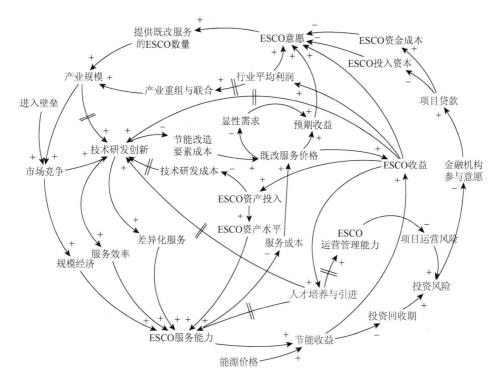

图 5-10　既有建筑节能改造服务市场子系统因果关系图

5.5.2　既有建筑节能改造金融市场子系统因果关系图

构成既有建筑节能改造金融市场子系统的元素包括 ESCO 收益、ESCO 资产水平、ESCO 资金成本、专业化金融产品、人才培养与引进、价格稳定、偿债能力、外部风险、宣传、差异化服务、市场竞争、投资回收期、投资风险、担保、节能效益、获益机会、财务结构优化、贷款贴息、运营管理能力、金融产品适用性、金融制度创新、金融机构参与意愿、银行收益、银行风险控制能力、项目投资总额、项目规模、项目贷款、项目运营风险共 28 个变量。

其中，金融机构参与意愿、项目贷款、项目运营风险、投资风险、银行风险控制能力、专业化金融产品 6 个要素涉及的元素间关系较为复杂。金融市场的发展因果循环过程可以描述为金融机构在项目风险可控与资本收益等因素的综合作用下参与进入既有建筑节能改造市场，通过为项目提供资金支持，解决市场诸多要素问题，使市场与产业规模扩大和效益增长，微观层面则增长 ESCO 效益，使其通过核心竞争力的提升降低项目风险和投资风险，刺激金融机构开发专业化金融产品，通过进一步增强银行风险控制能力而实现银行收益增加，最终吸引更多金融机构加入，实现金融市场繁荣发展。既有建筑节能改造金融市场子系统因果关系如图 5-11 所示。

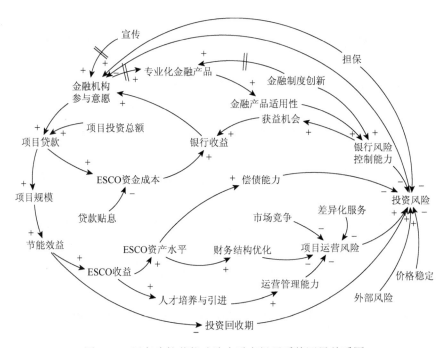

图 5-11 既有建筑节能改造金融市场子系统因果关系图

5.5.3 既有建筑节能改造需求市场子系统因果关系图

构成既有建筑节能改造需求市场子系统的元素包括 ESCO 收益、ESCO 服务能力、专项基金、业主成本、业主收益、业主改造意愿、宣传、提供既改服务的 ESCO 数量、改造完成量、政府节能压力、新增既有建筑节能改造量、既有建筑节能改造增值寿命、显性需求、服务价格、潜在需求、激励政策、税收优惠、能源价格、节能意识、节能收益共 20 个变量。

其中，ESCO 服务能力、业主改造意愿、业主收益和业主成本 4 个要素对系统运行影响较大。需求市场的发展因果循环过程可以描述为 ESCO 通过提供差异化、高质量的既有建筑节能改造服务，降低业主实施既有建筑节能改造成本，提升业主节能收益，从而吸引更多潜在需求转变为显性需求，为 ESCO 发展提供更广阔的空间，使其将项目收益的增加转化为核心竞争力的增加，进一步增强服务能力，增加市场需求。另外，政府通过增加宣传、提供政策支持等方式推动市场需求增加，提高市场服务效率，从而减轻政府节能压力。既有建筑节能改造需求市场子系统因果关系如图 5-12 所示。

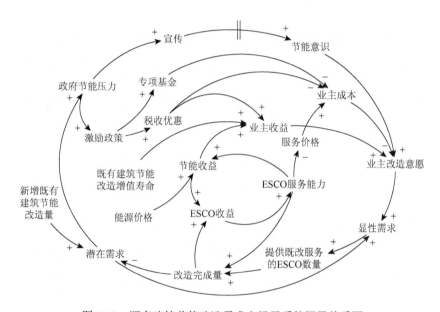

图 5-12 既有建筑节能改造需求市场子系统因果关系图

下面将对既有建筑节能改造市场发展模型进行深入分析，由于模型复杂，对其所有性质进行全面剖析是不现实的，因此，将重点分析三个子系统中的关键因果环路和系统延迟，以及市场调控子系统的变量树型结构图。有助于理解既有建筑节能改造市场发展机理。

5.6 既有建筑节能改造市场发展动态反馈系统特征分析

子系统的元素相对较少，但也均大于等于 20 个，元素之间关系仍然较为复杂，有必要对其进一步拆分，得到单环的因果环路或变量树型结构图，着重分析环路中的因果链、基模和系统延迟。

5.6.1 关键环路分析

每个子系统中均包含多条单环因果环路,为减少工作的重复性,笔者将作用机理相近的环路分为一类,然后对每一类进行统一分析,重点解析因果作用机理。

1)服务市场子系统环路分析

服务市场子系统主要包括三类因果环路:一类是服务与金融市场子系统发生交互作用的因果环路;另外两类分别是节能改造服务产业自组织发展的因果环路和节能改造服务企业自组织发展的因果环路。

服务与金融市场子系统交互作用环路中包含四个正反馈环和四个负反馈环,致使正负极性颠倒的变量分别为 ESCO 资金成本和 ESCO 投入资本。除此之外,回路中共存在 10((2×2+1)×2)种可行路径,既有建筑节能改造服务与金融市场交互作用过程因果环路如图 5-13 所示。主要描述 ESCO 通过 5 种途径降低金融机构投资风险,使企业获得项目贷款的因果循环过程,但是,融资过程的介入相应引起 ESCO 资金成本和自有资金投入比例的变化,因此,从这两个方面来看,ESCO 获得银行贷款的模式具有一定约束性。这种同时具有正负反馈作用的因果环路具备系统动力学中成长上限基模的特征。由于包含投入资本元素的反馈环是正反馈环,ESCO 获得银行贷款的规模会随着市场发展而持续扩增,但此时也触发包含资金成本元素的负反馈系统,负反馈环路对项目贷款规模扩张造成阻碍。从现实意义上理解,当企业承担贷款利息的压力大于资本结构优化所带来的优势时,企业将不考虑向金融机构贷款。因此,这说明对不同项目而言,金融机构的贷款规模和企业的资本结构调整存在最优解。

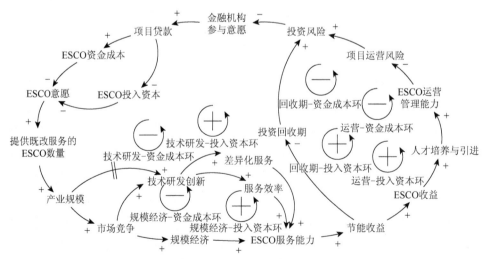

图 5-13 服务与金融市场交互作用过程因果环路

节能改造服务产业自组织发展因果环路中包含八个正反馈环和一个负反馈环，改变环路极性的元素分别为服务成本与节能收益，既有建筑节能改造服务产业自组织发展因果环路如图 5-14 所示。该类因果反馈环路主要描述在产业环境发生变动的条件下，以 ESCO 为市场主体的节能服务市场自组织发展的因果循环过程。其中，正反馈环解释了在产业环境变化过程中，企业的获益能力提升有助于引发市场规模的扩大；负反馈环解释了在产业发展过程中，随着市场的逐渐扩张，竞争日益激烈，节能服务的利润空间将缩小，因此，市场发展存在一个平衡状态。正负反馈环结合在一起形成成长上限基模，即市场竞争与产业竞争将出现瓶颈阶段，当 ESCO 所获收益的激励程度不足以抵消预期利润空间的消极影响时，ESCO 市场竞争与产业规模将发生蜕变。因此，市场发展存在最大规模约束。

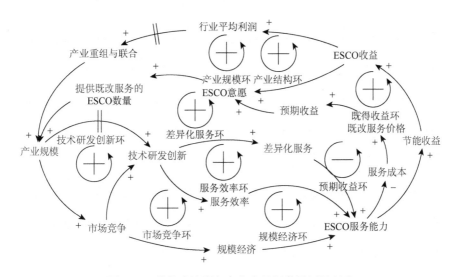

图 5-14   节能改造服务产业自组织发展因果环路

节能改造服务企业自组织发展因果环路中，包含三个正反馈环和一个负反馈环，改变环路极性的元素分别为 ESCO 资产投入、技术研发投入和人才培养与引进，既有建筑节能改造服务企业自组织发展因果环路如图 5-15 所示。该类因果反馈环路主要描述 ESCO 企业实现自组织发展的因果循环过程。其中，正反馈环表明 ESCO 加强资产建设、升级引入节能设备以及积极进行技术研发创新和引入专业人才可有效实现企业的价值增值。但是，一个负反馈环则表明 ESCO 在资产投入和技术研发投入上面临决策问题。因为在企业资本有限的情况下，投入资产则减少技术研发投入，两种策略效率快，资产投入见效快，因为技术研发需要经过开发周期，且存在一定风险，因此，企业更倾向于将资金使用于资产的扩增上。

但是，从企业核心竞争力水平提升和既有建筑节能改造市场知识密集的市场特性角度来看，技术研发创新是企业保持竞争能力的最主要影响因素，因此，企业如果缺乏新技术开发，则在竞争中易处于被动淘汰地位；从中观层面，若行业中大部分企业都选择扩充资产而忽视技术研发投入，则市场发展空间将会缩小，服务日趋同质化，竞争的焦点将逐渐转向价格战，这明显不利于市场的良性发展。因此，由资产投入正反馈环与研发投入负反馈环共同构成饮鸩止渴基模，资产扩增虽然能够在短期内实现企业经营效益的增长，但是企业仍然需要重视持续推进技术研发，以免无法适应市场环境变化。在策略选择上，企业除非为应付特殊情况而暂时大量追加资产投入，在日常运营中应寻求符合企业自身发展需要和市场环境的技术研发投入比例，使得总体效益最优。

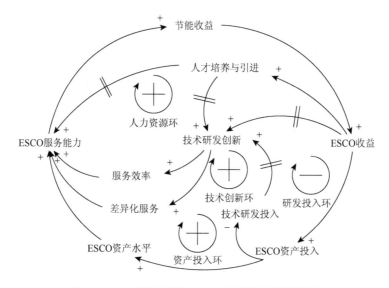

图 5-15　节能改造服务企业自组织发展因果环路

2）金融市场子系统环路分析

金融市场子系统主要包括两类因果环路：一类是与服务市场子系统发生交互作用的因果环路；另一类是金融系统内部作用的因果环路。

金融与服务市场子系统交互作用环路中包含三个正反馈环，分别为偿债能力环、财务管理环和运营管理环，既有建筑节能改造金融与服务市场交互作用过程因果环路如图 5-16 所示。主要描述 ESCO 通过三个层面降低金融机构投资风险，从而提高金融机构参与意愿，为项目提供资金支持的因果循环过程。由正反馈的路径依赖原理可知，ESCO 在市场发展过程中如果坚持自身资产水平提高、人才培养与引进和优化企业内部财务结构，则有助于金融市场投资意向和投资行为的高涨。同理，稳定的投资也将有助于服务市场主体 ESCO 核心竞争力的渐进增长。

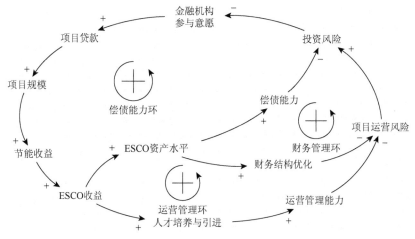

图 5-16　金融与服务市场交互作用过程因果环路

金融系统内部作用因果环路包含两个正反馈环，分别为基本盈利环和产品创新环，既有建筑节能改造金融系统内部作用因果环路如图 5-17 所示。主要描述通过改变项目贷款规模和开发专业化、适用性强的节能类金融工具和产品增强投资收益的因果循环过程。其中基本盈利环具有金融市场运作的普适性，不予深入解释；产品创新环则说明金融机构加大对专业化金融产品的开发，意义不只局限于可以提高 ESCO 获得贷款的可能性，而且对银行自身也有很大的促进收益扩大的作用，因此，金融机构应该克服风险厌恶的心智模式，结合自身利益勇于创新改革。另外，金融制度创新在金融市场子系统中表现为外生因素，但是此因素是推动金融产品开发和提高金融机构风险控制能力的重要力量。

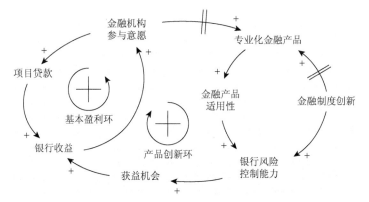

图 5-17　金融系统内部作用因果环路

3）需求市场子系统环路分析

需求市场子系统内含有两类因果环路：一类是与服务市场子系统发生交互作用的因果环路；另一类是与政府行为发生交互作用的因果环路。

需求与服务市场子系统交互作用环路中包含两个正反馈环，分别为业主成本环和业主收益环，既有建筑节能改造需求与服务市场交互作用过程因果环路如图 5-18 所示。主要描述 ESCO 通过提高核心竞争力，一方面提高既有建筑节能改造收益，另一方面降低节能改造成本，从而增大需求市场容量，为 ESCO 发展提供空间的因果循环过程。其中，ESCO 服务能力是主动变量，业主改造意愿是被动变量，即在现在我国既有建筑节能改造市场环境下，ESCO 只有主动提高自身服务能力，才有可能扩大市场显性需求量。另外，通过其他手段提高需求市场活跃性也可以拉动整个市场发展，但是，业主改造意愿依然处于被动改变的位置。

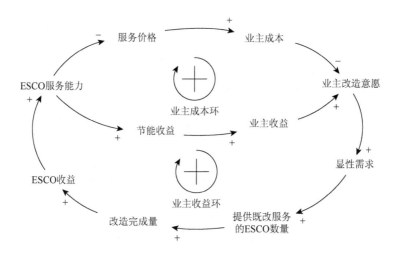

图 5-18　需求与服务市场交互作用过程因果环路

需求与政府行为交互作用环路主要由三个负反馈环构成，分别为宣传作用环、专项基金激励环和财税激励环，既有建筑节能改造需求与政府行为交互作用过程因果环路如图 5-19 所示。主要描述政府通过提供宣传和设立专项基金、实行税收优惠等措施提高业主改造意愿，从而推动既有建筑节能改造项目大范围实施、减少社会节能压力的因果循环过程。由负反馈的稳定性原理可知，市场中任一元素经过一段时间的运行发展，均会处于一个稳定的动态过程中，在因素均不发生改变的时候，市场发展将处于一个均衡状态。因此在现阶段，人民节能意识不高，普遍缺乏既有建筑节能改造的主动性，为打破这个市场稳态，政府应努力实施多种政策手段，推进市场发展。其中，节能意识在市场发展初期属于被动变量，但是它会随着市场的发展演变逐渐转变为主动变量，因此市场进入成长阶段和成熟阶段后，节能意识将实现增长，在负反馈机理下，政府作用逐渐降低，直至达到一个新的稳态平衡状态。

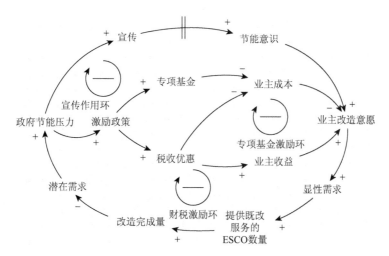

图 5-19　需求与政府行为交互作用过程因果环路

5.6.2　市场调控子系统变量树型结构分析

以政府为主要行为主体的市场调控系统交叉作用于其他市场子系统，因此，按照作用目的的不同，政府的多种调控行为应看作其他各子系统的要素按类分别划入各个子系统范畴，例如，政府设立既有建筑节能改造专项基金，是为了有效降低业主改造成本，提高业主改造意愿，增加市场显性需求。因此，政府激励手段中的专项基金元素就应属于需求市场子系统。从系统边界的角度看，政府调控行为广泛作用于各市场子系统中，若以是否有助于激励、约束、引导、监管既有建筑节能改造市场运行和发展过程为系统边界条件，则既有建筑节能改造市场中存在市场调控子系统。综合来看，对市场调控子系统的分析应引入变量树型结构图分析法。一方面，调控子系统的因果环路大部分包含其他三个子系统的元素和因果链，分析环路使工作具有重复性。另一方面，变量树型结构图可以清晰表现变量的作用过程和原理，适用于分析横向问题。

因为既有建筑节能改造是节能减排与可持续发展战略的内在要求，具有准公益性，政府有责任推动全国范围内的既有建筑节能改造[93]。改造需求越大，对政府所形成的节能压力就越大。值得说明的是，既有建筑节能改造需求分为潜在需求和显性需求，既有建筑节能改造政府节能压力引起变量树型结构如图 5-20 所示，在市场范畴下，显性需求是形成供求关系的重要组成部分，但是从政府角度分析，潜在需求则是形成政府节能压力的重要来源。因此，政府不但要疏导显性需求通过市场运作模式得到有效解决，还要做好统筹规划，对潜在需求做出合理预判，制定发展战略。

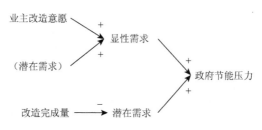

图 5-20　政府节能压力引起变量树型结构图

政府通过公益宣传、实施激励性政策、实行行政监管三种途径调控既有建筑节能改造市场运行发展，既有建筑节能改造政府节能压力使用变量树型结构如图 5-21 所示。第一，进行节能和既有建筑节能改造宣传的主要目的是改变市场参与主体的心智模型，增强业主节能意识、转变利益唯一导向的观念有助于业主对既有建筑节能改造认可度的提高，从而更易将潜在需求转变为显性需求，为市场发展提供空间；另外，政府通过宣传工作传达政策信号，吸引金融机构和投资者参与既有建筑节能改造，为市场提供资金和设备。第二，政府实施四种激励手段，包括设置专项基金和直接发放补贴两种直接行政手段及实行税收优惠和贷款贴息两种间接经济手段。另外，相关研究表明，政府正在积极研究有效利用民间资本发展既有建筑节能改造市场，将陆续出台政策鼓励民间资本参与[94]。激励性政策可以有效激发业主、ESCO 和金融机构的参与意愿，解决短时资金瓶颈问题，活跃市场发展，市场形成阶段应着重使用直接手段，发展和成熟阶段应转变重视间接经济调控和鼓励多元化融资渠道发展。第三，政府的另一项重要职能就是对既有建筑节能改造市场实行监管，政府需要维持既有建筑节能改造市场稳定秩序，使建筑节能工作有条不紊地展开和持续发展下去，而市场自身也需要机制外的力量约束，帮助协调、预防、处理发展中的关系和问题。政府一方面主要负责监督既有建筑节能改造市场价格机制运行，控制价格平滑小幅涨落，防止剧烈抖动造成市场机能紊乱，另一方面要维护市场良性竞争环境，通过建立准入退出机制防止市场滑向恶性竞争和无效竞争，避免垄断和市场失灵，同时，也通过准入退出机制中鼓励条件和淘汰条件的变化筛选市场供给主体，指引市场发展方向[95]。另外，政府还需要通过法律手段保障企业知识产权，解决企业技术研发的后顾之忧；并通过政策鼓励和督促手段促进企业与金融机构开发竞争力更大、适应性更强的产品。一方面实行相关优待政策，另一方面做好新产品的验收审批，防止不合格产品流入初级市场和最终市场。

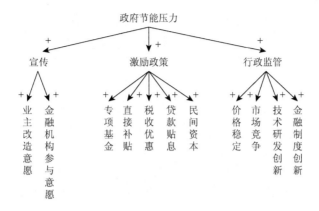

图 5-21　政府节能压力使用变量树型结构图

5.7　既有建筑节能改造市场政府监管和激励手段作用机理

目前我国已设置的既有建筑节能改造专项基金包括既有建筑改造奖励资金、房改基金和建筑节能墙改专项资金。设置专项基金一方面从市场需求角度减轻业主经济负担，提高业主改造意愿，另一方面从中观角度为产业发展提供资金保证，结合补贴政策等激励手段可减少企业技术研发成本负担，增加 ESCO 和科研院所等中介组织自主研发新技术新设备的数量，提升产业技术水平。既有建筑节能改造专项基金使用变量树型结构如图 5-22 所示。

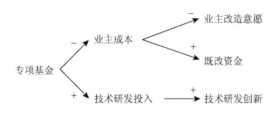

图 5-22　专项基金使用变量树型结构图

1. 政府直接补贴作用机理

政府提供直接补贴一方面减轻既有建筑节能改造总体资金压力，但是，相比较而言，只能说是杯水车薪，主要起到促进和推动作用；另一方面，对节能材料和设备使用的专项补贴可以有效降低 ESCO 的项目投入资本，同时，一定程度上降低了供给市场的进入壁垒，有利于提高 ESCO 的参与意愿。既有建筑节能改造政府直接补贴使用变量树型结构如图 5-23 所示。

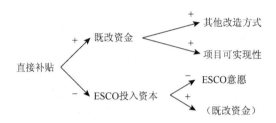

图 5-23　直接补贴使用变量树型结构图

2. 税收优惠作用机理

国外的既有建筑节能改造税收优惠主要包括对企业节能实行税收豁免、税收扣除、优惠税率、延期纳税和退税等，我国在既改中可以使用的税收优惠政策主要包括免征企业所得税、营业税、城市维护建设税和教育附加费等；对设备投资给予增值税退还、加速折旧等[96]；对节能合格建筑在使用、出售与转让等环节给予税费优惠等；对于具有技术研发成果、申请认定成为高新技术企业的 ESCO 实行针对高新技术企业的系列税收优惠。从 ESCO 和业主的成本减免、收益增加、鼓励独立研发等几个层面入手提高供求市场和技术市场的活跃性。既有建筑节能改造税收优惠使用变量树型结构如图 5-24 所示。

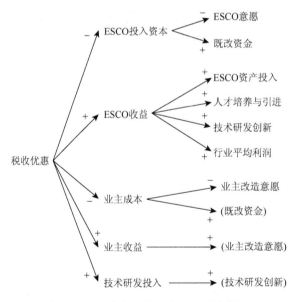

图 5-24　税收优惠使用变量树型结构图

3. 贷款贴息作用机理

贷款贴息主要指财政贴息，是指政府用财政收入或发行债券的收入支付企业由节能改造而产生的银行贷款利息，可以减少 ESCO 的利息成本。高新技术企业专门享受一定的贷款贴息政策，因此，有利于引导企业重视自主创新。既有建筑节能改造贷款贴息使用变量树型结构如图 5-25 所示。

图 5-25　贷款贴息使用变量树型结构图

4. 价格调控作用机理

价格调控的直接目的主要有两个：一是保持价格水平的基本稳定；二是维护公平竞争。价格调控有助于降低项目风险和市场交易风险。政府可以通过经济手段、法律手段和行政手段稳定既有建筑节能改造市场价格。其中，经济手段包括财政政策调控、金融政策调控和合理使用价格调节基金；法律手段包括价格调节的基本法规《中华人民共和国价格法》、规范政府价格调控行为的法规和规范市场价格行为的法规；行政手段包括直接控制物价和冻结物价。其中，不在市场价格发生异常变动的情况下，政府应只限于使用经济手段和法律手段调控市场价格，既有建筑节能改造价格稳定使用变量树型结构如图 5-26 所示。

图 5-26　价格稳定使用变量树型结构图

5. 金融制度创新作用机理

我国既有建筑节能改造市场金融制度创新目标是解决中小 ESCO 融资难以及开发适应性金融产品的问题，解决中小 ESCO 融资难的主要途径是拓宽融资渠道，改变原有融资模式，而从银行角度来看，根本问题还是开发出符合合同能源管理运行规律的专业化金融产品或金融工具。因此，政府推动金融制度创新，就应该重点鼓励金融机构研发专业化产品，以切实有效地降低金融机构投资风险，提高贷款意愿。既有建筑节能改造金融制度创新使用变量树型结构如图 5-27 所示。

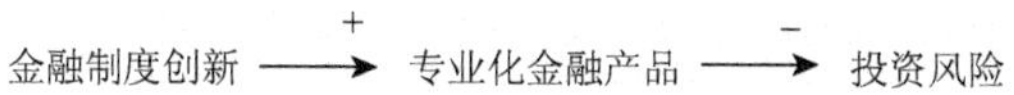

金融制度创新 ——→ 专业化金融产品 ——→ 投资风险

图 5-27　金融制度创新使用变量树型结构图

5.8 既有建筑节能改造市场系统延迟特征分析

既有建筑节能改造市场发展过程中普遍存在延迟现象，在系统建模过程中，笔者着重对系统的 11 个重要延迟进行了描述。其中集中表现为资本积累过程、研发创新过程、能力提升过程和心智模型转变过程中产生的 4 类延迟。下面对每类延迟进行探讨。

资本积累过程中的延迟是指变量"行业平均利润"增长引发"产业规模"扩张的过程中存在的时间差[97]。行业平均利润提高，ESCO 数量和服务质量都将得到显著增长。ESCO 所提供的设计咨询、施工改造、运营维护等服务分别处于节能服务产业链的上、中、下游部位，因此，ESCO 服务质量的提高和数量的增长会带动整个节能服务产业规模的扩张。在此过程中，首先，利润在企业中的积累需要时间过程，然后，ESCO 资本积累到一定程度，其完成资本向技术核心竞争力提升转化也需要一个时间过程，最后，产业由量变到质变的涌现过程仍然需要一段时间。因此该延迟至少是一个三阶物质延迟。

研发创新过程中存在多个不同方面的延迟，分别存在于"技术研发投入"、"人才培养与引进"、"ESCO 资产水平"和"ESCO 收益"等要素投入"技术研发创新"产出的过程中及"金融机构参与意愿""金融制度创新"促进"专业化金融产品"研发的过程中。技术研发创新具有不确定性，存在研发风险。其中按照设计流程、规划对现有技术引用，应用的过程遵循先进先出顺序，属于管道延迟，而创新设计、实验等过程中出现的延迟则属于一阶混合延迟，任何资金、人才、设备的投入，都必须经过研发人员的脑力思考才能将物质资源转化为知识资源，因此这四个方面的延迟是客观存在的，也无法回避。专业化金融产品的开发同样具有不确定性和过程性。在新产品开发过程中，金融机构逐渐认识并接受合同能源管理模式下的风险、收益机制，做出充分的可行性研究，这个阶段所存在的延迟属于信息延迟，在产品研发进程中存在的知识重组、迁移、涌现过程属于一阶物质延迟，最后产品按照相关程序试运行、调试、获批使用的过程属于管道延迟。从发展长远利益来看，企业和金融机构均应该理性对待技术研发过程与金融产品开发过程中的延迟现象，不能因为延迟的存在就只选择见效快的资金投入途径。节能服务产业属于知识密集型产业，技术创新是企业核心竞争力的最重要来源，只重视资本硬实力的增长，忽略技术创新软实力的增加是短视行为，舍本逐末不可取。而既有建筑节能改造市场的发展是各元素之间、各子系统之间协同作用的结果，金融市场与服务市场协同作用的基础就是存在满足双方特点的专业化金融工具，因此，从根本上解决既有建筑节能改造融资难问题的途径就是开发专业化金融产品，增加融资模式，拓宽融资渠道[98]。

能力提升过程中的两个延迟是指"人才培养与引进"后，需要经过一段时间，"ESCO 运营管理能力"和"ESCO 服务能力"才能得到提升。因为员工素质的提高需要学习、培训、重复练习，本质上是心智模式转变和熟练度提高两个过程。其中，心智模式转变过程存在信息延迟，而熟练度提高过程属于管道延迟。另外，当企业引入新人才之后，人力资源效率并不能瞬时达到最大化，新人才需要适应公司的企业文化，并熟悉工作流程、设备等，这种心智模式转变和熟练度的提高过程也同样存在多阶信息延迟和管道延迟。因此，ESCO 应加大对人力资源的投入，尽量缩短人才培养与引进适应过程中的时间差，尽早达到最优人力资源效率，才能更快地掌握新技术，在行业中占据领先地位。

心智模型转变过程中延迟主要指政府的节能"宣传"工作经过一段时间后才会发挥效用，达到转变"业主改造意愿"和"金融机构参与意愿"的目的。政府的宣传工作本质上就是要引入新观念，改变旧思维，消除信息不对称[99]。这个过程相对缓慢，但是从效果上来说是最彻底、最广泛的。因此，政府应该在市场培育阶段就开始着力改变市场主体心智模式，强调节能意识和可持续发展的生活观，介绍既改对业主自身、对企业、对社会、对国家的重要意义。经过一段时间的发展，实现由被动性需求向主动性需求的转变，形成更加合理的市场条件下的供求关系，奠定市场自组织发展基础。

5.9　既有建筑节能改造市场发展机理与演进模型

市场发展机理是指市场系统中各要素推动、影响并作用于市场发展的过程与方式，以及诸要素在一定环境条件下相互联系、相互作用的运行规则和原理。在既有建筑节能改造市场发展运行过程中，不同主体和影响因素之间形成了功能各异的市场作用机制，市场内的元素就是在各种市场作用机制相互协调、相互制约的过程中获得变化、发展的。因此，解释既有建筑节能改造市场发展机理的实质就是分析其市场运行机制构成、运行规律及其相互作用关系。

5.9.1　既有建筑节能改造市场发展运行机制

机制是指系统各要素、各子系统及其之间相互影响、相互制约的内在过程与运行规律。既有建筑节能改造市场各元素之间的作用关系包括动力关系、保障关系和促进关系；在元素交互作用过程中，还需要必要的信息传导和功能实现过程。因此，既有建筑节能改造市场发展运行机制包括动力机制、保障机制、促进机制、传导机制和实现机制五种。其中实现机制分为实现市场运行的市场机制和实现市场发展的实现机制。

1）动力机制

动力机制是既改市场发展的核心机制，指市场在一定内外部经济因素（资源禀赋、市场需求和外界环境）的交互作用下引导市场形成、为其提供发展动力、推动市场持续运行发展的过程与规律。既有建筑节能改造市场发展动力机制由技术驱动力、劳动力驱动力、资本驱动力、竞争驱动力、需求拉动力和政策推动力以及资源支持力构成。资源支持力是动力形成的基本条件，是一切产品和服务功能实现的物质基础；在此基础上，服务市场通过市场交易从技术市场、劳动力市场、资本市场获得必要生产要素，并将其不断转化为服务产品，形成企业生产的内源性动力；而产品和服务的供给最终目标都是使其转化成为效益，为企业支配、利用，需求市场则是实现这一过程的必要承担者，因此市场需求是牵引整个既有建筑节能改造市场发展的重要拉力；在供求机制的作用下，竞争压力迫使企业提升核心竞争力水平，从市场整体角度来说，市场的知识库得到扩充、升级，竞争驱动市场服务整体水平提高；而当市场处于起步、低迷状态时，政策激励和制度变革可以有效推动市场进行新陈代谢，走出困境。市场的支持力、驱动力和拉动力均属于内源性动力，是市场自组织运作发展的根本性条件；政策推力则是一种辅助动力机制，帮助市场适应外部环境变化，当环境趋于稳定时，市场发展动力机制应逐渐回归至内源性动力机制。

2）保障机制

保障机制是指为既有建筑节能改造市场发展提供充分交易条件和稳定环境的市场监管过程与规律。其内容是预防、约束、阻止和惩罚破坏市场交易环境、秩序的主体行为，并提供行使合理行为的规范、指导和行为条件。保障机制一方面体现于对既有建筑节能改造市场的监督管理，政府通过颁布法律、政策指导文件、下设行业监管部门等方式约束 ESCO 行为、监管节能服务市场竞争环境；另一方面则体现于消除市场交易过程中的信息不对称。信息不对称的存在严重影响既有建筑节能改造市场秩序，不但增大各方主体的信息搜寻成本，而且极易造成节能服务市场出现"劣品驱良品"现象。政府应主导市场信息平台建设，建立能效标识体系，使交易双方都可以得到透明化信息，降低项目运营风险和投资风险，增大交易意愿。保障机制从系统内外建立稳定秩序，对外形成发展指导框架，对内去除市场运行阻碍，全面保障市场机能有效发挥。

3）促进机制

促进机制是指改变既有建筑节能改造市场运行状态，为市场提供由量变向质变转化契机的过程及规律[100]。市场主要通过产业制度变革和节能服务产业整合两种途径促进自身发展。产业制度变革利用效率更高的产业制度代替原有制度，从根本上改变节能服务产业生产结构，对生产要素进行集中和再分配，打破原有秩序，为节能服务产业扩张开辟新的空间；节能服务产业整合以 ESCO 为整合对象，重新配置生产要素，调整和构筑新的市场主体组织，优化市场组织结构和层次结构，提高市场动力机制和实现机制的运行效率。促进机制是市场发展过程中的辅助机制，目的在于拓展市场发展空间，加快市场发展速度。

4）传导机制

传导机制是指实现市场内生产要素流通和信息有效传达的市场运行过程与规律。任何市场要素、子系统、机制之间的作用关系都表现为物质和信息的交换，因此，传导机制是市场发展过程中的必要运行机制。它通过建立物流系统将材料、设备、资金等要素运抵 ESCO，使其发挥动力机制作用；通过信息平台实现企业、业主、金融机构、政府等主体间的信息沟通，消除信息不对称，促进市场机制的有效发挥；通过多元化媒介手段普及节能法律、政策、节能意识，加强保障机制运行效果。正是由于传导机制作用，系统内各机制才可以实现相互联系、相互制约，协同推进既有建筑节能改造市场发展。

5）实现机制

实现机制是市场运行发展过程中的主导机制，指一切实现市场交易过程并最终适应外部环境变化而发展的市场运行方式及规律。其中实现市场交易过程的实现机制即指市场机制，具体包括供求机制、价格机制、竞争机制、风险机制和货币机制。供求机制是市场机制中的首要机制，市场供求连接着节能服务市场和需求市场，节能产品和服务的价值在供求双方交易过程中得以实现；价格机制在市场中发挥反馈经济信息的功能，市场供求机制与市场价格机制存在密切联系，两者共同实现市场交易的自动调节功能；竞争机制是市场机制中的动力要素，因此也划分在市场发展动力机制中，市场通过竞争机制存优汰劣，一方面促进提升存活企业的核心竞争力，另一方面优化市场组织结构，提升市场整体服务水平[101]；风险机制与竞争机制同时调节既有建筑节能改造服务市场和金融市场的供求，当项目运营风险和投资风险增大时，将严重影响服务供给和贷款规模；货币机制主要影响既有建筑节能改造市场中的货币流通和投融资过程，完成资金要素在市场内的持续循环和再分配，形成利益驱动力。这五种市场机制协同作用实现了要素分配流动、商品价值形成与转移、企业优胜劣汰等市场活动过程，是市场实现自组织运行的机理解释。除了市场自身的运行能力，市场发展还需要市场适应外界环境变化，根据自身发展阶段特征选择满足外部环境约束条件的发展策略，不断调整动力机制、保障机制、促进机制和传导机制的作用力度与侧重，因时而异、因地制宜。

5.9.2　市场发展机理模型构建

既有建筑节能改造市场发展是以各个子系统为要素、以要素关联关系为实现路径所构成的运行机制。这些运行机制的实现机理包括既有建筑节能改造市场发展动力系统与平台系统之间的传导机制，以服务市场为核心的各个要素市场的价格机制与供求机制，金融市场与服务市场的货币机制，服务市场与平台体系之间的传导机制、动力机制和竞争机制等。这些机制的相互作用，促进既有建筑节能改造市场发展与运行，既有建筑节能改造市场发展机理模型如图 5-28 所示。

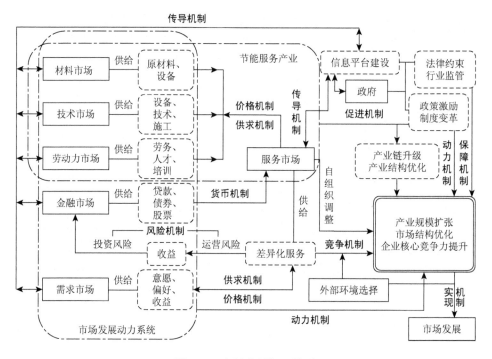

图 5-28　市场发展机理模型

5.9.3　市场发展机理演化实施过程

既改市场发展是在需求拉动，以及资本、技术、劳动力、竞争等源动力驱动下，借助流通条件改善、信息与通信传导，通过市场自组织调整和政府调控保障共同作用，克服制约因素，把握促进机会，最终实现 ESCO 核心竞争力提升、节能改造服务市场结构优化、节能服务产业扩张的过程。在市场的不同发展阶段，市场各机制间的相互作用关系存在动态演化的过程。在市场形成阶段，主要任务是建立市场经济秩序、培养市场交易环境，因此市场动力机制和实现机制主导市场发展；在市场成长阶段，市场主要任务是扩大市场规模、提高市场服务质量、增加市场效益，因此，需提升市场竞争水平，同时获得稳定市场发展环境，这就要求以动力机制中的竞争机制、传导机制和政府主导的保障机制为主导；在市场成熟阶段，市场供求已近饱和、产业获得规模经济效应、竞争激烈，市场亟须寻求新的发展空间和机遇以进入新的生命周期，因此，市场需要进行优化和变革，此时促进机制和保障机制成为主导市场进一步运行发展的关键机制。

第6章 基于自组织的市场发展路径选择与优化

既有建筑节能改造市场发展受宏观政策和环境因素的影响,但是,其内在要素的相互作用是发展演化的基础与根源。一定程度上,其发展过程与实现路径是市场自组织行为活动的结果。因此,需要从自组织特征分析入手,探讨既有建筑节能改造市场发展路径选择与优化机理。

6.1 市场发展路径优化的内涵与必要性

1. 路径优化的概念与内涵

既有建筑节能改造市场发展路径优化是指根据市场发展规律内在要求,克服现有发展模式劣势,探寻并选择更有效的市场发展策略,实现市场既定发展目标的过程。市场发展目标分为长期战略目标和短期战术目标。市场发展战略目标是努力实现既有建筑节能改造市场最终发展成为技术创新驱动、市场机制主导、可持续发展的服务市场体系。市场发展战术目标则是在不同时期,市场应满足各发展阶段内在要求,适应市场外部环境变化,逐渐获得成长。战略目标为战术目标的设立提供逻辑基础和方向引导,战术目标应符合战略目标发展要求,因此,既有建筑节能改造市场路径优化具有过程性和阶段性,是一个由各阶段路径优化策略递进连接所构成的策略集。各阶段路径优化策略选择应符合战术目标发展要求,而路径优化策略集的选择逻辑依据则是市场发展战略目标。另外,既有建筑节能改造市场属于社会经济系统,实施其市场行为的主体具有有限理性,因此,在优化策略的选择上不采用最优原则,而是遵循满意原则。本书只讨论相对条件下的最有效优化策略,并且以战略目标为策略选择依据。

2. 发展路径优化的客观性与必要性

当前阶段,既有建筑节能改造市场运作面临诸多障碍,主要包括收益回报机制尚未建立完善、资金筹集方式尚未明确、管理体制缺失、业主意识淡薄、缺乏财政和税收政策等有效经济激励措施、适用技术和产品有待开发等。为解决这些市场发展过程中存在的问题,需要对现阶段市场发展模式进行变革和优化,集中力量解决发展中的主要矛盾,逐渐培育形成有效的市场化体系[102]。另外,市场同外部环境之间存在交互作用关系，当现有发展模式不适应外部环境变化时，就需要及时变换市场发展策略，调整机制作用间的主次顺序，如外部环境不稳定时，应选择以保障机制为主导；外部环境较稳定时，应以动力机制为主导。综上可知，对既有建筑节能改造市场发展路径实施优化具有客观性和必要性。

6.2　既有建筑节能改造市场发展决定性因素及演化过程分析

1. 既有建筑节能改造市场发展决定性因素

狭义既有建筑节能改造市场的发展是不考虑外部干预下的市场自行组织、自行创生、自行演化和自主从无序走向有序，形成有结构的市场运行系统的自组织过程[103]，体现于微观企业核心竞争力提升、中观市场结构优化与竞争环境改善、和宏观产业扩张与结构优化三个方面。但是这些均是市场发展的表象，是被解释变量而非解释变量。笔者引用演化经济学的分析框架，结合既有建筑节能改造市场特征分析认为，既有建筑节能改造市场发展的过程实际是 ESCO 和产业的知识创新、选择与扩散过程，其发展决定性因素是知识积累与演进。

2. ESCO 发展演化过程分析

1）企业演化内涵

现代理论认为，企业具有塑造认知的功能。现代企业一方面依赖其知识存量，另一方面通过不断获得新知识而适应、改变生存环境，其行动表现为对知识的应用和搜寻两个方面[104]。企业演化是指企业本身的成长和发展过程，本质上是企业的学习或知识调整的行为[105]。当企业根据所处环境而进行知识调整时需经历学习过程和选择过程，表现为企业在不同阶段下所采用的不同的内外部互动模式、学习模式（无意识学习、惯例学习和信念学习等）以及知识类型（默会或编码、通用或专用）。在企业演化中，企业本身构成了知识的演化环境，知识的创新、扩散和选择是在内部环境和外部环境的共同作用下进行的[106]。

2）ESCO 演化过程

ESCO 演化过程就是指企业在内外部环境作用下，创生、扩散、交互学习和选择新节能服务技术、知识，引发企业运营惯例、资本结构、组织结构改变，以使企业扩大生产规模、提高服务质量、优化资本结构、适应并改变市场环境的动态行为。

在内外部环境稳定情况下，ESCO 遵循企业和产业惯例进行生产、运作，市场整体达到某一固定水平的均衡状态，ESCO 因为知识得不到进一步积累而不具备发展机会和条件。一个新的场景出现，如一项新的改造技术、一种新的融资渠道、一片未开拓的需求市场等，带来了新的市场机会或潜在威胁，ESCO 将根据判断改变企业发展策略。此时，ESCO 便开始了其演化过程。

ESCO 对新场景的反应首先体现于企业家的行为选择。当一项新技术的产生对 ESCO 带来较大冲击时，企业家原有的知识连接结构将受到挑战。首先，企业家会主动调整企业运营机制，充分利用个体间和组织间的认知互补性，建立新场景的知识连接，例如，建立独立的研发事业部或者寻求建立企业间的技术和投资联盟等；其次，企业家会快速启动学习机制，以求尽快掌握新知识。节能服务行业具有高度的知识密集特征，并且存在可供技术转让的技术交易市场，ESCO 可以通过技术转让等手段直接引入新技术、新设备，也可以充分搜集、学习行业新增知识，迅速掌握行业的技术范式和追踪行业技术变化。当企业将行业显性知识转化为企业内部的默会知识后，便可实现核心竞争力的提升；而当新技术或者新市场的产生对 ESCO 冲击不大时，ESCO 可采取加大 R&D（research and development，研究与开发）的投入来实现竞争能力提升。

ESCO 实现演化发展需要两个方面的支持，一个是知识的量变过程，另一个是知识的质变转化过程[107]。ESCO 通过人才引进、技术交易、建立技术联盟等方式为企业引入大量新增科学知识，为企业提供更广阔的技术搜寻空间，提高企业技术创新机会，间接影响企业知识增长。但是这并不能从实质上改变 ESCO 的生产服务水平；只有企业将通用知识转化为企业的专有知识，企业的核心竞争力才能得到显著提升。专业知识的增长为企业带来异质性，不同专业知识水平的 ESCO 具有显著差异的生产率和服务质量。专业知识首先作用于企业的生产者和管理者，再通过企业人力资源水平的提高而反映到企业的实际运行过程中。例如，掌握技术专有知识的技术人员可以更大程度地发挥节能设备使用效率，或者延长设备使用寿命，通过提高工艺降低施工、节能材料的使用量，或者在保证合同要求的前提下降低采购、施工成本等；掌握专有知识的管理和服务人员可以有效降低 ESCO 运营风险、交易成本，营造适宜企业生产服务的专有文化；掌握财务专有知识的财务人员可以有效提高企业资本结构优化水平，减少财务风险，获得更多金融机构投资等。

另外，完成企业的演化还需经过市场选择过程，企业核心竞争力的增长并不一定引发企业效益增长、资本和生产资料在内部的重新组合配置、市场份额的增加等发展表象的显现[108]。企业最终实现演化依赖于企业学习过程和市场选择过程的交互作用。一方面，ESCO 核心竞争力的增长并不一定适用于当下市场发展条件和环境，例如，一项节能技术的成功开发往往因为投资不足而无法得到有效推广，从而不能为企业带来短期内效益和市场占有率的提高；另一方面，ESCO 开展创新活动实现自身发展需考虑时间因素，在市场竞争压力下，ESCO 创新往往受限于投资计划的投资时限。因此，在学习过程和选择过程的双重作用下，企业若想实现演化,必须协调好知识积累速度和资本结构重新组合速度的匹配问题。只有既实现核心竞争力的快速积累并适应市场条件发展的 ESCO 才会最终实现其演化目的。

3. 既有建筑节能服务产业发展演化过程分析

1）产业演化内涵

产业演化是从宏观系统视角研究产业的成长和发展过程,主要包括产业知识总量研究、知识类型频数分布变化研究、产业结构变迁和产业秩序演化研究等[109]。

现代产业演化理论重视企业多样性或异质性以及企业动态对产业演化的影响,一个普遍共识是:企业是多样性或异质性的,宏观产业总量不能够由微观企业简单加总得出。产业演化通常可以被描述为企业间面对产业发展环境变动的动态学习过程,其实质是对某一种专用知识逐步通用化的过程,这一过程伴随着知识扩散,促进产业的知识增长[110]。

2）节能服务产业演化过程

节能服务产业具有技术密集特征,随着节能技术开发与成熟度的提高,节能服务产业总体将经历三个方面的变化。首先,节能技术逐步升级,服务多元化、差异化发展。但是,在市场竞争环境下,大部分技术将被淘汰,剩下部分可以学习、模仿的标准技术模式,技术扩散增大了产品与服务的同质化水平,最终产品与服务将再度显现无差异化[111]。其次,产业规模呈 S 形曲线增长。产业形成初期,产业技术与服务水平的单一化、低水平制约企业的生产与服务水平,导致平均投资规模偏低。由于技术开发具有周期特征,且产业发展初期知识扩散的渠道与机制并未建立,这一阶段产业知识积累速度和专有知识向通用知识转换速度均缓慢;在产业发展的成长期与成熟期,各项规模指标将得益于节能技术水平的提升及产业内信息渠道与沟通机制的建立完善,呈现快速增长,直至受到资源限制,而最终恢复至缓速增长。最后,产业结构逐渐优化。市场进入壁垒升高,ESCO 数量先增后减最终趋于稳定,市场结构先分散后集中,产业利润先提高后降低。

6.3　基于创新和合作的企业与产业共同演化路径选择

6.3.1　企业与产业共同演化的内涵

在传统的产业演化中,通常不考虑企业（个体）演化,忽视企业作为认知主体的能动性,过分强调企业间的竞争,而忽视了企业间的合作,很少考虑知识的外部性、非竞争性、互补性和正反馈性等特征。但是企业的学习过程对于产业演化的影响是显著的，尤其是在知识密集型产业中，企业是产业知识创生的源头，并且企业通过互动将知识扩散至整个产业，往复循环，推动产业知识呈现非线性增长。因此，产业演化必须明确考虑企业的微观演化。另外，企业的演化行为还受到产业的影响，产业演化作为企业的学习环境（知识环境和竞争环境）也塑造了企业的演化轨迹。

企业和产业的共同演化是指：在演化过程中，企业的知识动态（学习过程）会通过企业间的互动（即指企业间在生产和交易过程中形成的各种正式和非正式的协调机制）对产业演化产生影响；同时，产业也构成了企业演化的学习环境和选择环境，产业演化也对企业演化产生影响。企业和产业共同演化的分析逻辑便是建立企业知识动态和产业知识动态的相互反馈机制。

6.3.2 企业与产业共同演化的过程分析

企业和产业的共同演化可以分为三个层级：一是微观层级，即企业演化；二是中观层级，即企业间互动；三是宏观层级，即产业演化。其中，企业间互动是解释共同演化逻辑的解释变量，而企业演化与产业演化则是被解释变量。

企业间互动是企业与产业共同演化的传导机制和实现机制，它不仅仅是知识扩散的重要途径，还是知识创新的重要途径。知识在企业间的创新和扩散具有延迟，而且企业的创新能力和模仿能力以及企业间的互动模式都会影响企业和产业共同演化的速度与方向，因此在不同发展条件下，企业演化和产业演化的相互影响程度是不同的。企业和产业的多层级共同演化逻辑如图 6-1 所示。

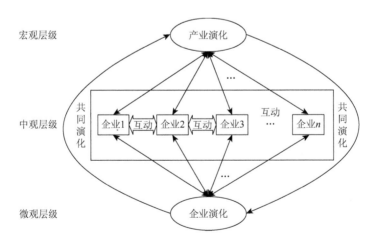

图 6-1　企业和产业的多层级共同演化逻辑

1）产业萌芽期的共同演化过程

当企业和产业尚处于创生阶段时，企业的创新能力和模仿能力都处于很低的水平，企业对于所处的演化环境认识十分有限。企业和产业的演化速度都是缓慢的。由于创新能力和模仿能力都比较有限，企业间的互动仅限于局部的互动，企业和产业的共同演化比较不明显，即企业演化和产业演化之间的知识反馈水平低。

这主要源自以下两个原因：一是，知识存量水平低，这使得企业间的知识互动水平和互动频率都很低，知识的外部性、互补性和正反馈性等效应都不明显，企业间互动对进一步产生知识创新和知识扩散的动力不足。二是，产业处于创生阶段，企业间的竞争还不激烈，对于企业演化而言，最为重要的选择环境是消费环境、技术环境、制度环境和文化环境等外生环境。这意味着产业作为选择环境的作用对于企业的演化还未产生重要的影响。这两个原因可分别视为企业间的合作水平和企业间的竞争水平。可见，在产业萌芽期，企业间的合作水平和竞争水平都较低，这导致了企业和产业的知识反馈水平也较低。

在此阶段，企业间的互动通常仅限于空间相邻的局部区域或关系紧密的社会网络。整个产业是由若干个局部区域或企业网络组成的，它们的互动水平和互动频率也较低。产业演化是一个缓慢的自组织过程。局部区域的社会文化背景对于共同演化的影响很大。如果社会文化鼓励创新与多样性，则会提升共同演化的速度，在今后共同演化过程中逐步打破区域限制，提高互动的范围，促使企业和产业处于不断地发展与扩展中。

在此演化阶段，企业的数目不多。由于总体的知识存量少，企业的学习能力较低，企业间的差异性不是特别大，企业在共同演化中的影响作用比较接近，产业中尚不会出现个别影响力特别大的企业，产业的进入壁垒也不高。

2）产业发展期的共同演化过程

随着知识积累，企业和产业的知识存量逐步提高，企业对演化环境的认识也提高了，产业进入发展期。在此阶段专用知识的快速增长提高了企业的创新能力，通用知识的增长也提高了企业的模仿能力。当专用知识的增长速度快于通用知识时，企业将更多地采取创新行为。该阶段为企业与产业共同演化快速成长期。企业间大量知识创生与扩散推进产业演化，而产业环境条件的改变又反作用于企业的知识动态。

在此阶段，企业和产业的相互关系比较紧密。这主要源于以下两个原因：首先，知识存量的提高大大增强了企业的创新能力和模仿能力。这促使企业间的互动水平和互动频率都很高，企业的知识创新通过扩散不仅增加了其他企业的知识存量，还能够进一步引致其他企业的知识创新和扩散从而激发乘数效应，产业处于不断创新和扩散的循环中。其次，产业成为企业重要的学习环境，企业对于外生环境的适应能力提高，外生环境对于企业的选择力量相对减弱。在此阶段，产业作为企业的内生演化环境的重要性更加突出。同时，由于产业处于多样性增加的阶段，尚未形成选择标准，企业间的竞争也相对平缓，企业可以通过创新弱化各种选择压力。因此，较之于外生的选择环境，产业的知识环境对于企业演化的影响更大。

该阶段合作大于竞争，知识的外部性、互补性和正反馈性等效应要比竞争效应强。企业和产业处于共同演化最为快速的时期，这也是外部经济和网络经济最为明显的时期。企业间的互动也逐渐从原先的局部互动扩大到更大区域的互动。企业间拥有较强的创新能力和扩散能力。在共同演化过程中，学习能力在企业间的分布越来越不均衡，企业间的差异性在扩大。一些拥有较高创新能力和模仿能力的企业对共同演化影响较大，但是，由于主导性创新技术缺失，产业中还未出现拥有绝对竞争优势的领导型或主导型企业。

3）产业成熟期的共同演化过程

随着企业和产业的知识演化，产业技术越来越接近技术空间边界，并出现主导技术，产业进入成熟期。在此阶段，企业的创新潜力下降，而模仿潜力上升，多数企业都采用模仿行为。企业为了模仿主导型技术会积极增加对通用性知识的投资，通用性知识增长迅速，而专用性知识增长缓慢。

较之于发展期，企业和产业的共同演化速度比较缓慢，并且强烈地依赖于产业中少数主导型企业。企业会更加频繁地与主导型企业进行互动，模仿主导型企业的创新行动。新知识只是从创新型企业单向地流向模仿型企业，不能再引致主导型企业的进一步创新。创新不再像发展期那样具有乘数效应或循环效应，因此企业间互动对于产业知识动态的外部性效应和正反馈性效应都降低了。

另外，产业的选择力量增强，企业的能动性降低。除了个别领导型或主导型企业，多数企业无法通过创新来缓解环境的选择压力。这是一个竞争大于合作的时期，此时企业的能动性很小，企业作为认知主体在产业演化中的作用很小，主要受到产业竞争环境的约束。许多企业可能无法承受环境的竞争压力而退出产业，产业中的企业数目减少。主导型企业通常会设法防止知识外溢，而且产业的选择力量也得到显著提升，这些都提高了产业的进入壁垒。在成熟期，新企业除非具有很强的创新能力能够扩大技术空间，或者改变产业的技术范式，否则不会进入产业。

综合以上三种情况的分析讨论，在不同演化阶段，共同演化的速度是不同的。共同演化经历了一个非线性的动态过程：先缓慢后快速再缓慢。相应地，企业和产业的知识增长也经历了如此的非线性动态过程。企业的能动性先增长后减弱。共同演化在萌芽期主要受到外生选择环境的影响，在发展期主要受到内生的产业学习环境的影响，在成熟期则主要受到内生的产业选择环境的影响。在共同演化过程中，萌芽期和发展期都是以合作为主，成熟期则以竞争为主。萌芽期体现了知识的外部性与互补性，发展期体现了知识的稀缺性和竞争性。随着认知进化，共同演化也逐渐从局部互动演变成全局互动。

6.3.3　基于创新与合作的自组织发展路径选择

由企业与产业共同演化理论可知，产业的成长与企业知识水平增长和企业间互动关系相关。企业知识水平增长的源头来自于企业自主创新所生成的新知识。因此市场实现自组织模式发展，主要与企业自主创新与企业间互动关系相关[112]。

首先，鼓励 ESCO 自主创新研发新技术、大胆采用新的运营管理模式可以增大行业内新知识的生成概率。另外，采用新材料、新工艺、新技术有助于降低 ESCO 服务、运营成本，采用新管理模式有助于降低交易成本，当创新所得收益大于模仿学习所得收益时，ESCO 将会继续投入创新研发，因此创新活动具有路径依赖特征。对于既有建筑节能改造市场，任何方面的创新都可有效推进市场发展。研发低成本、高性能的保温隔热材料有助于提高建筑物热工性能，降低 ESCO 服务成本和建筑节能改造成本，刺激市场需求；研究用于建筑节能改造的新型生产设备有助于提高企业生产、服务效率，并据此掌握技术专利，具备核心竞争力，更容易吸引投资[113]；改进建筑节能改造施工工艺有助于加快施工效率，增大建筑节能收益，从而缩短投资回收期，同时降低业主改造成本；金融机构研发针对合同能源管理模式新型金融产品，可以增强适用性，降低投资风险，可以引导大量资本流入既有建筑节能改造市场，解决现有融资瓶颈问题。对于节能行业整体环境而言，鼓励创新的社会文化有助于增加 ESCO 间互动范围和频率，尤其是在产业发展期，创新活动具有乘数效应。在小世界合作网络的互动关系下，产业内将加快专有知识向通用知识转化的速度，ESCO 各自的创新活动将形成整个产业的规模效应。从而快速推动产业规模扩大，企业数量增加，要素资源流通频率加快，市场需求增长，繁荣既有建筑节能改造市场发展。

其次，根据产业与企业共同演化理论的产业发展期发展理论可知，企业间实现合作与交流可以更加高效地交流信息和知识，通过生成网状结构可以获得更快的增长速度。在市场发展阶段，建立企业间沟通渠道与沟通机制，搭建行业、产业交流平台有助于 ESCO 快速学习、模仿，积累新知识，从而提升行业整体生产、服务水平。在企业成长过程中，企业间关系主要表现为竞争与合作两种形式。当市场处于未饱和状态、要素资源相对充足时，企业间施行合作式发展可有效抵御市场风险，加快学习效率。在既改市场发展初期，企业面临市场信息不对称、显性需求低、融资困难等发展瓶颈条件，单凭有限企业的力量无法有效解决此市场环境问题，因此企业间应联合在一起，通过建立企业联盟、成立行业协会、搭建信息共享平台等方式集中产业发展诉求，制定目标明确的产业发展方向，在鼓励核心竞争力形成的基础上实现均衡化发展，合理分配协调资源，形成行业、产业内自组织模式发展。

因此，既有建筑节能改造市场发展应选择基于创新与合作的自组织发展模式，以实现自身高效率、低成本、高风险抵御力的发展要求。

6.4　政府监管下既有建筑节能改造市场发展路径优化

既有建筑节能改造市场的自组织发展模式是实现市场发展的内部动力，但是既有建筑节能改造具有准公益性和正外部性，仅凭市场机制的单独作用，会导致市场失灵；同时市场演进与变化也受到外生变量的影响而打破原有稳定状态，因此，为提高市场发展的有效性，需要引入政府监管来实现对市场发展方向的引导与把控。从广义市场的角度分析，既有建筑节能改造市场包括政府对市场的监管职能。但是与现有以政府为主导的发展模式不同，新模式下的政府监管行为应在法律框架下维护市场运行秩序，而不是计划、主导市场发展；约束 ESCO 不法行为，但不干预产业发展、企业经营自由。统筹布局、因势利导是新模式下政策管理的原则。因此，政策制定的方向应当以满足市场发展规律为依据。根据以上分析可知，既有建筑节能改造市场实现持续发展的关键问题在于如何释放产业与企业的创新能力，提高产业、企业内的知识积累水平。政府应采用相应政策管理手段推进市场知识水平提高，众多企业则通过不断学习调节自身运营模式实现发展。因此，政府监管下的既有建筑节能改造市场主体行为属于群体行为，主体的最优策略不是一次选择的结果，是一种反复学习、不断调整的循环过程。因此需引入进化博弈模型分析政府与 ESCO 间的行为关系，探求其趋势与规律，进而得到政府监管下既有建筑节能改造市场的优化发展路径。

6.4.1　政府行为下的既有建筑节能改造市场发展路径优化模型假设

政府作为既有建筑节能改造市场的外部管理者，可以通过实施激励手段改变市场环境，以降低企业技术研发成本，从而推进企业自主创新，提高生产、服务水平，同时承担实施激励所产生的成本；另外，企业要实现发展，会根据自身运营规模、进入时间、战略定位等方面的差异选择不同的知识获取方式，主要表现为自主创新、模仿和不同程度的模仿且创新三种模式。在不同市场条件下，企业间的发展策略会呈现出不断学习、模仿、改进的过程，是一个动态调整的过程。

假设 6.1　博弈双方具有有限理性，局中人 1 是政府，作为激励主体激励企业创新，局中人 2 是 ESCO，作为激励对象选择发展策略。

假设 6.2　在对企业技术创新的激励过程中，政府策略集为{激励，不激励}；

ESCO 策略集为{创新，模仿}。

假设 6.3　设政府采取"激励"策略的比例为 y，采取"不激励"策略的比例为 $1-y$；ESCO 采取"创新"策略的比例为 x，采取"模仿"策略的比例为 $1-x$。

假设 6.4　设政府采取"不激励"策略，ESCO 采取"模仿"策略的收益为 B_M，采取"创新"策略的收益为 B_C（B_M、B_C 可能为正，也可能为负）；政府采取"激励"策略时，为便于计算，将激励所得或所减免费用统一转化为 ESCO 激励收益 I；另外，ESCO 采取技术创新需支付创新成本 C。

假设 6.5　由于既有建筑节能改造的正外部性的存在，在政府采取"不激励"策略，ESCO 采取"模仿"策略时，政府收益为 B_0，若 ESCO 采取"创新"策略，则政府收益为 B_1；在政府采取"激励"策略，政府需支付激励成本 C_I，若 ESCO 采取"模仿"策略，政府收益为 B_0-C_I，若 ESCO 采取"创新"策略，政府收益为 $B-C_I$。由于政府激励后 ESCO 的创新规模与水平得到显著提升，其得到的外部性收益就表现为 $B>B_1$；假设企业采取"创新"策略比"模仿"策略所带来的效益高，即外部性收益 $B_1>B_0$。

构建随机配对的博弈模型[114]，得到政府与 ESCO 间的博弈得益矩阵如表 6-1 所示。

表 6-1　既有建筑节能改造政府与 ESCO 间得益矩阵

		政府	
		激励（y）	不激励（$1-y$）
ESCO	创新（x）	$I-C+B_C$，$B-C_I$	B_C-C，B_1
	模仿（$1-x$）	B_M，B_0-C_I	B_M，B_0

6.4.2　政府与 ESCO 进化博弈模型分析

1）政府与 ESCO 间的复制动态方程

根据表 6-1，对于 ESCO 群体来讲，选择"创新"策略的期望收益（U_1）和"模仿"策略的期望收益（U_2），以及群体的平均期望收益（$\overline{U}$）可分别表示为式（6-1）～式（6-3）：

$$U_1 = y(I-C+B_C)+(1-y)(B_C-C) = yI+B_C-C \quad (6\text{-}1)$$

$$U_2 = y \cdot B_M+(1-y)B_M = B_M \quad (6\text{-}2)$$

$$\overline{U} = xU_1+(1-x)U_2 = B_M+x(yI+B_C-B_M-C) \quad (6\text{-}3)$$

同理，对于政府来说，选择"激励"策略的期望收益（U_3）和"不激励"策略的期望收益（U_4），以及群体的平均期望收益（$\overline{U}_G$）可分别表示为式（6-4）～

式（6-6）：

$$U_3 = x(B-C_I) + (1-x)(B_0-C_I) = x(B-B_0) + B_0 - C_I \qquad (6-4)$$

$$U_4 = xB_1 + (1-x)B_0 = B_0 + x(B_1-B_0) \qquad (6-5)$$

$$\overline{U}_G = yU_3 + (1-y)U_4 = xy(B-B_1) + x(B_1-B_0) + B_0 - yC_I \qquad (6-6)$$

由以上期望收益，可得出 ESCO 在采用"创新"策略情形下的复制动态方程 $F(x)$ 和政府采取"激励"策略下的复制动态方程 $F(y)$[115]，分别表示为式（6-7）和式（6-8）：

$$F(x) = \frac{\mathrm{d}x}{\mathrm{d}t} = x(U_1-\overline{U}) = x(1-x)(yI+B_C-B_M-C) \qquad (6-7)$$

$$F(y) = \frac{\mathrm{d}y}{\mathrm{d}t} = y(U_3-\overline{U}_G) = y(1-y)[x(B-B_1)-C_I] \qquad (6-8)$$

式（6-7）描述了 ESCO 选择"创新"策略的进化过程，若 ESCO 采取"创新"策略所得收益 U_1 比群体的平均收益 $\overline{U}$ 高，则采取该策略的群体比例将增大；式（6-8）描述了政府选择"激励"策略的进化动态过程，若政府采取"激励"策略所得收益 U_3 比群体的平均收益 $\overline{U}_G$ 高，则政府选择"激励"的群体比例也将增大。

2）ESCO 的复制动态方程分析

令 $F(x)=0$，可得两个可能的稳定状态点 $x_1^*=0$、$x_2^*=1$ 以及 $y^* = \frac{B_M-(B_C-C)}{I}$。当 $y=y^*$ 时，无论 x 取任何值，$F(x)=0$ 且 $F'(x)=0$，即当政府选择"激励"策略的比例达到 $y^* = \frac{B_M-(B_C-C)}{I}$ 时，ESCO 选择"创新"和"模仿"策略的比例达到均衡。此时，若 $y^*>1$，即 $B_M > I+(B_C-C)$，即企业创新所得的总收益 $I+(B_C-C)$ 小于企业通过模仿所得收益 B_M，则对 $\forall y \in [0,1]$，均有 $yI+B_C-B_M-C<0$，此时，$F'(0)<0$，$F'(1)>0$，因此，$x_1^*=0$ 是 ESCO 进行"模仿"的进化稳定策略；若 $y^* \leqslant 0$，即 $B_M \leqslant (B_C-C)$，即企业创新所得的净收益 B_C-C 大于企业通过模仿所得收益 B_M，则对 $\forall y \in [0,1]$，均有 $yI+B_C-B_M-C \geqslant 0$，则有 $F'(0)>0$，$F'(1)<0$，因此，$x_2^*=1$ 是 ESCO 进行"创新"的进化稳定策略；此时若 $0<y^* \leqslant 1$，即 $B_C-C<B_M \leqslant I+(B_C-C)$，即当企业通过模仿所得收益 B_M 介于企业创新所得的净收益 B_C-C 与总收益 $I+(B_C-C)$ 之间时，对 $\forall y \in [0,1]$，当 $y \leqslant y^*$ 时，有 $F'(0)<0$，$F'(1)>0$，即当政府采取"激励"策略的比例小于 $\frac{B_M-(B_C-C)}{I}$ 时，$x_1^*=0$ 是 ESCO 进行"模仿"的进化稳定策略，当 $y>y^*$ 时，由于 $F'(0)>0$，$F'(1)<0$，即政府采取"激励"策略的比例大于 $\frac{B_M-(B_C-C)}{I}$ 时，$x_2^*=1$ 是 ESCO 进行"创新"的进化稳定策略。

因此，当 $B_M > I + (B_C - C)$ 或 $B_C - C < B_M \leqslant I + (B_C - C)$ 且 $y < \dfrac{B_M - (B_C - C)}{I}$

时，$x_1^* = 0$ 是 ESCO 进行"模仿"的进化稳定策略；当 $B_M \leqslant (B_C - C)$ 或 $B_C -$

$C < B_M \leqslant I + (B_C - C)$ 且 $y > \dfrac{B_M - (B_C - C)}{I}$ 时，$x_2^* = 1$ 是 ESCO 进行"创新"的进

化稳定策略。ESCO 的进化博弈复制动态方程相图如图 6-2 所示。

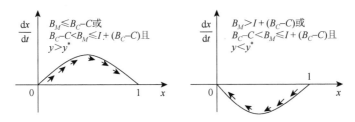

图 6-2　ESCO 进化博弈复制动态方程相图

3）政府的复制动态方程分析

同上述分析，令 $F(y) = 0$，可得两个可能的稳定状态点 $y_1^* = 0$、$y_2^* = 1$ 以及

$x^* = \dfrac{C_I}{B - B_1}$。当 $x = x^*$ 时，无论 y 取任何值，$F(x) = 0$ 且 $F'(x) = 0$，即当 ESCO 选

择"创新"策略的比例达到 $x^* = \dfrac{C_I}{B - B_1}$ 时，政府选择"激励"和"不激励"策略

的比例达到均衡。此时若 $x^* > 1$，即 $B_1 > B - C_I$ 时，即当政府激励创新所得净收益

$B - C_I$ 小于不进行激励所得收益 B_1 时，对 $\forall x \in [0,1]$，均有 $x(B - B_1) - C_I < 0$。此时，

$F'(0) < 0$，$F'(1) > 0$，因此，$y_1^* = 0$ 是政府进行"不激励"的进化稳定策略；若

$0 < x^* \leqslant 1$，即 $B_1 \leqslant B - C_I$ 时，即当政府激励创新所得净收益 $B - C_I$ 大于不进行激

励所得收益 B_1 时，对 $\forall x \in [0,1]$，当 $x \leqslant x^*$ 时，有 $F'(0) < 0$，$F'(1) > 0$，即 ESCO

采取"创新"策略的比例小于 $\dfrac{C_I}{B - B_1}$ 时，$y_1^* = 0$ 是政府进行"不激励"的进化稳

定策略，当 $x > x^*$ 时，由于 $F'(0) > 0$，$F'(1) < 0$，即 ESCO 采取"创新"策略的比

例大于 $\dfrac{C_I}{B - B_1}$ 时，$y_2^* = 1$ 是政府进行"激励"的进化稳定策略。

因此，当 $B_1 > B - C_I$ 或 $B_1 \leqslant B - C_I$ 且 $x < \dfrac{C_I}{B - B_1}$ 时，$y_1^* = 0$ 是政府进行"不激

励"的进化稳定策略；当 $B_1 \leqslant B - C_I$ 且 $x > \dfrac{C_I}{B - B_1}$ 时，$y_2^* = 1$ 是政府进行"激励"

的进化稳定策略。政府的进化博弈复制动态方程相图如图 6-3 所示。

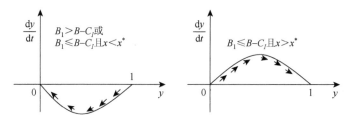

图 6-3　政府进化博弈复制动态方程相图

4）政府与 ESCO 行为初始状态分析

将本节 2）和 3）中的 ESCO 和政府两个群体博弈类型的相关复制动态以及进化稳定策略，通过建立坐标平面图，在平面图上共同表示出来以对比。得到政府与 ESCO 激励行为进化博弈复制动态演化相图，如图 6-4 所示。

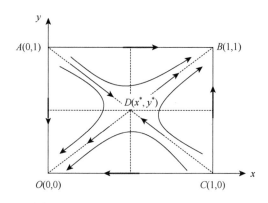

图 6-4　政府与 ESCO 激励行为进化博弈复制动态演化相图

图 6-4 描述了政府与 ESCO 博弈的动态演化过程，从图 6-4 中可以看出，（ $x^* = 0$，$y^* = 0$）和（ $x^* = 1$，$y^* = 1$）是政府和 ESCO 创新激励博弈中复制动态的两个进化稳定策略，其他不稳定的点 $A(0, 1)$、$C(1, 0)$ 及鞍点 $D(x^*, y^*)$ 都不是复制动态中收敛和具有抗干扰性的稳定状态，其中鞍点 $D(x^*, y^*)$ 是分界点，随着 $D(x^*, y^*)$ 的移动可以改变两个稳定区域的面积，面积 $ABCD$ 表示趋向于 $B(1, 1)$ 的比例。从进化相图可知，系统初始状态影响系统的收敛稳定点。在政府与业主博弈模型建立的过程中，相关参数如激励成本、激励收益等初始值将导致演化系统向不同的稳定点收敛。

将 $y^* = \dfrac{B_M - (B_C - C)}{I} = \dfrac{\Delta B}{I}$ 对 ΔB 和 I 求导，分别可得式（6-9）式（6-10）：

$$\frac{\partial y^*}{\partial \Delta B} = \frac{1}{I} \tag{6-9}$$

$$\frac{\partial y^*}{\partial I} = -\frac{\Delta B}{I^2} \tag{6-10}$$

由之前分析可知，当 $B_M > I + (B_C - C)$ 时，ESCO 进行"模仿"的进化稳定策略，在此不做讨论；当 $B_M \leqslant B_C - C$ 时，ESCO 进行"创新"的进化稳定策略，在此亦不做讨论；只分析 $B_C - C < B_M \leqslant I + (B_C - C)$ 时，政府对 ESCO 产生的激励收益，即政府的激励程度增加将导致鞍点向下移动，使 $ABCD$ 的面积增大，系统收敛于 B 点的概率增加，即激励程度增大，则更多的 ESCO 将选择"创新"策略。

将 $x^* = \dfrac{C_I}{B - B_1} = \dfrac{C_I}{\Delta B'}$ 对 $\Delta B'$ 和 C_I 求导，分别可得式（6-11）和式（6-12）：

$$\frac{\partial x^*}{\partial \Delta B'} = -\frac{C_I}{\Delta B'^2} \tag{6-11}$$

$$\frac{\partial x^*}{\partial C_I} = \frac{1}{\Delta B'} \tag{6-12}$$

由之前分析可知，当 $B_1 > B - C_I$ 时，政府进行"不激励"的进化稳定策略，在此不做讨论；只分析 $B_1 \leqslant B - C_I$ 时，从式（6-11）可知，政府实施激励成本增加导致鞍点向右移动，使 $ABCD$ 的面积减少，系统收敛于 B 点的概率减少，即激励成本的增加将导致政府不采取"激励"策略；从式（6-12）可知，创新外部收益增大，鞍点左移，使 $ABCD$ 的面积增大，系统收敛于 B 点的概率增加，创新外部收益的增加将导致政府采取"激励"策略。

5）博弈演化结果分析

根据 ESCO 进化稳定策略分析可知，当 ESCO 通过创新所得到的总收益小于通过模仿所能获得的收益或者政府的激励比例小于 $\dfrac{B_M - (B_C - C)}{I}$ 时，ESCO 的进化稳定策略便会趋于采用"模仿"的方式获得新知识；当 ESCO 通过创新所得到的总收益大于通过模仿所获得的收益或者政府的激励比例大于 $\dfrac{B_M - (B_C - C)}{I}$ 时，ESCO 的进化稳定策略便会趋于采用"创新"的方式获得新知识。并且 ESCO 创新收益越大，政府激励力度越强，ESCO 选择"创新"策略的群体比例就越高。

根据政府进化稳定策略分析可知，当政府的激励成本大于企业创新所带来的外部收益时，政府的进化稳定策略便会趋于"不激励"；当政府的激励成本小于企业创新所带来的外部收益时，只要 ESCO 选择"创新"策略的比例大于 $\dfrac{C_I}{B - B_1}$，政府便会选择"激励"策略。并且当激励成本减少或者企业创新外部收益增大时，政府选择"激励"策略的群体比例上升。

6.4.3 政府激励资源的优化配置

根据以上分析内容可知，既有建筑节能改造市场发展的过程实际是 ESCO 和产业的知识创新、选择和扩散过程，其发展决定性因素是知识积累与演进。对进化博弈模型进行分析可知，政府对 ESCO 施行技术创新激励，有助于引导 ESCO 选择自主研发新技术、新方法，提升自身竞争水平。同时，模型还得出了政府进行创新激励的两组行为边界：第一，当政府激励程度不足以弥补企业通过模仿而获得的知识收益与通过创新所获得的知识收益之差（即 $I < B_M - (B_C - C)$）时，ESCO 不会选择自主创新，即表明政府激励无效；第二，当政府的激励成本大于企业创新所带来的外部收益时（即 $C_I > B - B_1$）时，ESCO 不会选择自主创新，即表明政府激励无效。同时增大政府激励程度和减少政府激励成本都有助于提高 ESCO 自主创新比例。现今政府对 ESCO 的激励性政策主要包括直接补贴、税收优惠、贷款贴息和专项基金等，但是各种激励手段的设置目的主要是减免 ESCO 运营压力，鼓励企业从事节能服务工作，鲜有针对企业技术开发与创新的专项激励。由于缺乏对企业自主创新的引导，单纯减免 ESCO 运营压力的激励手段实际上降低了企业模仿学习的成本，从而增大了企业通过模仿而获得的知识收益，扩大了模仿与创新的收益差，导致企业自主创新动力不足。因此，从知识经济视角分析，如今政府的激励资源是错置的。政府应逐步减少对 ESCO 的运营补贴，增加技术创新补贴，从财务角度看，ESCO 所获得的资金总量基本不变，但是该款项却有助于推进企业自主研发创新新技术、新工艺，并逐渐在产业范围内扩散，从而推动既有建筑节能改造市场整体演进发展。

第7章 既有建筑节能改造市场健康发展保障体系与有效策略

既有建筑节能改造具有准公共物品属性，我国既有建筑节能改造市场具有外部性、信息不对称性、政府缺位、各主体动力乏失以及合理融资模式缺乏等特征，导致了我国既有建筑节能改造的市场失灵，所以，我国的既有建筑节能改造市场培育不能仅通过市场机制自发形成，还需要政府的行政参与和指导，基于国外成功经验，需形成以市场机制为主、市场机制与行政监管相结合的模式，培育并完善既有建筑节能改造市场，实现我国建筑节能目标。

既有建筑节能改造是一项复杂的工程，既有建筑改造项目的运行需要在合同能源管理商业运行模式下由多方主体共同参与，然而，各方主体作为理性经济人，因既有建筑节能改造花费大且收益回收周期长，各方主体对既有建筑节能改造缺乏积极性。基于我国既有建筑节能改造市场行为特征、市场主体行为和需求规律以及市场主体之间的行为策略的探索和分析，有针对性地构建我国既有建筑节能改造市场保障体系，以培育和完善我国既有建筑节能改造市场，促进既有建筑节能改造市场有效运行。

7.1 构建既有建筑节能改造政策保障体系

7.1.1 完善既有建筑节能改造法规体系

作为国家发展战略，既有建筑节能改造工作应该法治化、规范化，只有建立健全国家建筑节能改造的法律法规体系，才能使节能改造工作顺利展开，做到有法可依。借鉴国外发达国家的成功经验，将节能改造工作上升到法律化、制度化的高度，有专门的节能改造法律法规、系统的既有建筑节能改造标准等，形成以自主立法为基础，各种协定及条约相辅助的完备的法律体系。与其相比，我国在建筑节能方面的法律还不完善，尤其在建筑节能改造方面尚属空白。作为我国建筑业上位法的《建筑法》，本应为既有建筑节能改造提供相应法律依据，但现行的《建筑法》还没有建筑节能方面的有关规定，应在《建筑法》中单列一章补充建筑节能的有关规定，并明确相关主体责任，使之具有可操作性。《节约能源法》也仅对建筑节能工作做了一般性的规范和引导，没有规定建筑节能的具体内容，难以对我国的建筑节能工作起到规范作用，需要在《节约能源法》中予以补充，另外需要将建筑节能强制措施和激励措施结合，以政府调控机制弥补市场机制在节能改造上的不足。在完善国家上位法的同时还应加强法规规章的同步完善，部门规章在保证与上位法统一、协调一致的同时，也是对上位法的进一步补充和细化，相应的《民用建筑节能条例》应形成符合既有建筑节能改造特征的机制，要求强制与激励结合，并增加对既有建筑节能改造的相应指导意见，明确改造目标、资金来源等。与此同时，还应加强各省市之间有关建筑节能地方性法规的交流和借鉴，各省市地方性建筑节能法规是基于各地区实际状况制定的，通过相互借鉴、博取所长，可以进一步完善我国建筑节能法规体系。针对我国既有建筑节能改造任务的特殊性和紧迫性，应适时修改并补充有关节能改造的法律法规以及规章制度，完善我国建筑节能法律体系，形成"上位法＋部门规章＋地方性法规条例"相互保障、相互促进的形式，使我国建筑节能改造工作走上法治化、规范化的轨道。

7.1.2　丰富既有建筑节能改造经济激励政策

既有建筑节能改造市场特征及市场各主体对待既有建筑节能改造的态度，决定了完成既有建筑节能改造目标不能单纯依靠国家强制手段或是单纯依靠市场机制，需要政府通过制定多元化的经济激励政策进行引导，以实施经济激励政策促进各主体节能改造的积极性。经济激励政策的制定在满足当前节能工作开展需要的前提下，还要具有前瞻性，在市场不同的发育阶段运用不同的激励手段。现阶段我国的《节约能源法》及《民用建筑节能条例》中对建筑节能有一些激励措施，但那些只属于原则性的规范，不涉及具体实施细则，不具有实用性和可操作性。

经济激励政策的制定需要权衡各方主体的利益，激发各主体参与节能改造的积极性，并能充分利用市场机制及经济杠杆，培育完善既有建筑节能改造市场。经济激励政策的制定要从"机制、胡萝卜、大棒"三个方面进行统筹安排。"机制"的含义是指通过明确既有建筑节能改造市场主体关系及责任，建立健全既有建筑节能改造的市场机制，将既有建筑节能改造的利益与各方主体的利益直接关联，以促进各方主体节能改造的积极性（在后面章节将详细论述）。"胡萝卜"和"大棒"不是相互孤立的，而是相辅相成的，通过鼓励性政策和强制性政策的共同作用，才能做到奖惩分明，促进节能改造主体的积极性和改造的必要性，而不是持"观望"或事不关己的态度。在制定相应的经济激励政策之前应组织制定完善且实用的既有建筑节能改造标准体系，了解节能基本标准，使节能改造有据可依，对超过一定能耗标准的建筑物强制进行节能改造并达到一定节能标准。现在比较常用的激励手段主要有财政补贴和税收优惠，财政补贴具有催化剂的效用，适用于既有建筑节能改造的所有参与主体，既有建筑节能改造需要大量资金的投入，政府不可能为之全部买单，但适当比例的财政补贴能缓解部分资金压力，也能表明政府对既有建筑节能改造产业的支持，有利于吸引更多投资主体参与到既有建筑节能改造市场中。财政补贴应采取多元化的模式，可以建立既有建筑节能改造专项基金，用于节能改造相关的技术研发、采暖收费体制改革和试点示范，为 ESCO 提供补贴解决其融资难问题、建立合理的节能改造成本分担机制（包括业主、ESCO、政府财政）等，通过财政补贴激发既有建筑节能改造的市场效应，进而产生规模效益、降低成本。税收优惠的对象也主要是节能改造的各参与主体，税收优惠政策的实施应该基于节能性能，通过对节能改造后的节能效果实行不同层次的税收减免，可以在消费税、营业税和增值税等税种上予以考虑，而对改造后达不到节能要求的参与主体要增加相应的惩罚措施，可以增加相应的碳排放税，刺激主体积极主动进行节能改造。

7.1.3　制定既有建筑节能改造标准

建筑节能标准是量化节能效果的基准，使节能效果能够"看得见、摸得着"，更是对建筑进行节能设计、施工、运行以及执法监督的依据，建立健全建筑节能标准能够更好地推进建筑节能工作。目前我国的建筑节能标准仅限于新建建筑节能标准，而且仅限于设计阶段，而既有建筑节能改造标准尚属空白，现阶段既有建筑节能改造使用的改造标准仍沿用新建建筑的 65%或 50%节能标准，然而既有建筑节能改造和新建节能建筑无论在设计、技术还是节能标准的依据上都是不能等齐划一的。针对既有建筑节能改造特征，在满足经济合理、技术可行条件下，制定具有实用性和先进性的节能标准指标。在既有建筑节能改造标准编制的过程中会涉及多个专业学科的共同参与，应该保证在各专业技术上的协调性，避免相互"扯皮"的现象，并应确保与市场的结合度，保证标准的可行性。另外，既有建筑节能改造标准的制定不能仅限于节能改造设计阶段，应包括节能评估、设计、施工、运行、检测以及节能效果的评定等全过程阶段，尤其是确保在竣工验收阶段节能改造标准的实用性及可行性。

7.1.4　强制实施建筑能效标识制度

目前，我国大部分电器如空调、冰箱等都强制要求采用能效标识制度，并取得了很好的效果，但在建筑能效标识方面还只是一直处于倡议阶段，没有具体落实。由国外既有建筑节能改造市场培育实践分析可以看出，建立建筑能效标识制度也是成功推行既有建筑节能改造的主要措施之一，并已在美国、加拿大、德国等发达国家得到了成功验证。

建筑能效标识制度是通过建立统一的标准和程序记录建筑的能效能耗信息，并进行动态跟踪以准确地反映建筑能耗信息，使业主或购房者等清楚所居或所要购买房屋的能耗状况，将其透明化不仅可以有效降低信息不对称性，使业主了解自己的住房能耗信息，还可以帮助业主了解节能改造的方向和潜力，无形中推动了既有建筑节能改造工作。国家应出台相应政策，要求房屋在销售、转让或出租过程中必须向对方出具建筑能效标识，否则不予交易，并且建筑能耗超过一定标准的建筑物要求强制其进行改造，这样就将建筑能耗和业主切身利益挂钩，通过市场经济杠杆作用调动业主主动进行节能改造的积极性。

7.2　构建既有建筑节能改造市场主体保障体系

7.2.1　明确中央与地方政府在既有建筑节能改造中的定位

在市场培育中要明确各主体市场定位，明确各方主体责任并建立相应保障体系。根据现代财政理论，中央政府对有益于国家发展和对国民经济有利的公共物品进行建设与投资，对于惠及地方的公共物品则由地方政府执行。既有建筑节能改造不仅可以改善居民居住环境，提高居住环境质量，也能节约能源、促进我国的可持续发展战略，这也是中央政府的初衷，需要中央政府的推动；既有建筑节能改造能带动相关产业发展，增加地方新的经济增长点，相应地方政府也会受益。所以，既有建筑节能改造的推动和资金支持需要由中央政府和地方政府共同完成。

根据中央政府和地方政府基于既有建筑节能改造的进化博弈分析可知，地方政府与中央政府在利益上既有一致又有分歧，同样作为社会效益、经济效益和环境效益的受益者，中央政府和地方政府应有明确的分工，中央政府应为相应节能改造政策的制定者及宣传者，地方政府则为政策的落实者和执行者。在既有建筑节能改造中央政府与地方政府的博弈系统中，系统的演化方向与博弈双方在节能改造中的收益与对方的策略选择有关，并受到系统初始状态的影响。既有建筑节能改造作为国家可持续发展战略，中央政府应选择增加"积极推进、提供节能专项基金"策略的比例，应在保证节能改造资金一定的情况下，通过节能技术的研发，明确资金使用范围，提高各主体节能意识，增加节能改造收益（包括经济收益、环境收益及社会收益等）；通过加大资金滥用惩罚力度以及增加申请不到节能专项基金的机会损失，可以增加地方政府选择"积极执行、专款专用"策略的比例，应加大审计与审核力度，确保节能专项基金专款专用。同时，由于我国幅员辽阔，各地区环境及经济发展均有差异，作为受益者，各地方政府也应结合本地区实际情况承担相应的财政补贴。目前，我国针对既有建筑节能改造已经出台一系列的激励性政策，但各省市节能改造工作并不能很好落实，处于分析图 4-3 中 *AHDG* 区域，此系统有两个收敛均衡，即（0,0）和（1,1），要通过采取培育地方政府的节能改造意识、建立审核管理机制及加大惩处力度、设立节能改造任务考核机制等方法，加大地方政府选择"积极执行、专款专用"策略的比例，使初始状态处于向（1,1）（即积极推进、提供节能专项基金；积极执行、专款专用）收敛的位置。

7.2.2　调动既有建筑节能改造需求端——业主的积极性

完善的市场是一种供需平衡的市场，市场供需达到帕累托最优，而我国既有建筑节能改造市场尚未成形，市场节能改造需求明显不足，如何调动业主节能改造的积极性，扩大节能改造需求是阻碍我国既有建筑节能进程的主要问题之一。

基于既有建筑节能改造市场特征及业主与其他市场主体的博弈行为分析，可以从以下三个方面着手。

（1）在信息不对称下，业主处于不完全信息状态，会导致其进行"逆向选择"或"静默选择"，最终结果是将导致"劣品驱良品"现象，使市场混乱。另外，由信息不对称造成的搜寻成本也会降低业主节能改造的积极性。鉴于此，一是要建立节能改造市场准入制度，对 ESCO 进行资质评级，实行"优胜劣汰"，以净化市场；二是要建立第三方权威认证评估机构，可以有效解决节能改造信息获取中的"单向行车道"问题。

（2）通过对节能改造市场供给-需求的分析，剖析其动力乏失的原因是我国供热体制和收费机制不合理，以及政府相应政策的缺失，使得业主对节能改造持"无所谓"的态度，或是"观望"的态度，长时期的动力乏失会使节能改造市场萎缩。鉴于此，政府应制定多元化的激励约束政策，对业主进行节能改造激励，并建立完善的能耗评估体系，对超过一定能耗标准的建筑实行强制节能；另外，要改革我国不合理的供热体制和收费机制，使得业主的能耗消费切实与能耗挂钩，并加强节能改造的宣传力度，增强业主节能意识。

（3）由前面既有建筑节能改造业主间的进化博弈分析可知，现阶段业主对既有建筑节能改造的策略选择行为受节能改造外部性的影响，并与节能改造的收益大小以及激励性政策的强度紧密相关；通过对比分析，经济激励约束政策能够明显提高业主进行节能改造的比例。通过财政补贴、税收优惠、信贷优惠等多元化经济激励政策以及增收额外能源消耗税、碳排放税等约束政策实行经济激励和政府管制相结合的方式，加强业主的节能改造意识，可以很好地内部化节能改造的外部性。这一点也在既有建筑节能改造政府与业主间的进化博弈分析中再度得到论证。另外，现阶段的政府与业主博弈系统的初始状态易向（0，0）方向进化，国家应尽快加大宣传力度，提高业主的节能意识。

7.2.3 保障 ESCO 的正常运营

ESCO 基于合同能源管理模式实施既有建筑节能改造是我国建筑节能改造事业发展的必然选择。我国自 1988 年引入合同能源管理模式，为我国的既有建筑节能改造工作作出了一定的贡献，ESCO 也借此得到了发展，但限于我国既有建筑节能改造还只是处于初级发展阶段，社会及政策环境还不成熟，各项条件还不完善，阻碍了 ESCO 的发展，因素是多方面的，但主要集中在融资困难、缺乏政府政策支持、缺乏节能技术及技术人员等方面。鉴于此，基于既有建筑节能改造市场特征及 ESCO 与其他主体博弈行为分析，可从以下几个方面加以保障。

（1）基于合同能源管理模式由 ESCO 进行节能改造资金的筹集，但由于既有建筑节能改造投资大、效益回收时间长，商业银行和投资主体对此兴趣索然，加大了 ESCO 的融资难度。针对一些政策性银行及商业银行，国家需出台相应政策要求其开设专门的既有建筑节能改造业务，并且删减一些不必要的程序流程，国家为此承担一定的风险。另外，由于既有建筑节能改造的专业技术型较强，一些商业银行缺乏对此的了解，国家应专门成立相应的评估机构，专门为投资主体进行经济效益及风险评估，降低其投资成本。同时，充分利用可以考虑的融资渠道，以项目节能改造后一定时间内节省的能源费用为基础，考虑内源融资、经营租赁、融资租赁、应收账款购买协议以及参与证书等多种融资模式，将其灵活运用或加以组合应用，全方位开拓既有建筑节能改造的融资渠道。

（2）据前述构建既有建筑节能改造政策保障体系已经得知，我国现阶段对既有建筑节能改造缺乏相关的扶植政策。我国节能服务市场刚刚起步，难以形成规模效益，且现阶段发展起来的 ESCO 规模小、资金力量薄弱，而节能改造投资收益回收周期较长，在此期间风险的存在容易造成 ESCO 资金断流。鉴于此，国家应针对节能服务实际状态给予税收方面的优惠政策，减免 ESCO 在节能设备销售及节能改造和服务上的增值税与营业税，并适当增加可以抵扣节能设备增值税的进项税，减轻 ESCO 税负。

（3）鉴于前述 ESCO 与业主间的博弈分析及与第三方评估机构的博弈分析可知，既有建筑节能改造市场具有严重信息不对称的特性，而 ESCO 享有完全信息，应建立健全我国的建筑能耗评估体系，而且此体系应具有一定的普及性，对广大业主能够开放，并逐步建立建筑能耗标识，使居民对自己的建筑能耗了然于胸；

在此没有达成之前,加强对ESCO的监管是必要的,成立第三方评估机构,将ESCO从项目实施方和效益效果认定方集一身的尴尬境地中解脱出来,以提升 ESCO 的权威性和社会声誉。另外,奖罚分明才能全面激发 ESCO 认真改造的积极性,设立激励性政策的同时还要加大惩罚及监管力度,发现 ESCO 进行欺骗、弄虚作假的行为,可以降低其资质、强迫其退出节能服务市场。

(4)现阶段的 ESCO 鱼龙混杂,在资金、规模和技术能力上水平不一,且节能服务市场门槛较低。鉴于此,应建立严格的市场准入制度,限制达不到要求的ESCO 进入市场,对市场中现有的 ESCO,应根据其资金设备状况、资金运作能力、市场经营能力、技术创新能力等建立指标体系并进行综合评价,以对 ESCO进行资质评级,并将相应信息对外公开,规定不同等级的节能改造企业只能在其相应的资质条件下承接改造业务,以达到"优胜劣汰"、促进企业主动增强其服务能力的目的,而业主也可以获得 ESCO 相应信息,改善信息不对称现象。

7.2.4　加强第三方评估机构的管理

第三方评估机构作为独立的机构,要求由具有职业道德和节能技术检测评估水平的成员组成,且能够公开、公平、公正并对所检测评估结果负责。第三方评估机构的主要职责是对节能效果进行公正的检测和验证,提供完备的建筑节能效果市场信息,这是基于市场运行的 ESCO 健康发展的关键。然而我国的相关政策体系还不完善,第三方评估机构的设立还只是处于试点阶段,其运营模式还不成熟,但其收益应通过业主及 ESCO 委托对既有建筑节能改造进行检测和评估而取得。在短期内,第三方评估机构可以不认真评估以减少努力成本而取得额外收益,但从长期来看,这样会促使 ESCO 对节能改造信息进行隐瞒或欺骗,使得第三方评估机构形同虚设,节能改造监测与评估又回到 ESCO 一家之言的状态,这样就会降低市场对第三方评估机构的认可度,进而使其退出既有建筑节能改造市场。

因此,为完善市场体系,保障第三方评估机构的良性运营,首先,应培训一批具有职业道德和高度责任感的技术人才,既有建筑节能改造是新型行业且技术性较强,其中主要包括检测、评估、效益分析等方面的人才,另外对其所购买的检测设备国家应给予一定的优惠和税收减免;其次,应制定合理的运作机制,第三方评估机构的设立不能只是摆设,国家规定 ESCO 与业主在签订节能改造协议之前应聘请第三方评估机构进行能耗评估,并要求全程进行跟踪监督,对工作认真负责且检查出问题的第三方评估机构给予适当的奖励;最后,应加强监督,防止第三方评估机构寻租行为的发生,国家相关纪检部门也应不定期地介入检查,若发现有不当行为的发生应做出严惩。

7.3 完善我国既有建筑节能改造市场架构

广义的建筑市场是在建筑工程全寿命周期过程中发包方与承包方进行的各种交易行为的总和，包括建筑产品和服务、交易双方、市场的管理者以及反映价值规律和等价交换原则并支配交易双方交易行为的有关法律、法规、规章和规范等[116]。完善的既有建筑节能改造市场运行模式需要健全的既有建筑节能改造市场结构，即市场中各主体之间主要包括买方之间、卖方之间、买卖双方之间以及其他既有的和潜在的买卖方之间的交易与利益分配等方面的关系。就既有建筑节能改造市场而言，由我国既有建筑节能改造市场构成可知，根据其特定的市场结构，按交易对象分为既有建筑节能改造服务市场、既有建筑节能改造资本市场和既有建筑节能改造技术市场。

7.3.1 完善既有建筑节能改造服务市场

既有建筑节能改造服务市场是既有建筑节能改造市场的核心，也是既有建筑节能改造市场运行模式的最直观体现。其中最主要的关系就是"ESCO-业主"，它们之间的纽带就是待改造既有建筑，既有建筑节能改造服务市场结构如图 7-1 所示。

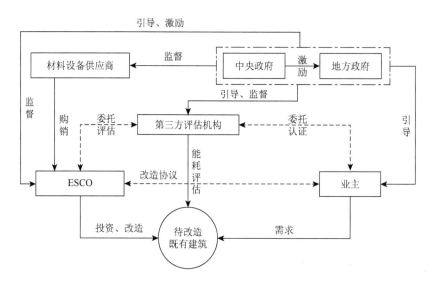

图 7-1　既有建筑节能改造服务市场结构

针对新构建的既有建筑节能改造服务市场，首先明确了中央政府和地方政府在 ESEB 市场中的地位与作用，不仅只是对各主体进行监管，更主要的是针对不同主体进行激励、引导，为节能服务市场的发展提供良好的政策环境，以推进既有建筑节能改造工作进展；同时，为完善节能改造服务市场，消除信息不对称性，在业主与 ESCO 之间建立第三方评估机构，由业主和 ESCO 共同委托第三方评估机构对待改造既有建筑进行节能评估及改造后节能认证，在一定程度上消除了信息不对称性，给业主提供了心理上的公平和放心，不仅可以提高业主进行节能改造的积极性，还有助于规范节能改造服务市场，使 ESCO 在健康有序的既有建筑节能改造服务市场中形成良性竞争，增强 ESCO 的公信力、降低信息传递成本，最终形成"政府推进、市场运作"的模式。

7.3.2　建立既有建筑节能改造资本市场

所谓"兵马未动，粮草先行"，然而由于我国的国民经济水平及既有建筑节能改造市场特征，我国在既有建筑节能改造方面存在着巨大的资金漏洞，这也是我国节能改造工作难以大面积开展的主要原因。由于既有建筑节能改造外部性的存在，节能改造各主体过分依赖政府财政，难以形成以市场机制合理承担改造成本的模式，进而也难以形成节能改造资本市场。资本市场是市场形态之一，也需要由买方和卖方构成，而对于既有建筑节能改造资本市场却只有寻找资本的人，少有提供资本的人，建立既有建筑节能改造资本市场需要从提供方着手。

资本市场的资金需求者为业主、ESCO 等，而资金供应者为各金融机构，如商业银行、储蓄银行、保险公司、投资公司、信托公司等。由于既有建筑节能改造投资大、回收周期长且具有一定的风险，需要政府以税收等手段对供需双方进行激励，需要制定专门针对既有建筑节能改造的差别计税基数、税率和其他税收政策，以稳定既有建筑节能改造资本市场。

既有建筑节能改造的资金来源不能仅限于商业银行的贷款，各种政策性银行、储蓄银行、保险公司、投资公司、信托公司以及担保公司等机构需要进入既有建筑节能改造资本市场，设立针对既有建筑节能改造的特色贷款业务，为资本市场补充"血液"，形成完善的"投资担保、风险分担"机制，而且既有建筑节能改造特色贷款业务应针对不同主体区别设立，而政府在其中的作用仅限于激励和监督，不参与程序的审批。既有建筑节能改造资本市场结构如图 7-2 所示。

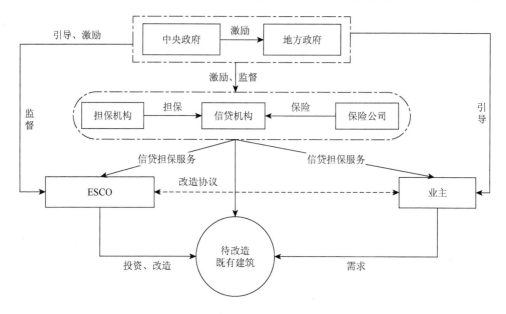

图 7-2　既有建筑节能改造资本市场结构

7.3.3　构建既有建筑节能改造技术市场

　　既有建筑节能改造是一项系统工程，需要对建筑围护结构和采暖供热系统等一同改造，对节能改造技术有着较高的要求，构建节能改造技术市场，为顺利推进既有建筑节能改造提供技术服务体系和技术支撑，避免"节能建筑不节能"和"低能耗高成本"的现象出现。站在既有建筑节能改造技术市场结构角度，应建立既有建筑节能改造技术研发机构，并结合高校和企业形成"产、学、研"相结合的模式，重在应用，结合实际需求，引领或推动技术进步。既有建筑节能改造技术市场结构如图 7-3 所示。

　　建立既有建筑节能改造研发机构及形成"产、学、研"相结合的模式，需要政府及相关单位的积极引导，在建立初期需要政府在财政及技术人员上给予一定的支持，以保障其初期运营；研发机构和高等院校在自愿的基础上建立对节能改造技术的合作研究，还应考虑节能技术与抗震一体化及新型节能材料质量和使用安全的研究，并对研究成果享有专利权；成立节能改造技术研发机构的目的是解决现在节能改造技术创新支持力度不足的问题，然而先进成熟的技术需要用于实践之中，在此就需要在自主经营的基础上建立与 ESCO、节能改造参建单位及材料供应单位等的对接平台，真正使最新成果用于节能改造实践中，保证节能改造质量，降低节能改造成本。

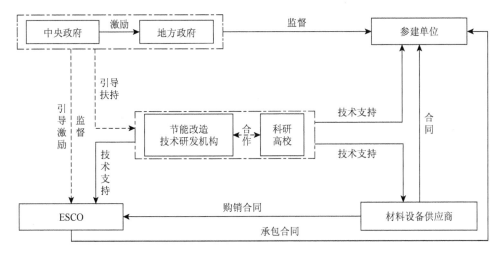

图 7-3　既有建筑节能改造技术市场结构

7.3.4　基于各子市场的既有建筑节能改造市场构建

　　既有建筑节能改造市场是一个系统的综合性的市场，不仅包括法律法规、规范标准、政府监督等因素，还融入了资本、技术、市场主体权责利、政府引导职能等因素。为了完善我国既有建筑节能改造市场，维护各主体利益，针对我国既有建筑节能改造现状和市场特征，结合主体行为分析，基于节能服务市场、节能改造资本市场、节能改造技术市场三大子市场构建我国既有建筑节能改造市场。我国既有建筑节能改造市场结构如图 7-4 所示。

　　在新的既有建筑节能改造市场结构中，明确了各主体之间的关系，包括同一子市场不同主体间的关系，不同子市场中同一主体间的关系，还包括各子市场之间的关系。另外，每个市场主体具有多重属性，每个子市场都由共同和不同的市场主体组成，并通过主体之间的监督、引导、合同等关系保障各子市场的有序良性运行。在新的既有建筑节能改造市场结构中体现了市场经济，这包括充分利用竞争促进资源优化配置的价格机制、"自主经营、自负盈亏"的投资机制、"引导为主、监督为辅"的调控机制以及确保节能改造质量和运营的法律机制。

　　既有建筑节能改造各子市场不是独立存在的，而是相互依存、相互制约的。节能改造资本市场为节能改造服务市场补充"血液"，提供必要的资金保障，而节能改造服务市场需求强度决定了节能改造资本市场的投资回收期和回报率；节能改造服务市场的需求决定了节能改造技术市场的发展方向，而节能改造技术市场的成熟度决定了节能改造服务市场的服务质量；节能改造技术市场决定了节能改造资本市场的技术经济指标，而节能改造资本市场的运营保障了节能改造技术市场的科研资金需求。

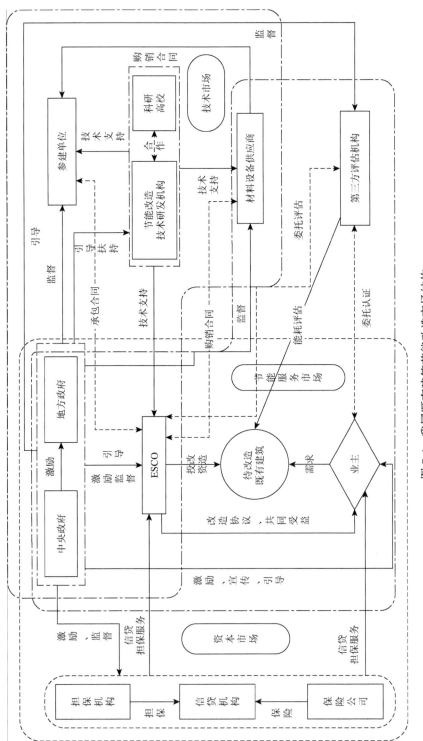

图 7-4 我国既有建筑节能改造市场结构

由于我国既有建筑节能改造市场刚处于推广和实验阶段，各种机制和市场主体属性尚不成熟，且参与主体多，关系复杂，建立的"有形市场"还不完善，市场机制在此还不能完全发挥作用，就更加强调了政府职能的重要性，这里政府职能不仅仅是传统建筑市场中的监督职能，更重要的是引导和扶持职能。

7.4　既有建筑节能改造市场健康发展的基本原则

既有建筑节能改造市场健康发展需要遵循市场运行规律，坚持系统性、有效性和全过程的基本原则。

1. 系统性原则

既改市场是由多主体构成的复杂社会系统，其主体间的关系交错连接形成关系网络，因此优化既有建筑节能改造市场发展应充分考虑对策的系统性与综合性，不能因为解决局部问题而影响整个市场的发展。要加强顶层设计，设立目标系统，科学分配各项工作，寻找各方均衡策略。

2. 有效性原则

优化既有建筑节能改造市场发展的对策建议应建立在现有市场条件的基础之上，不能够脱离实践规律，并控制在合理边界阈值内。兼顾各方收益、成本、风险和执行效力，提出易于接受、可操作性强、具有针对性的有效策略。

3. 全过程原则

既有建筑节能改造市场发展是 ESCO 与产业共同演化的过程，在其发展过程中既包含企业知识创新、模仿、积累、转化的过程，也包含产业萌发、成长、成熟、再发展的过程。因此既有建筑节能改造市场的优化发展建议应满足市场发展的过程性，考虑市场不同发展阶段下对策内容与当前市场条件的匹配性，兼顾市场发展全过程。

7.5　既有建筑节能改造市场发展路径优化的有效策略

7.5.1　推进"市场主导、政府监管"的市场化发展模式

我国既有建筑节能改造涉及范围广泛、需求量高、资金缺口巨大，市场发展初期，由于市场本身具有外部性、信息不对称性、显性需求不足与高资本壁垒等方面的问题，政府应发挥关键作用，支持企业、金融机构、投资者参与既有建筑

节能改造。但是随着市场发展阶段的提升和市场环境条件的变化，以供需机制、价格机制和竞争机制为主的市场机制逐渐建立健全，并以成本收益机制促进企业快速成长。此时政府应减少直接的行政管理，转化职能重点，辅助市场自组织发展，以提升市场发展效率。

1）建立准入退出机制，增强企业竞争意识

中国节能协会节能服务产业委员会统计信息显示，截至 2014 年，全国从事节能服务产业的企业总数为 5482 家。目前 ESCO 市场虽然呈现繁荣增长态势，但是真正有综合技术与雄厚资本实力的企业并不多，小规模的 ESCO 充斥市场。这导致市场资源配置低效、企业服务单一化、同质化、竞争低效、信誉度偏低、行业创新能力不足。这些问题均与市场进入壁垒过低所形成的过度竞争和缺乏清退劣等企业退出淘汰机制相关。

解决这一问题，首先，应该对 ESCO 实行分级准入制度。重点把握 ESCO 自身的资质实力情况，主要包括资本实力、工作条件、技术和管理水平、企业财务和融资能力、企业运营情况等方面[117]。将生产力不足、技术不过关、服务能力不达标的企业排除在市场之外，对于不同功能企业应实行分类准入。其次，加强 ESCO 技术和产品监管。监管机构可根据国家所制定的产品标准和技术规范对产品与技术进行监管，符合要求的服务和技术实施备案制度，对于特殊改造工程涉及的产品和技术或者新技术、新产品等国家相关标准未作规定的，应组织专家采取专项技术论证。最后，建立市场退出机制。通过建立企业竞争能力评价体系对获得准入资格的 ESCO 进行跟踪评价，对于不能达到行业发展最低水平要求的 ESCO 提出限期整改要求。若在规定时期内仍未实现达标，则取消其准入资格，协助企业平稳退出市场。引入准入退出机制，旨在增强企业竞争意识，保证市场内产品与服务质量，降低市场运营风险[118]。

2）健全行业监督体系，促进企业合作交流

行业协会等机构是政府委托下实行市场监管的市场中介组织，对既有建筑节能改造市场发展同样具有维护、监管和保障作用。相较于政府，行业机构更接近市场主体——ESCO，更了解行业和市场发展的实践情况，可以及时处理小型突发事件，在维持微观市场的运行秩序方面具有灵活性强、理论结合实践经验丰富的优点。因此，在市场发展过程中，应重视行业机构在维护市场秩序、促进企业沟通、保证良性竞争等方面的贡献作用。应该分区域、地区建立建筑节能行业协会，并专门设立既改专项管理部门，充分利用信息化手段建立网络化监管平台，提供管理、咨询、评估、宣传等监管服务。在监管手段上，除了被动性地采取监管措施，还可以通过采取主动手段建立市场秩序，如通过制定信用评价标准，为金融机构和节能客户筛选优等 ESCO。其实质是促进市场信息公开，引导生产要素的集中和再分配，从而优化市场发展路径。

　　3）完善法规标准体系，提供稳定发展环境

　　完善法律法规体系、健全建筑节能标准规范体系可为既改市场实现稳定发展奠定基础[119]。既有建筑节能改造是涉及范围广、持续时间长、过程复杂的系统性工程，为发展市场化运营主导模式，应发挥市场经济主要特点（即法制经济），以实现系统化全面灵活管理。应建立建筑节能产业战略发展体系、ESCO 准入及退出标准体系、技术研发促进与保障体系等，严格把控既改市场原材料供应、人才供应、资本供应和施工、服务质量。中央及各地方政府应该提出因地制宜的行政规范，依法治理，维持市场稳定发展。另外，市场发展需要国家、地区、行业制定既有建筑节能改造标准规范体系，形成标准化服务流程。加快推进科技成果转化，将论证可行的新技术、新方法、新设备及时纳入标准体系，以先进技术驱动市场发展。同时强化标准的实施和监督，加强对违反法律、法规及强制性标准主体的惩处力度，确保强制性技术贯彻落实，推进既改产业升级换代和市场持续发展。

　　4）加快政府职能转变，协调配置市场资源

　　既有建筑节能改造市场发展过程中的主要驱动力因素是变化的。在市场发展初期，由于既改具有公共服务特性且 ESCO 普遍遭遇融资难度大、技术门槛高等问题，很难甚至无法独自设立企业，从事生产。因此该阶段政府是驱动市场发展的主要力量，法规和政策是驱动节能服务市场发展的主导因素[120]。但是在市场的发展阶段，建筑节能改造服务市场逐步形成、扩大，整体效益显现，市场投资者和消费者在成本效益机制的作用下逐渐主动参与节能项目投资和实施，此时政府和市场投资主体共同驱动既改市场发展。在市场成熟阶段，社会普遍具有建筑节能意识，业主愿意接受既改服务，此时市场主要驱动者是 ESCO 和业主。

　　因此，政府应根据市场所处阶段不同，逐渐调整自身定位，转变自身职能。市场形成初期，政府的工作主旨是建立市场秩序，促进业主进行既有建筑节能改造，拉动市场需求；当市场基本形成后，政府应制定一系列激励性政策，促进投资主体增加对既有建筑节能改造项目的投资，并引导市场要素资源合理配置，规范原材料和劳动力市场、刺激资本市场、激励技术研发市场、鼓励业主实施既改工程等；当市场发展成熟后，政府应及时将权力交还给市场，通过制定并完善市场、行业标准或技术导则等监督市场发展，维护市场秩序，并鼓励龙头企业、地方和行业协会先行制定服务标准，制定既有建筑节能改造服务收费标准和质量评价标准等，建立 ESCO 信用征集体系、评价发布制度和失信惩戒机制，建立并完善企业信用档案数据库等。

7.5.2　优化要素市场构成，支持市场可持续发展

　　优化要素市场构成是实现既有建筑节能改造市场可持续发展的必然条件。优

化既有建筑节能改造市场发展模式务必实现充足的优质劳动力供给、活络的金融渠道体系和便捷的信息交流平台支持。当市场劳动力稳定、资金流充沛、信息流畅通时，服务生产便得以持续，产业内的知识将得到不断积累，从而推动市场发展。因此实现此目标，需要优化劳动力市场人才构成，拓展融资渠道，并建设行业内信息交流平台。

1）优化劳动力市场构成，增大专业人才比例

既有建筑节能改造市场运作基本模式为合同能源管理，目前行业内具有相关专业能力的技术、财务、法律、管理人员较少，劳动力市场缺口巨大。目前专业人员的培养大多是对建筑和工程背景从业人员的再培训，并由相关政府和社会机构完成。全国各高校普遍缺乏建筑节能专业设置，不利于综合性人才的培养。应建立具有针对性的学科教育体系，依托技术力量雄厚的大中型企业及高校、科研院所，并结合重点研发项目、重大工程建设和干部培训等方式，造就和培养一大批专业人才，从人才储备上确保节能市场的全面可持续发展。另外，企业需要结合合同能源管理的特殊性质招收专业化人才。重点发展灵活性的财务管理人员、全面性施工技术人员和综合性管理人员，提高业务团队整体专业水平和综合素质，从而增强企业核心竞争力，促进市场良性竞争发展。

2）推进金融产品创新，扩展企业融资渠道

由于 ESCO 采用合同能源管理实行既有建筑节能改造，而其中主要采用节能效益分享模式即以未来节能量作为担保，现有金融模式和产品下无法普遍满足此贷款模式；又由于该模式投资回收期较长，ESCO 投资的节能设备使用权在业主方，现有融资模式与其不匹配。因此，金融机构应结合 EPC 模式特点，转变资产认定方式，为 ESCO 设计适用的金融产品及融资模式；并且构建一个渐进的建筑 ESCO 投融资体制，以满足不同成长周期下 ESCO 融资的差异化需求。另外，政府应从财政上大力鼓励 ESCO 自主创新，建立研发基金和创业基金，克服 ESCO 创业初期从资本市场中筹资难的问题。此外，政府应推动国有银行和非银行金融机构积极参与既改投资，可以实行贷款利率优惠；设立专项基金、产业投资基金等；利用世界银行的资金援助和国家设立的建筑节能支持的部分资金，设立专门的建筑节能融资担保基金，作为既有建筑节能改造融资的主要担保项资金来源[121]。

3）搭建信息交流平台，降低市场交易成本

既有建筑节能改造市场需要建立三类信息平台，主要包括监管平台、行业交流平台和宣传平台。首先，既有建筑节能改造市场具有高度信息不对称性，因此搭建了解企业运营情况的监管平台一方面有助于政府对市场进行宏观调控，包括建立建筑节能政策法规宣贯平台、相关权威数据发布平台、建筑节能发展动向信息库等；另一方面为业主、金融机构、评价机构提供企业服务能力、运营现状等

信息，降低市场出现逆向选择的可能性和信息成本，主要包括建筑产品能效认证与标识平台、相关企业管理评估平台、节能改造工程监督体系与价格监督平台等。其次，为推动市场发展，促进节能服务产业成长，行业内、企业间应建立信息沟通渠道和高效的市场信息扩散机制，建立合作联盟信息平台、市场交易信息公示平台等，共享知识资源，增加企业间相互模仿、学习的机会。最后，发展建筑节能改造市场需要有效引导市场的显性需求。因此应加大对既有建筑节能改造的对外宣传工作，建立面向公众的节能宣传平台，提高全社会的节能意识和能源消费意识。另外，需要搭建面向人才市场的职业培训平台，加强职前、职后建筑节能教育培训，提高从业人员的职业能力和服务水平。

7.5.3　以市场需求为导向，推动 ESCO 技术创新

既有建筑节能改造项目的实施主要是通过将新研发的材料或设计方案用于已有建筑主体，以达到降低能源消耗、提高人们生活质量的目的。随着中国既有建筑节能改造市场化的逐步深入，建筑节能技术、产品的需求将会急剧增长，但是目前的技术储备和企业研发能力还具有很大程度的差距；另外，市场得以发展的本质在于行业知识的扩增与转化，来源于企业采用自主创新战略而导致的产业知识库知识累积水平的提高。因此，为实现市场稳定发展，应加强建筑节能技术创新力度，激励 ESCO 进行自主创新。对此，首先，应通过迅速、准确的信息扩散，把市场技术需求信息传达到企业，使其充分把握市场需求情况；其次，国家应加大对既有建筑节能改造所涉及的基础性研究的投入，在国家的支持之下，鼓励企业与科研院所进行合作、科研攻关，形成原创能力；再次，制定相应的产业政策和技术政策，降低企业自主创新研发成本，引导企业形成创新能力；最后，建立建筑节能产品、技术的认证体系，对自主研发产权进行法律保护，并规范技术转让市场，促进企业间技术交流与融合，提升产业整体生产、服务水平，推动市场稳定发展。

第8章　基于市场发育的既有建筑节能改造政策体系架构与实施环境分析

既有建筑节能改造市场发展离不开政策支持，市场发展不同阶段、不同区域，对政策需求有差异。因此，分析既有建筑节能改造市场特征和发育规律，构建既有建筑节能改造政策体系，分析既有建筑节能改造政策体系有效运行的实施环境，对于推动既有建筑节能改造市场健康发展必不可少。本章主要梳理国内外既有建筑节能改造政策体系研究现状，剖析国内外既有建筑节能改造政策体系建设实践，解析既有建筑节能改造构成主体及市场运行特征，界定既有建筑节能改造市场发育阶段及影响因素，基于既有建筑节能改造政策体系设计原则与思路，架构既有建筑节能改造政策体系框架，支撑既有建筑节能改造政策体系建设与有效实施。

8.1　国内外既有建筑节能改造政策体系研究概述

8.1.1　国内外既有建筑节能改造政策体系理论研究综述

梳理国内外既改政策体系理论研究的已有成果，总结概括为合同能源管理政策、基于经济外部性构建激励性政策、基于信息不对称性构建激励性政策等以下六个方面。

1）合同能源管理政策研究

合同能源管理作为一种先进的能源管理模式和市场运作的节能新机制[122]，在既有建筑节能改造中的应用与推行离不开政策调节和法律保障。Beerepoot[123]在总结荷兰既有建筑节能改造经验的基础上，指出政策法规对开展改造活动十分必要，缺少严格的政策标准，EPC 机制下节能服务产业发展将举步维艰。Bertoldi 等[41]通过研究美国、欧洲等国家和地区培育 ESCO 的政策和方法，提出为 ESCO 提供节能项目、确保 ESCO 提供可信赖的服务、为 ESCO 多渠道多方式融资、实施 ESCO 示范项目等十项促进 ESCO 企业发展的政策建议。马兴能[34]认为政府应针对在中国刚刚起步的 ESCO 构建主体保障体系，在市场培育阶段从经济上采取税收优惠等经济激励政策引导其快速发展，促进节能改造市场机制的形成。张玉东[124]指出我国已运用大量政策工具推行 EPC，但仍欠缺硬法的保障，因此有必要对其单独立法，通过立法明确能源管理合同当事人及参与人的权利义务关系、必须节能的部门以及 ESCO 的资质管理制度等。

2）基于经济外部性构建激励性政策研究

既改的经济外部性导致了市场机制失效，以此构建经济激励政策是政策建设的方向之一。Mahmoudi 和 Mahliaz 在分析市场外部性特征的基础上，认为政府在既改中处于主导地位，构建财政补贴、信贷优惠等经济激励政策是消除经济外部性、增强节能改造主体参与积极性的主要手段。Korhonen 和 Thormark 研究指出，影响私人部门自愿性、主动性节能改造行为的主要因素是改造的经济外部性属性，因此财政补贴、税收优惠政策的构建十分必要。张仕廉等[125]从绿色建筑外部性问题入手分析了经济激励政策的原理，提出政府应出面制定补贴政策和税收优惠政策进行干预；既改实施与绿色建筑推动本质属性类似，可以借鉴。卢双全及尚伶等在系统分析外部性与激励政策间关系的基础上，提出经济激励政策设计思路，指出经济激励政策是消除外部性的重要途径[9, 126]。

3）基于信息不对称性构建激励性政策研究

信息不对称性阻碍节能改造进行，需要政府构建激励性政策以消除不利影响。Stephen[127]认为信息不对称是造成私人内部参与节能活动投资失败的原因，政府为建筑节能制定相关激励性政策可同时提高节能效率和私人部门的生产率。韩青苗等[59]依托委托-代理理论，分别进行了对称信息和不对称信息下，政府向参与既改的业主提供经济激励的期望效用对比分析，指出建立建筑能效的信号传递机制可以有效监督和约束业主行为，应据此加大政府对既有建筑节能改造的激励力度。续振艳、郭汉丁、任邵明依据信息不对称理论，对改造市场上的逆向选择问题进行了深入研究，进一步分析了逆向选择对改造进程带来的负面影响，指出构建激励性政策可缓解甚至消除这一负面影响。

4）层级政府间政策关系研究

探究分级政府间既改政策关系，有利于探讨层级政策构建机理，进一步丰富政策体系。Heilmann 提出"分级制"实验模式，注重不同层级间政府的学习与互动，认为中国分级制度下有远见的地方政策反复实验为国家政策创新提供了丰富的政策选项和重要的资源。Chandler 和 Gwin 认为地方政府政策建设经验可以成为中央政府选择更有效政策的试点经验，在政策制定过程中处理好政府间关系，将有利于多层级政策互相补充、共同指导实践。杨连强认为中央政府和地方政府之间客观存在利益差别，而这种差异性之上的政策博弈直接影响政策制定、执行和评估过程，导致两者关系错综复杂。马丽等[128]认为政策制定过程是双向的、互为反馈的，不能忽视基层政策实践的重要作用。

5）基于协同机制的政策组合研究

探讨多种政策工具组合的协同机制能发挥政策作用 1＋1＞2 的效果，从而高效指导改造实践。Kanyama 和 Linden[129]指出瑞典既有建筑节能改造实践中信息手段、经济手段、管理手段和物理手段四种政策工具往往结合使用，认为节能改造成功得益于这四种政策工具的协同作用机制。陶小马和杜增华[130]指出，目前欧盟国家节能改造中广泛采用多种政策结合使用，我国也应适当借鉴，在既改实践中积极探索多种政策的组合，以促进协同效应的发挥。韩青苗、杨晓冬等认为由于不同政策影响对象条件不同，从政策效率的视角，节能政策应通过管制手段与激励手段组合、多种经济手段组合，共同为不同影响对象提供可选择的余地。

6）基于政策绩效的政策评价研究

对政策绩效实施科学评价有利于政策体系的完善与优化，也为新政策制定提供了借鉴。Beerepoot 2007 年系统评估了经济激励政策的实施效果，其结果揭示了未来既改经济政策的构建重点及发展趋势是税收优惠政策。Drezner[131]对多个国家既改推行中的技术支持政策、监管政策、经济激励政策等的实施效果进行了评价和分析，结果证明经济激励政策具有较好的推动效果，能够涵盖更广范围的税收优惠、补贴、减免政策是未来政策的重要发展方向并在节能改造工作中发挥主导作用。韩青苗等[132]从建筑能源利用效用最大化、激励政策协同机制、激励政策公平性、激励政策效率和激励政策可接受性五方面构建了我国建筑节能经济激励政策评价指标体系并建立了多指标综合评价模型，对节能改造经济激励政策实施效果进行评价，为政策到期应该延长实施年限或是终止以及进一步的政策优化提供参考。

8.1.2 国内外既有建筑节能改造政策体系构建实践分析

1. 国外既有建筑节能改造政策建设实践分析

发达国家开展建筑节能工作较早，为推动既有建筑的节能改造，各国建立了较完善的政策体系，在以下六个方面具有显著特点[15]。

1）注重标准规范修订与技术创新，完善既有建筑节能改造技术市场

实施既改离不开节能技术的支撑，发达国家不断修订节能改造相关技术标准，鼓励节能改造技术创新。法国第一部建筑节能规范 RT1974 出台后，先后进行五次修订，节能标准不断提高。2004 年制定《气候变化对策实施纲领》，进一步明确规定建筑节能规范每五年更新一次。得益于此，1973～2002 年，在法国住宅总面积增长 70%的情况下，住宅采暖能耗却只增加了 3%左右，标准规范保持动态修订带来的节能效果十分明显。美国十分重视节能技术的研究与应用，在节能领域建成了由四个国家实验室、三个能源研究中心、数百所知名大学及相关政府机构组成的技术研究团队，负责节能改造技术创新、新能源利用、节能标准修订等工作。2010 年的建筑技术发展计划，进行了大量节能与可再生能源技术的实践和

产品开发:"美国建筑项目"大力推广综合能源系统在既有建筑中的应用,改造后显著减少了建筑的最大负荷和年能耗[133]。英国政府创新太阳能利用技术,推广使用被动式太阳房,改造后太阳能供给的能源占总能耗量的 30%,大大降低了总能源消耗。

2)构建多层次经济激励政策,引导既有建筑节能改造资本市场

发达国家经济激励政策的多层次性体现在激励主体不同、激励对象各异以及激励性政策形式多样。各级政府作为激励性政策的主体,政策制定出发点不同决定了政策的层次性差别。美国联邦政府的激励性政策范围大、规模广、政策影响力强但灵活性差;州政府层面的激励性政策影响面较广,考虑本地区实际,因而更为精细、灵活;地方政府的激励性政策受地域司法权和较少资金量的限制,但优势是可以根据当地需求对政策进行微调。经济激励政策的对象主要包括消费者(业主)、ESCO、节能设备的研发和生产企业等。针对不同激励对象,各国建立了形式多样的经济激励政策——设立基金、财政补贴、税收优惠、优惠贷款等。德国投入近百亿欧元设立了既有建筑节能改造专项基金——KFW 基金,旨在推动旧房改造工程,以期实现降低建筑能耗、减少环境污染、提高建筑舒适度三大目标[8]。美国 2001 年投资 1.33 亿美元鼓励用户购买"能源之星"认证的产品;2002年财政补贴 17 亿美元,用于低收入家庭的能源费用和节能改造支出。法国针对普通住宅能耗占全国能耗总量 40%的严峻现状,出台政策规定:如果房主住房消耗的能源比法国平均标准少 8%~15%,其房屋地皮税可减征 50%,从而以税收优惠的形式大大调动了房主行为节能及改造的积极性。

3)推行合同能源管理,开拓既有建筑节能改造服务市场

鼓励合同能源管理模式应用是发达国家健全节能改造市场机制的共性做法。基于 EPC 运作的 ESCO 发展迅速,成为既改服务市场的主力军[134]。美国于 1995年正式立法,要求政府部门在不增加财政支出的情况下,依托 EPC 模式应用实现政府办公建筑节能,立法形式推动带来了 20 世纪 90 年代美国能源管理产业以平均每年 24%的增长率高速增长。加拿大政府于 1992 年实施《联邦政府建筑物节能促进计划》(Federal Buildings Initiative,FBI),实施过程中政府率先与 ESCO 合作并为其提供 EPC 培训、编写指南、设备折旧优惠等,实现能源利用效率提高的同时,促进了 ESCO 的发展。日本政府采取强制措施与激励措施"双管齐下"以推动 EPC 发展:颁布实行《绿色采购法》,强制规定政府机构必须和 ESCO 合作;对 EPC 项目给予投资总额 25%~35%的财政补贴,为 ESCO 提供低息贷款等优惠政策[135, 136]。立法强制与激励促进的结合使用有效推动了节能改造服务产业发展和市场机制完善。

4)健全法律法规体系,规范既有建筑节能改造市场行为

发达国家通过构建完备的法律法规体系,形成改造主体行为的规范与约束机

制，保障市场有序运行。美国法律体系框架合理，设有国会法律议案、联邦政府行政法规、各州节能法案三层次的法律体系框架，层次分明、有效搭配，保障作用显著；节能技术和产品规范法案、建筑节能改造流程法案、节能激励专项预算法案等门类齐全，规范作用完备；法律条款动态性显著，相关节能标准每 3~5 年更新，要求法律条款随之跟进，法律法规体系的完备性、时效性、动态性是美国既改事业快速发展的重要前提。欧盟经过多年实践构建起以"自主立法 + 各种协定 + 基础条约"为主要形式的法律体系[137]，其中明确规定建立一整套涉及节能改造多方面、有机联系的制度体系，从各环节、多角度加强了改造主体的行为规范。

5）实施能效标识制度，促进既有建筑节能改造市场发展

发达国家实施建筑能效标识制度，消除了市场信息不对称性，拓宽了改造建筑推广渠道[138]。意大利相关法令明确要求实施认证制度，进一步明确了能效证书具有 10 年时效，凡到期或再翻新的建筑必须调整和提高能效标准，并进行能效再审核。法国的"建筑节能标识"规定，既有居住建筑在出租和出售时，如果买方（租赁方）有要求，卖方必须进行能效评估，评估合格后由国家标准局公正人员颁发证书并提供能效发票允许房屋交易；不合格则必须整改。芬兰政府实施"能源评估"计划，规定对积极采用达标的节能技术和产品的消费者实施低息与部分资助，以利益驱动消费者购买节能改造产品，促进节能改造市场发展。能效标识从推广改造产品、激励改造主体两方面促进市场发展，同时也为制定节能激励政策提供了定量标准、衡量指标和公平公开的竞争环境[139]。

6）强化政府监管，保障政策法规发挥实效

政府监管是保障政策发挥预期效用的重要前提。《欧盟建筑能源性能指令》规定，建立大型公共建筑的节能监管制度，具体实施过程中设立独立专家制度，以独立的第三方身份行使监管职能。现今欧盟的节能监管体系完备，形成了研究总司、能源和交通总司负责，欧盟委员会等各部门协同负责的监管机构体系，资金监管、准入监管、价格监管、信息监管和质量监管多角度的监管范围覆盖。法国构建了多层次的节能管理运作体系，政府机构、行业协会、能源企业和其他相关监管部门在节能改造中各行其责，为节能改造政策制定、技术推广、信息宣传、市场监督提供了规范化的组织保障。日本政府部门中设有专门负责节能的机构和节能中介机构，专门管理节能改造事务，监管规范改造各方行为[140]。

2. 我国既有建筑节能改造政策体系建设实践发展及特征

我国既改工作起步晚，配套的政策体系尚需完善，但实践中仍取得了一些经验，呈现以下的发展趋势和具体特征。

1）总体趋势——从相关政策法规提及转向专门的法律法规构建

我国建筑节能工作主要历经了初步实施、试点探索、全面推广三个阶段。既

改作为其重要组成部分，相关的政策建设总体呈现从相关提及转向专门的法律法规构建的总体趋势。节能工作前期，专门针对既改的法规政策较少，只在 1986 年国务院下发的《国务院关于发布〈节约能源管理暂行条例〉的通知》中提出建筑物应采取改进围护结构、选择低耗能设施以及充分利用自然光源等综合措施，减少照明、采暖和制冷的能耗的要求。随着近年来国家对节能改造工作的日益重视，颁布的法规中专门针对既改作出规定：《节约能源法》第三十八条规定对既有建筑节能改造应当按照规定安装用热计量装置、室内温度调控装置和供热系统调控装置；《节能中长期专项规划》提到开展北方采暖区既有建筑节能改造，加大对宾馆、饭店的综合节能改造[53]；《国务院关于印发节能减排综合性工作方案的通知》中明确提出"十一五"期间推动北方采暖区既有居住建筑供热计量及节能改造 1.5 亿 m² 的工作任务；《节能减排"十二五"规划》把节能改造工程列为节能减排重点工程之一，并提出十大保障措施。由此可见，针对既改，政策建设力度日益加大已是不争的事实，然而截至目前，尚未对既改单独立法，完整的政策体系尚不具备。

2）以试点工程探索政策建设及有效实施

政府积极开展国际交流与合作，建立试点示范工程，积累总结实践中的成功经验，为政策制定与实施提供了借鉴。1996 年以来，在哈尔滨、北京、天津、常州、深圳等地建立试点，探索各气候区节能改造标准以及差异性政策建设。北京惠新西街项目试点中，建立了由产权单位、业主、各级财政分担的筹资机制，为融资政策构建提供了借鉴。天津市滨海新区北塘街杨北里住宅改造项目中，以"谁投资、谁受益"和不让业主承担经济负担为原则，采取"供热企业投资为主、政府适当补贴为辅"的市场化推广机制并成功实践，对市场政策制定具有现实的可借鉴意义。此外，试点工程可以对政策有效与否进行检验，实践中的成功经验可以有效指导"十一五"工作开展，截至 2012 年底，取得北方 15 省（自治区、直辖市）及新疆生产建设兵团共计完成改造 2.2 亿 m² 的可喜成绩。在多年试点建设的基础上，2004 年建设部发布了《建筑节能试点示范工程（小区）管理办法》，进一步推动了我国既改政策体系的完善。

3）以层次有别形式多样的政策体系指导改造实践

从中央到地方，从国家主管机构到各相关部门，构建多层次、多形式、立体化的政策体系有力推动了我国节能改造工作开展。

在横向视角，相关部门构建了四个层次的政策体系：法律、行政法规、部门规章、政策文件。国家颁布《节约能源法》《建筑法》作为指导节能工作的大法；《中华人民共和国可再生能源法》《中华人民共和国城乡规划法》等也对节能改造工作做出相应规定。行政法规方面，颁布《民用建筑节能条例》，对节能改造相关管理部门、改造标准和资金来源作出规定；颁布《公共机构节能条例》，对公共机构的既有建筑维修改造的组织计划及实施工作予以明确。相关部门依据上述法律法规制定了部门规章：建设部 2005 年发布的《民用建筑节能管理规定》对既改资金筹措做出规定，提出"国家鼓励多元化、多渠道投资既有建筑的节能改造"；财政部印发的《北方采暖区既有居住建筑供热计量及节能改造奖励资金管理暂行办法》对奖励资金的奖励原则和标准、资金拨付和使用范围等做出明确规定。第四层次是相关政策文件，《国务院关于印发节能减排综合性工作方案的通知》中规定：实施既有建筑节能改造的税收优惠政策，在中央国家机关开展政府机构办公区和住宅区节能改造示范项目等。

在纵向视角，除上述国家层面，地方政府也因地制宜地构建了地方性政策：《北京市既有建筑节能改造专项实施方案》、《上海市建筑节能条例》、《天津市节约能源条例》、合肥市《既有居住建筑节能改造技术导则》和合肥市《既有公共建筑节能改造技术导则》等。这些地方政策文件不仅体现了我国节能改造政策体系的立体化特征，更为各地区节能改造实践提供了更具针对性的指导。

4) 将强制性法律法规与激励性政策相结合共同推动改造实践

强制性法律法规与激励性政策的作用机理及效果存在差别，但均是既改政策体系不可或缺的组成部分。我国注重两者的耦合作用，使之共同指导改造实践。

以强制性约束为改造市场运行提供保障。我国建立了日益规范的法律法规体系以及有效的政府管理体制，通过强制力实施促进节能改造的进行。如上所述，保障既改事业顺利开展的多层次法律法规体系已日臻完善，高效、协调、规范、透明的法制环境已初步建立。同时，国家日益重视节能改造政府管理体制建设：住建部成立建筑节能与新材料处，负责建筑节能的统筹协调与管理工作[141]；成立建筑节能与科技司，负责相关政策制定与节能技术研发。各地建设厅、局也设立了建筑节能主管机构，大部分省（自治区、直辖市）成立了指导具体工作的办事机构，全过程监督管理改造实践。

以多元化经济激励政策调动市场主体积极性。我国建立了财政补贴、专项基金、贴息贷款、信贷优惠等多形式的经济激励政策。如 2009 年的"可再生能源建筑应用"工程，政府对每个示范城市提供 5000 万元的财政补贴。财政部颁布《北方采暖区既有居住建筑供热计量及节能改造奖励资金管理暂行办法》，规定中央财政安排专项用于奖励北方采暖区既有居住建筑供热计量及节能改造专项资金，从而专款专用，解决了资金制约瓶颈问题。对 2008 年的"国家机关办公建筑和大型公共建筑节能改造"项目，政策规定对采用 EPC 模式的节能改造予以贷款贴息补助；中央财政对地方建筑节能改造项目贷款、中央建筑节能改造项目贷款分别贴息 50%、100%。2010 年《关于加快推行合同能源管理促进节能服务产业发展的意见》规定，对以 EPC 模式开展的节能项目实施税收减免；2008 年的《民用建筑节能条例》规定对既有建筑节能改造示范工程实行贷款优惠。

8.1.3　评述与结论

既有建筑节能改造是实现我国可持续发展战略的重要途径，既有建筑的高能耗与大规模决定了实施改造具有广阔的市场前景。从上述研究概述来看，国内外既改实践重视政策体系构建是共性做法，尤其是发达国家在既改政策体系建设实践中积累了值得借鉴的经验。国内外既改政策体系的理论研究重点集中在合同能源管理政策、基于外部性构建激励性政策、基于信息不对称性构建激励性政策等具体政策制定，以及横向视角的结构与功能维度探讨政策组合、层级政策关系、政策绩效评价等方面。而从纵向视角探讨市场发育不同阶段的政策体系构建机理研究尚属少见。因此，基于市场成熟度度量的既有建筑节能改造政策体系科学构建机理与优化策略值得深化研究，将为系统完善、实施有效的既有建筑节能改造政策体系提供决策支持和理论借鉴，推动既有建筑节能改造事业快速推进。

剖析我国既有建筑节能改造政策体系存在的问题，借鉴发达国家成功经验，构建涉及市场运行多主体、基于市场发育的既有建筑节能改造政策体系基本框架，可以有效引导改造市场健康发育；分析政策实施的环境条件，可以优化政策传导机制，保障政策高效实施。

8.2　既有建筑节能改造政策体系建设现状分析

8.2.1　我国既有建筑节能改造政策体系存在问题分析

现阶段，我国整体的既有建筑节能改造工作开展较缓慢，梳理既有建筑节能改造政策体系建设实践，发现我国既有建筑节能改造政策体系存在以下四方面问题。

1）既有建筑节能改造强制性法律法规及标准缺位

法律法规缺位的最直接体现是至今未对既有建筑节能改造单独立法。我国自1986 年开展节能工作以来，既有建筑节能改造工作起初未被重视。从在 1986 年 1月《节约能源管理暂行条例》中初次提及，到 2004 年的《节能中长期专项规划》，再到 2007 年修订的《节约能源法》等，针对既有建筑节能改造，有的只在某一条文中稍作提及，有的提出实施既有建筑节能改造的要求，但对于具体如何开展没有明示。直至 2007 年的《节能减排综合性工作方案》，确立了改造量化工作任务，既改才被提上节能减排的重要日程。然而，自此之后已十余年，专门针对既改的法律法规依旧未出台。除此之外，公共建筑节能改造标准、建筑能耗定额标准等专业标准缺位，直接造成既有建筑评定与改造的专业化标准体系难以建立。无法可依、无标准可循是既改政策体系的缺失，也是既改事业进展缓慢的重要原因。

2）既有建筑节能改造金融市场支持机制缺失

目前，我国节能改造市场尚处于起步阶段，节能改造服务未形成产业规模，ESCO 数量虽有了显著增长，但大多数都是中小规模企业，承接项目较小、营业额较低、贷款偿还能力较弱。而我国现有国有或股份制银行偏好向大中型企业投放贷款，地方性银行虽然开设了微小贷业务，但数量有限，对于既改事业大范围开展仍然是杯水车薪。大多数银行或担保机构缺乏专业的评估人员，对既改项目的收益及投资回收难以准确把握，造成银行对 ESCO 的贷款申请往往持观望态度，或者是过分谨慎，对改造项目及 ESCO 运营水平进行严格审查甚至限制其贷款。由此可见，我国既有建筑节能改造金融市场支持机制缺失。而既改具有准公共物品属性，市场初期需要大量资金以启动项目，这些特性造成了市场机制在配置该类产品时产生失灵现象，金融市场支持机制缺失进一步加剧了市场的融资障碍。

3）既有建筑节能改造政策实施监管及保障机制不健全

国家成立住建部建筑节能与科技司，全面负责建筑节能管理工作。然而，作为房屋节能改造重要组成部分的围护结构改造，其中的墙体材料革新工作却由国家经济贸易委员会负责，不同部门分管容易造成管理的"扯皮"及协调困难，直接影响改造工作开展。此外，对于节能项目审查，目前只停留在施工图设计阶段，对施工阶段、竣工验收阶段、使用及运行阶段等缺乏跟踪检查，极易造成 ESCO 通过施工图审查后不按图纸的节能改造设计甚至背离图纸施工。最后，对建筑的能耗评审、能源审计、能效标识、ESCO 市场准入及退出、奖励及惩罚机制等缺乏相关制度规定，市场运行的保障机制并不健全。

4）既有建筑节能改造政策更新时效性不强

我国开展既有建筑节能改造工作已有十几年时间，追溯政策构建历程，分析政策体系现状，可发现当前政策体系并不十分完备：强制性法律法规缺失、行业技术标准有待完善、配套机制不健全。缺乏政策保障使节能改造市场的发育之路困难重重。而实践表明，在已颁布的政策中，政策更新的实效性不强也是普遍现象，部分政策更新缓慢，部分政策从颁布之日起未曾更新。政策更新时效性不强导致在已颁布政策中，有些政策的科学性有待检验；有些政策本身虽然科学，但不符合各地区、各气候区的具体实际情况，政策可操作性不强；有些虽不存在上述两种问题，但政策不能及时更新造成政策作用过程中导向性不强，政策指导难以与实践发展同步，政策执行效果、实施效果并不尽如人意。

8.2.2 国内外既有建筑节能改造政策体系对比分析

1）对比分析

基于国内外既改政策构建实践的梳理，对比分析国内外政策体系特点，我国与发达国家既有建筑节能改造政策体系对比分析如表 8-1 所示。

表 8-1　我国与发达国家既有建筑节能改造政策体系对比分析

对比内容	国外发达国家	我国
完备性	体系健全,保障作用明显;经济激励政策多元化,涉及节能改造多行业、多主体,激励与引导作用突出	存在较严重缺位,至今尚未针对既改单独立法
动态性	更新速度快,法国节能规范的更新周期平均为 5~6 年;美国政府明确规定节能标准需每 3~5 年更新	部分政策法规缺失,部分更新缓慢,部分自颁布日起未曾更新
可操作性	政策制定贴近实际,实施过程中公众与地方政府积极参与,增强了政策的执行力度	部分政策导向与法律要求只做出原则性指示,停留在文件层面,没有具体、操作性强的措施和方法
系统性	系统性强、政策交叉与重复率低、涉及节能改造全过程;强制性政策、激励性政策、融资政策、市场政策以及改造后的政策绩效评价体系相互配合与补充	相比法律,涉及既改的建设行政法规较多,但尚未形成完整体系;公共建筑节能改造标准、建筑能耗定额标准未出台,直接造成既有建筑评定与改造的专业标准难以建立
层次性	从国家到地方建立了多层联动的政策体系和法律制度	建立了国家-行业-地方层次有别、形式多样的政策体系,但地方层面政策只停留在试点阶段,尚未大面积开展
地区差异性	因地制宜开展节能改造,在不同地区建立适合本地区实际的节能标准和规范	初期实行一刀切的强制性标准有悖于客观实际,造成节能标准贯彻不理想;后期在各试点建立本地区节能标准,但代表性有限,代表不同气候地区的节能标准存在缺位

2）启示

表 8-1 的对比分析显示,相比发达国家,我国既改政策体系在完备性、动态性、可操作性等六方面存在不足。剖析其原因,发现我国既改政策制定与市场发展存在一定的不匹配性。分析发达国家既改政策制定的成功经验可发现,对市场发育程度的准确把握是政策体系合理构架的前提,因时而异、层次有别、区别对待、统筹兼顾是政策制定的正确导向。

8.3　既有建筑节能改造市场构成主体及市场运行特征

既有建筑节能改造是一项多主体参与、利益关系复杂的系统工程。中央政府、地方政府、ESCO、建筑业主等多主体及其相互作用与交易活动构成了既有建筑节能改造市场。主体活动影响既有建筑节能改造市场发展,发展繁荣既有建筑节能改造市场能带来巨大的经济效益、社会效益和生态效益。8.3 节和 8.4 节将从明确市场构成主体及其职责、剖析市场运行特征、探讨市场发育成熟度影响因素、界定市场发育阶段四个方面开展研究,为下面研究奠定理论基础。

8.3.1 既有建筑节能改造市场构成主体及其职责

政府、业主、ESCO、金融机构、第三方评估机构、节能改造配套产业（如设备供应单位、节能建材供应单位）是节能改造市场的重要构成主体。节能改造市场相比一般市场具有一定的特殊性，但仍符合市场基本理论。下面基于市场供需原理，分析各主体在市场活动中的相互关系及市场供需结构。既有建筑节能改造市场构成主体及供需结构如图8-1所示。

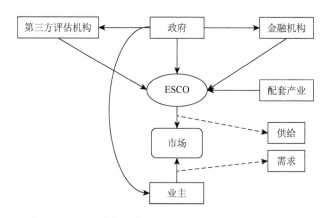

图 8-1　既有建筑节能改造市场构成主体及供需结构

由图 8-1 可以看出，业主是节能改造的主要需求方，ESCO 是主要供给方。政府处于主要管控地位，通过政策工具作用于 ESCO、业主、金融机构、第三方评估机构等其他市场主体。金融机构为 ESCO 提供资金支持，是既改市场中资本子市场的主力军。第三方评估机构对改造项目效果进行评价，为 ESCO 技术创新、管理创新、政府政策效果评估提供参考。节能改造相关企业与 ESCO 联系紧密，为其提供设备、材料或服务，本身的发展也与既改市场的繁荣息息相关。下面从政策建设视角具体分析市场主要构成主体及其职责。

1）中央政府——政策制定者

中央政府是政策的制定者，同时也是市场的监管者。中央政府代表公共利益，其政策制定的出发点是全体人民的整体利益——改善人民居住环境、缓解能源危机。多重的角色和我国独特的政治体制决定了中央政府的行为具有三方面主要特征：主体的权威性、方式的强制性、职能的动态性。

在西方联邦制国家，全国性的建筑节能标准由协会或学会制定，标准不具有强制力，地方可参照执行，也可以不采用。而在我国，中央政府作为最高行政机关管理全国事务，其颁布的行政法规、政策文件、技术标准等具有强制力，在全国范围内必须遵照执行。中央政府主体的权威性、方式的强制性具有一定的政治优势——把节能改造任务作为约束性指标逐级分解到各级地方政府，建立起改造目标责任追究和问责制[142]，有利于既改政策的落实和改造任务的实现。同时，中央政府的职能并非一成不变的，随着既改市场逐步发育，政府与市场关系呈现动态变化，因此，政府职能必须动态跟进，依据市场发育程度构建有效的政策体系，也是本书所要探讨的问题。

2）地方政府——政策执行者

中央政府与地方政府存在着委托-代理关系，中央政府委托地方政府进行本地区的政策执行及其他管理工作，从这一点来讲，地方政府是国家政策的执行者，代表和维护中央在地方的利益。但随着地方政府财权与事权的扩大，地方政府已成为独立的利益主体[143]，它不再仅仅是中央政府指令的执行者，还是地方微观主体的利益代表，有自己的经济利益和相应的经济决策。实践表明，在我国推行既改的过程中，地方政府也因地制宜地出台了地方政策，从这一角度讲，地方政府又是地方政策的制定者。

地方政府的双重代理身份决定了地方、中央两级政府在目标导向上既存在一致性，又存在差异性。一致性体现在两者的根本利益是一致的，都是为了发展本地区经济、提高人民的生活水平和改善居住环境。差异性表现在两者的利益诉求不同，这就造成了政策实施过程中的政策传导不利，在一定程度上影响政策的有效实施。

3）建筑业主——政策对象

业主是节能改造的重要参与方，是节能改造的直接受益者。通过对外墙、门窗、屋顶等围护结构及供热系统进行节能改造，能显著改善业主居住环境，提高生活的舒适性与生活质量；同时有利于提升城市形象，响应国家政策落实节能。

然而，由建设部建筑节能与科技司 2005 年 10 月在全国范围内进行的《建筑节能调查问卷》统计显示，大部分民众对建筑节能意识薄弱：81%的居民"没听说过"，或"听说过，但不了解"。而即便有节能意识，节能改造的意愿也不强；对既有建筑进行节能改造，表示"愿意"的约占 58%，"不愿意"的占 8%，视国家政策而定的占 19%，视节能效果而定的占 15%；对于居民参与出资，接近 74%的居民表示只愿意承担 10%以下的改造成本，20%居民愿意承担 10%～20%的改造成本，只有 6%愿意承担 20%以上的改造成本[144]。

由此可见，现阶段建筑业主普遍存在意识薄弱、意愿不强、动力不足等行为特征。业主的节能改造意愿很大程度上影响了节能改造市场需求，进一步影响了ESCO 的供给活动，继而对市场供需平衡及发育有重要影响。因此，建筑业主作为政府盘活既改市场的重要着力点，是既改政策的最主要作用对象。实践中，中央政府和各级地方政府为鼓励业主投身节能改造，均采取了直接补贴、间接优惠等经济激励政策。

4）ESCO——政策对象

随着 EPC 机制在我国既有建筑节能改造市场中逐渐应用，建筑节能服务产业作为一种新兴产业逐渐发展起来。ESCO 是 EPC 机制下，提供一系列节能服务和技术集成，以项目节能效益为基点获得利润的专业化公司[62]。具体而言，ESCO可提供建筑能耗分析、能源审计、节能项目投融资、节能项目设计和施工总包、材料和设备采购、节能量检测与验证等一系列节能服务[145]。ESCO 的专业水平及服务质量对既改市场健康发育具有重要影响。

然而，从我国既改实践看，ESCO 发展过程中仍面临诸多障碍。既改具有投资大、收效慢的显著特点，改造资金需求大、筹集难是阻碍 ESCO 发展的瓶颈。如何确定资金来源并盘活项目资金，是解决问题的关键。以 ESCO 为政策对象，采取财政补贴、税收优惠、信贷优惠等经济激励政策支持其开展节能改造活动，是促进既改市场发展最直接、最有效的途径。

8.3.2 既有建筑节能改造市场运行特征分析

既有建筑节能改造市场具有不同于一般市场的特殊性，从既改市场运行特征分析入手，揭示阻碍市场发展的主要因素，为既改政策构建提供理论依据，为政府管理提供切入点。

1）显性需求不足

经济学中用均衡理论阐释市场需求和市场供给两种相反力量相互作用影响市场变化的趋势，以及反过来市场的变动影响需求和供给变化的趋势。供给市场和需求市场是既改市场的两个重要子市场，供给市场的参与者是提供节能改造服务的主体，核心是 ESCO，还包括配套产业、投资公司等；需求市场的参与者是节能改造服务的需求方，核心是建筑业主。

根据经济学相关理论，结合既改市场特征，在一定时期内，既改市场上节能改造的需求量与改造所需费用存在反向依存关系，既改市场需求曲线向右下方倾斜；而改造所需费用与供给量呈同向变化，供给曲线向右上方倾斜。同时，社会与个人相比，社会承担的节能及可持续发展的压力较大，对节能改造的需求也较大，社会需求曲线在个人需求曲线的右上方[146]。综上分析，绘制既有建筑节能改造市场供需图如图 8-2 所示。

图 8-2 中，横轴表示实施改造的房屋数量，纵轴表示单位面积改造所需资金即价格，PD 表示个人对既改的需求曲线，SD 表示社会对既改的需求曲线，S 表示节能建筑的供给曲线。个人为追求自身效用最大化，当节能改造量为 Q_1 时，

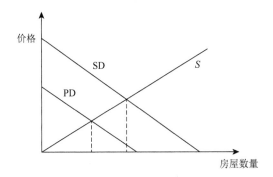

图 8-2 既有建筑节能改造市场供需图

供需达到均衡；而使社会效用达到最大化的改造量为 Q_2。显而易见，$Q_1<Q_2$，且两者存在一定差值，反映出个人对节能改造的需求远小于社会对节能改造的需求。

市场运行状况、规律受个人与社会自身效用最大化原则的影响。个人追求自身效用最大导致其对节能改造活动热情不高、积极性不足，由此造成个人对既改的需求远达不到社会对既改需求的最优水平。因此，一定程度上节能改造业主的显性需求不足是造成当前我国节能改造进展缓慢的直接原因。

2）外部性

西方经济学认为，外部性是指个人从其活动中得到的私人收益小于该活动所带来的社会收益（即正外部性），或者为其活动所付出的私人成本小于该活动所造成的社会成本（即负外部性）[69]。福利经济学第一定理指出，不完全竞争、不完全市场、不完全信息、公共物品、外部性、交易成本及其他宏观经济扰动是造成市场无法实现帕累托效率配置的七种基本的市场失灵[147]。

实施既有建筑节能改造能降低建筑能耗、减少能源用量，能使更多人享受到节能改造带来的环境舒适度，具有明显的准公共物品属性。根据萨缪尔森条件等式，既有建筑节能改造最优供给条件可表示为式（8-1）：

$$MU^i + MU^j = MC \tag{8-1}$$

式中，MC 代表实施既改的边际成本；MU^i 和 MU^j 分别表示实施既改后，受益方 i 和 j 的边际效用。受益方 i 可以看作实施既改的消费者，即进行节能改造的业主；受益方 j 可以看作未实施节能改造、但从既改中受益的消费者。由此可见，MU^j 即实施既改的外部效益，反映了既有建筑节能改造的正外部性。因此，式（8-1）表明，在既有建筑节能改造市场的最优供给水平上，所有人从既改中获得的边际效用之和等于实施既改的边际成本；既改业主在进行既改活动中给他人带来了舒适效用，其自身获得的私人收益小于既改本身带来的社会收益，既改正外部性特征明显。

正是节能改造市场正外部性的存在，抑制甚至打消了原本具有改造意愿的业主的积极性，直接造成市场需求缺乏、市场整体低迷且发育缓慢。同时，外部性特征也是既改市场难以单纯依靠市场机制自发配置的原因，是政府干预市场以及激励性政策构建的需求所在。

3）信息不对称性

如果市场交易过程中经济主体掌握了市场的全部信息，即知道自己和对方各种可选择的生产与消费机会，这样的市场称为完全竞争、完全信息市场。然而，现实中市场交易主体所掌握的信息往往是不对等的，当一方比另一方掌握数量更多、质量更高的信息时，市场呈现出信息不对称性，成为阿克洛夫模型中的"柠檬市场"。

节能改造市场信息集中的信息可分为两类：一类是建筑物基本情况信息，另一类是 ESCO 服务能力信息[28]。市场主体众多、利益关系复杂、改造服务专业性强等造成了市场主体间信息不对称现象普遍存在。例如，建筑业主掌握建筑物能耗、能源费用等基本信息，这些信息对业主而言是完全信息；但业主缺乏节能改造专业知识和能力，节能改造专业服务由 ESCO 提供，因此，这两类信息对 ESCO 而言均是完全信息；但改造前业主无法完全了解 ESCO 的专业能力、服务水平等，第二类信息对业主而言属于不完全信息。ESCO 相比业主享有较多的信息，在节能改造活动中占有一定优势。此外，中央政府与地方政府也存在信息不对称现象。地方政府出于保护地方利益，对中央政府隐瞒部分信息，造成中央政府政策构建及政府管制缺乏有效依据。

信息不对称引起搜寻成本增加，进一步带来了逆向选择，直接导致市场病态发展[148]。对节能改造市场最重要的两个主体——ESCO 和业主而言，由于能效信息不对称，业主最终放弃高能效的节能改造方案而选择中低能效方案，使得专业技术水平高的 ESCO 受到损害而很可能逐步退出市场，造成"劣品驱良品"，既改市场变成真正的病态"柠檬市场"。这个过程不仅劳民伤财、造成市场上建筑的节能性能恶化，长远意义上还制约了市场的良性发展。

而一般情况下解决市场信息不对称问题有三种方式：一是信息传递；二是信息甄别；三是经济激励[149]。目前我国正在逐步推行建筑能效标识认证，通过第三方权威评估机构对节能建材、建筑物能耗信息、改造后节能量等进行测算、认定以及能耗证书认证，能显著增强市场交易中主体间的透明度，消除信息的不确定性和不对称性。然而，"柠檬问题"只能够尽最大努力去消除，很难根本避免，这就使政府介入成为市场机制的有力补充。以信息不对称性为出发点制定经济激励政策，是当前世界各国解决市场失灵问题的有效途径。

8.4　既有建筑节能改造市场发育成熟度影响因素分析与发育阶段界定

8.4.1　既有建筑节能改造市场发育成熟度影响因素分析

　　既有建筑节能改造市场成熟度是对既有建筑节能改造市场发育程度、市场规模结构、市场运行情况等方面的综合评价。由上述分析可知，多主体职责及行为特征的差异性、市场供需关系、市场运行内在特征共同影响着市场发育情况。为全面探析市场成熟度影响因素，系统分析因素间作用机理，奠定下面成熟度量化度量的理论基础，依托系统动力学原理[150]，探索市场成熟度因果关系，应用 Vensim软件绘制关系图。既有建筑节能改造市场发育成熟度因果关系如图 8-3 所示。

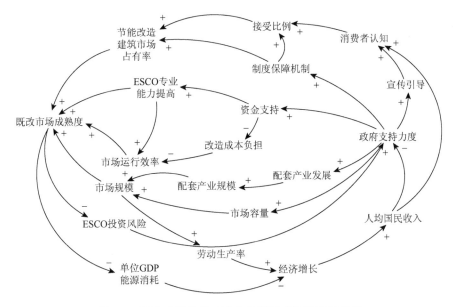

图 8-3　既有建筑节能改造市场发育成熟度因果关系

　　由图 8-3 可知，成熟度受政府、消费者（业主）、ESCO 等多主体行为及能耗、经济增长、制度保障机制等多因素共同影响。结合文献研究，本书将既改市场发育成熟度的影响因素归纳为两大部分：市场内部因素和外界环境因素。市场内部因素即市场主体、运行状况等自身因素；外界环境因素包括社会环境因素、经济影响因素两类。既有建筑节能改造市场发育成熟度影响因素框架如图 8-4所示。

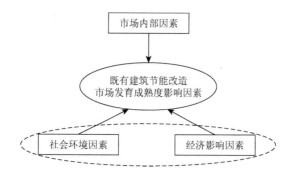

图 8-4　既有建筑节能改造市场发育成熟度影响因素框架

1. 市场内部因素

市场内部因素主要是指 ESCO 发展情况以及市场机制完善程度。ESCO 为节能改造重要供给主体，市场机制为调节市场发育的内生力量，两者对市场发育成熟程度具有重要影响。既有建筑节能改造市场发育成熟度的市场内部因素框架如图 8-5 所示。

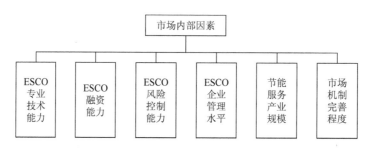

图 8-5　既有建筑节能改造市场发育成熟度的市场内部因素框架

1）ESCO 专业技术能力

ESCO 专业技术能力是指节能改造的专业技术研发及应用能力，包括外墙及门窗工程保温、屋顶保温及防水、热源与热网的热计量改造、新能源及可再生能源利用集成技术、智能系统应用技术等。ESCO 专业技术水平直接关系节能改造效果，影响业主对节能改造的效果满意度。

2）ESCO 融资能力

资金是决定 ESCO 节能改造项目能否开展的关键因素。在节能改造成效显著的发达国家，ESCO 可以通过发行股票、债券、银行借款等多种方式筹集资金。而在我国，节能改造市场资金支持机制缺失，ESCO 融资渠道狭窄，融资能力有限，只能采取银行借款方式融资。ESCO 融资能力直接决定了改造项目能否顺利开展及实施。

3）ESCO 风险控制能力

市场运行过程中，ESCO 面临着政策环境、经济环境、市场环境等外部环境风险，以及 ESCO 组织管理层面、项目层面、客户层面等市场内部风险[10]。这些风险的存在直接影响项目的改造效果及质量，甚至可能造成项目夭折和中断。ESCO 较高的风险控制能力不仅能实现其自身利益最大化，更有利于项目的顺利进行。

4）ESCO 企业管理水平

ESCO 企业管理水平包括节能改造服务的人力资源管理、组织机构设置、市场营销能力提升、节能改造技术创新、企业组织文化建设以及竞争优势形成等。管理能力的提升能促进 ESCO 发展及节能改造服务产业的繁荣。

5）节能服务产业规模

节能改造服务市场是节能改造的重要子市场，节能服务产业的发展在一定程度上反映了节能改造市场的繁荣程度。当节能改造技术、ESCO 数量、节能改造配套的设备研发与供应、新材料开发及新能源运用形成产业链及产业规模时，将显著提高节能改造市场的成熟程度。

6）市场机制完善程度

发达国家建立并形成了完善的市场机制，包括能耗评审机制、ESCO 市场准入与退出机制、能效标识机制、市场供求机制、价格机制等。市场机制完善程度越高代表市场发育越成熟。

2. 社会环境因素

市场成熟度的社会环境影响因素是指影响既改市场发展的政策法规、制度保障、社会意识、消费者消费需求等方面因素的总和。既有建筑节能改造市场发育成熟度的社会环境影响因素框架如图 8-6 所示。

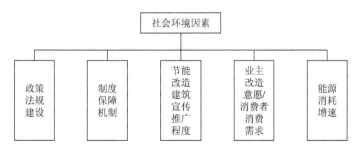

图 8-6　既有建筑节能改造市场发育成熟度的社会环境影响因素框架

1）政策法规建设

完善的政策法规体系是既有建筑节能改造市场健康发育的有力保障。完备、高效、可操作性强的政策体系对节能改造市场发育具有重要的导向作用。运用强制性和激励性政策工具对市场进行强制、规范、引导，能有效促进市场由低级阶段向高级阶段转化。

2）制度保障机制

市场机制发挥的作用是"看不见的手"，然而市场存在失灵现象和领域，需要政策引导与制度保障。建立政府能源审计机制、信息披露机制、对使用新技术的ESCO 及节能业主的奖励机制、浪费能源行为的惩罚机制以及地方政府落实既改政策的目标责任考核机制等十分必要。制度保障机制越健全，市场发育越健康，市场成熟度越高。

3）节能改造建筑宣传推广程度

我国既有建筑能耗高已是不争的事实，然而，普通建筑业主缺乏相关专业知识，对建筑的能耗之大并没有特别理性与量化的认知。政府对节能改造建筑的宣传与推广能增强业主的节能意识、调动业主的节能改造热情。业主作为节能改造事业重要的需求主体，其认同感对市场发育有重要影响。

4）业主改造意愿/消费者消费需求

业主的节能改造意愿代表了既改市场中消费者的消费需求。现阶段阻碍我国既改市场发育的一个重要原因就是业主的节能改造意愿不强，市场供给大于需求。供给大于需求造成了资源的浪费和市场发育缓慢；当消费者的消费需求提高时，供给与需求逐渐达到平衡，带来市场均衡的实现和资源配置的最优，市场成熟度在显著提高。

5）能源消耗增速

确切地说，能耗增速并不是市场成熟度的直接影响因素，却是导致既改事业走向必然的"导火索"。能源消耗与日俱增必将引起政府重视，进一步带来一系列政策法规建设、制度保障机制构建等政府行为和管理措施，这些举措是既改市场发展的重要推动力量。

3. 经济影响因素

既改市场发育需要大量的资金支持，从微观视角项目的经济效益指标，到宏观视角经济政策的支持力度，都是影响市场成熟程度的重要因素。既有建筑节能改造市场发育成熟度的经济影响因素框架如图8-7所示。

1）激励性政策支持力度

现阶段我国颁布实施的激励性政策有财政补贴、税收优惠、贴息贷款等，例如，2009 年政府对每个改造示范城市提供 5000 万元的财政补贴，财政部对安装供热计量装置的家庭提供 6 元/m^2 的财政补助。这些激励性政策能缓解业主节能改造的资金压力，激发其改造热情。激励性政策通过引导市场主体的节能改造行为，影响市场发展趋势。

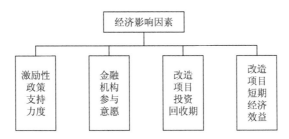

图 8-7 既有建筑节能改造市场发育成熟度的经济影响因素框架

2）金融机构参与意愿

既改事业的一个突出特点是所需资金巨大，而且其准公共物品的属性决定了普通业主虽具有改造意愿，但因改造资金制约而积极性不高，所以金融机构参与节能改造事业十分必要。金融机构的参与意愿直接决定了既改资本市场的运行效率，改造资金的保障和支持对市场发展影响重大。

3）改造项目投资回收期

投资回收期是指节能住宅在使用过程中的总体节能收益抵偿住宅节能改造投资所需的时间[151]。投资回收期越短，代表越短时间就可回收节能改造的成本，项目的经济效益越好；相反，改造项目越不经济。投资回收期很大程度上影响了投资者的投资决策与 ESCO、业主实施改造的动力和热情。

4）改造项目短期经济效益

从投入-产出视角，在投资回收期内，项目的节能收益与改造成本达到平衡。投资回收期之后，节能建筑将进入纯收益期。纯收益期越长，建筑的节能收益越大，带来的经济效益也越大。无论是金融机构还是参与项目出资的任何市场主体，其理性经济人属性都决定了其对项目经济效益的关注。可以说项目的短期经济效益以及上面提到的投资回收期是影响投资者投资意愿的直接因素，而资金问题是既改市场发展的瓶颈，因此，两者对市场发育及其成熟程度有重要影响。

8.4.2 既有建筑节能改造市场发育阶段界定

1. 既有建筑节能改造市场发育阶段划分

既有建筑节能改造市场发育的影响因素种类众多，影响因素作用过程存在着阶段性差异，探讨基于市场成熟度的政策体系构建，首先必须科学界定市场的发育阶段。

关于市场发育阶段划分，学者有如下观点。刘玉明和刘长滨综合考虑改造政策法规、管理机制、技术标准、配套服务等完善程度，将市场划分为起步、发展、成熟三个阶段。贺勇和张云波等指出既改在我国是一个新兴行业，从改造市场发展的行业寿命周期角度出发，指出市场要经历幼稚期、成长期、成熟期和衰退期四个阶段。金占勇[152]依托一般市场生命周期理论，结合既改市场特殊性，将其划分为启动、成长、成熟三个阶段。马兴能在分析现阶段我国既改市场特征的基础上，认为我国既改市场发育缓慢处于初级阶段，市场机制的不完善决定了对市场发育水平进行科学度量具有重要意义。

借鉴以上成果，综合市场运行特征与市场发育影响因素分析，将既有建筑节能改造市场发展划分为培育期、成长期、发展期、成熟期四个阶段。既有建筑节能改造市场成熟度等级如图 8-8 所示。

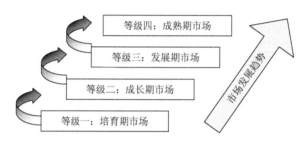

图 8-8　既有建筑节能改造市场成熟度等级图

1）培育期市场

此阶段市场处于起步阶段，成熟度水平处于最低等级，市场机制尚未建立或者刚刚建立，市场发展主要推动力量来自政府培育。ESCO 融资能力差，主要依靠政府补贴和金融机构贷款。节能服务产业及节能改造产业链尚未形成，市场中只有少数专业能力较强的 ESCO。普通业主对其认知程度和支持程度低，基本处于徘徊和观望状态。

2）成长期市场

此阶段伴随着节能改造服务需求增加，市场机制在逐步形成，ESCO 专业技术能力在显著提高，数量也明显增多，市场规模显著增长。ESCO 营业收入及资本实力显著增强，金融机构给予越来越大的贷款支持。节能服务产业得到发展，创造了较多的就业机会，对整体经济增长的贡献率提高，伴随着的节能改造配套产业也逐渐兴起。

3）发展期市场

相比成长期市场的迅速扩张，发展期市场发育速度变缓但市场仍在壮大，节能改造产业链基本形成，市场机制更加完善。市场发展机遇与挑战并存：前一阶段迅猛发展带来的市场问题逐渐显现，亟待政府规范市场秩序，提高市场透明度。国内既改工作领先的省市面临更高标准建筑节能改造，如既有建筑绿色改造、建筑能效提升改造、城区级综合提升改造等，这些可以归属于既有建筑节能改造大市场发展之中，给狭义的既有建筑节能改造积累经验的同时带来了机遇、也带来了挑战。

4）成熟期市场

经过前三个阶段的市场发展及与之伴随的政策调控，成熟期市场机制趋于完善，节能服务产业保持一个比较稳定的发展态势，市场及行业的波动性较小。政府的政策调控机制与市场机制互通有无、相得益彰。市场规模结构、市场主体、市场运行效率、市场价格机制、技术成熟程度、行业集中度等维持在合理、稳定的范围内。

2. 既有建筑节能改造市场发育阶段标准确定

目前，成熟度模型较多用于项目管理、能力评价、质量评价、团队建设中。应用较成熟的有美国卡耐基梅隆大学软件工程研究所（Software Engineering Institute，SEI）提出的 CMM（capability maturity model of software）、美国项目管理学会（Project Management Institute，PMI）提出的 OPM3（organization project management maturity model）、著名项目管理专家 Kerzner 博士提出的 K-PMMM（Kerzner-project management maturity model）和 FM Solution 提出 FMS-PMMM（FM solution-project management maturity model）等。

结合 CMM 和 KMMM（knowledge management maturity model），设定我国既有建筑节能改造市场成熟度的百分制评价标准：小于等于 20 分，判定为市场培育期；20～60 分（包括 60 分），判定为市场成长期；60～80 分（包括 80 分），判定为市场发展期；80～100 分判定为市场成熟期。既有建筑节能改造市场发育成熟度阶段划分标准如表 8-2 所示。具体评价模型及量化评价将后续详细探讨。

表 8-2　既有建筑节能改造市场发育成熟度阶段的划分标准

市场成熟度等级	市场培育期	市场成长期	市场发展期	市场成熟期
得分	[0，20]	(20，60]	(60，80]	(80，100]

8.5　基于市场发育的既有建筑节能改造政策体系构建

国内外既改政策体系研究综述及对比分析充分说明了基于市场成熟度构建政策的必要性和紧迫性。立足我国实践，借鉴发达国家成功经验，以满足市场发育各个阶段的政策需求为目标，探讨基于市场发育的既改政策体系构建。

8.5.1　政策体系设计的原则

1）目标导向性原则

目标导向是政策的本质属性。既有建筑节能改造的初期目标是实现"十二五"

规划中 4 亿 m² 的改造要求[3]；远期目标是落实国家节能减排战略，提高居民生活舒适度，促进经济、社会、生态的可持续发展。既改政策作为既改事业发展的基本方针和指导力量，应以促进既改目标快速实现为目标导向。

2）全局性原则

我国正处于经济快速发展时期，城市化进程的加快带来城市面貌、居住环境显著改善的同时，也带来了严重的环境问题。当前应秉承可持续发展的全局理念，坚持物质文明、政治文明、精神文明、生态文明共同建设的系统思想，以整体性、全局性视角来设计和构建既改政策体系，以实现经济、社会、生态整体效益。

3）有效性原则

有效性原则是为保证既改目标实现，针对政策绩效提出的本质要求。政策有效与否直接关系市场发育水平的高低，进而影响整体目标实现。政策设计应在预期评估政策绩效和价值的基础上，从政策自身效果、政策执行效果、政策对象特殊性、政策作用阶段等多维度综合考虑。

4）层次性原则

在政策体系中，国家层面政策行政效力最强，具有辐射全局的作用。然而我国幅员辽阔，不同地域气候条件及经济发展水平差异较大，国家政策难以面面俱到。依据我国特有的政治制度，建立国家-行业-省、市、县各级政府的多层次政策体系，能够在国家全局控制下，因地制宜地解决地方实际问题，更好地促进既改事业发展。

5）实施的灵活性原则

政策执行效果是政策效果的最直接反应，政策实施过程对政策有效性发挥有较大影响。政策设计应以执行阶段政策实施的灵活性为原则，考虑实施的可操作性、遇到特殊情况的可调整性等。

8.5.2　政策体系设计的基本思路

1）注重政府引导与市场运作相结合

高效的政策体系可以为市场发育提供明确的目标导向和保障措施，因此，政策构建对市场发育十分必要。然而政府也存在一定的失灵现象，政策作为政府的决策产物也不可能面面俱到、完美无缺。随着市场由低级阶段向高级阶段发育，市场机制逐渐形成并完善。注重发挥市场"看不见的手"的作用，能够对政策机制形成有益的补充。所以，政策构建应遵循政府引导与市场运作相结合的思路，形成互相配合、相得益彰的协同效果。

2）注重强制性政策与激励性政策相结合

强制性政策能够规范既改市场主体行为，为既改市场发育提供秩序化环境和保障性措施。激励性政策能消除节能改造"市场失灵",激发主体的节能改造热情。政策体系设计中应注重两者的结合,"胡萝卜 + 大棒"模式的有效运用使两者共同为既改市场发育保驾护航。

3)明确政策的作用范围和作用对象

建筑物按使用性质分为居住建筑、公共建筑、工业建筑和农业建筑。现阶段我国既改事业开展以居住建筑较多,但相比居住建筑,公共建筑与工业建筑单位面积能耗更高,从长远视角来看同样具有很大的节能与实施空间。政策设计应明确政策的作用范围,统筹兼顾多种类型的既有建筑。同时,由于既改涉及利益主体较多,还应注意区分 ESCO、业主、地方政府、金融机构等不同作用对象。

4)体现激励手段的多样性与灵活性

激励性政策可分为引导性激励和经济激励两种。每种激励又包括多种激励手段,引导性激励从引导主体行为节能出发,有节能宣传机制、奖惩机制等;经济激励形式更为多样,有财政补贴、设立基金、税收优惠、信贷优惠等。激励性政策要针对不同领域、不用市场阶段、不同市场主体灵活使用。

8.5.3　政策体系框架设计

本书在政策体系设计原则和基本思路分析的基础上,构建了基于市场发育的既有建筑节能改造政策体系框架,如图 8-9 所示。需要指出的是,强制性政策与激励性政策作用机理不同、作用效果各异,市场不同阶段对其需求存在差异,实践应用中在市场不同阶段应各有侧重,选择准则同样是基于市场发育状况。具体不同阶段下的政策体系设计将后续探讨。

既有建筑节能改造市场发育政策体系由强制性政策和激励性政策构成。强制性政策包括法律法规、标准规范、控制性/保障性制度。激励性政策包括引导性激励政策、经济激励政策。从政策作用对象视角,进一步细化并丰富政策体系。

8.5.4　强制性政策设计

强制性政策是指依托国家强制力保障实施,不允许政策对象以任何理由和方式违反、违背、变更的政策。既有建筑节能改造市场发育离不开强制性政策的有力约束与规范。

1.法律法规

《建筑法》是我国建筑领域的根本法律,《建筑法》《节约能源法》是指导节能改造工作的大法。无规矩不成方圆,既改又是一项涉及众多主体的复杂工程,法

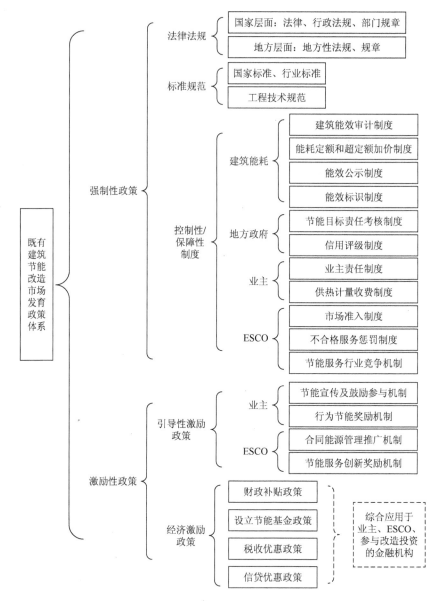

图 8-9　基于市场发育的既有建筑节能改造政策体系框架

律法规是规范既改市场及主体行为的重要保障。我国幅员辽阔且各地区经济发展
水平、地理环境差别较大，构建从中央到地方多层次的法律法规体系十分必要。

　　1）国家层面

　　首先，国家层面应从全局、系统的视角构建宏观的法律法规体系框架。前面
提到的《建筑法》《节约能源法》是由全国人民代表大会制定并修订的全国性、指

导性法律。其次，建筑节能主管部门也建立了配套的行政法规和部门规章。但是，我国至今尚未对既改单独立法，致使实践中有些问题难以做到有法可依、依法解决。因此，专门针对既改单独立法是以后既改政策建设的重中之重。

2）地方层面

构建地方性法规是因地制宜地解决各地区实际问题的有效途径。地方政府法规建设的有益经验也可以为中央政策法规完善注入新的思路。节能改造工作开展卓有成效的地方政府，如北京、天津、哈尔滨、上海、合肥等颁布并实施了地方节能改造专项实施方案、节能改造条例、节能改造技术导则等，对地方节能改造工作指导效果显著。

2. 标准规范

标准规范是指导节能改造设计、施工、检验等一系列实践活动的规则或导则。相比法律法规，标准规范具有实践性强、可操作性强的显著特点，具体包括国家、行业标准及工程技术规范。

1）国家标准、行业标准

工程建设标准指针对基本建设中各类工程的勘察、规划、设计、施工、安装、验收等需要协调统一的事项所制定的标准。既有建筑节能改造标准也是如此，规定了从改造方案设计到竣工效果验收整个过程的准则。建立从国家到行业层面的既改标准可以规范节能改造实施行为，也使改造建设获得最佳秩序。然而，现阶段我国公共建筑节能改造标准、建筑能耗定额标准、既有建筑节能改造效益评价标准等未出台直接造成既有建筑评定与改造的专业标准难以建立，标准体系缺乏系统性与完整性。

2）工程技术规范

相比国家标准及行业标准为改造实施确立了准则、树立了标尺，工程技术规范则是改造实践中的更为具体的操作规定。现阶段，节能服务产业在我国属于新兴产业，部分 ESCO 缺乏专业人才，具体改造实践中存在片面的"经验主义"，施工人员凭借自身经验施工，留下了一定的安全隐患。节能改造工程技术规范能提供改造实操性强的技术指导，对保障工程质量、提升专业技术水平具有重要意义。

需要明确的是，无论是国家标准及行业标准还是工程技术规范，均具有一定的时效性。随着科技的发展及节能改造市场发育，标准规范将会不断提升，旧的标准规范将逐渐不适应市场发展，因此有必要对其进行更新和修订，保持其动态性。

3. 控制性/保障性制度

强制性制度建设为既改市场发育提供了重要保障。应从政策作用对象出发，针对建筑能耗、地方政府、业主、ESCO 构建制度控制及保障体系。

1）针对建筑能耗的控制性制度

针对建筑能耗建立控制性制度，控制建筑能耗过高、过快增长，将其控制在合理范围内，具体包括建筑能效审计制度、能耗定额和超定额加价制度、能效公示制度、能效标识制度。

（1）建筑能效审计制度。该制度是指由政府指定审计单位，以国家相关节能法规法令、技术标准、消耗定额等为依据，对建筑或企业能源利用的物理过程和财务过程进行的监督检查和分析评价[153]。通过进行能源审计，可以达到检查建筑用能系统布置和设备的合理性、用能设备匹配程度、系统日常维护状况等多重目的。凭借对能源效率的详细评估和能源设施的技术经济分析，可以提出关于改变经营方式或更换能耗设备等具体建议，以达到节约能源的目的。

（2）能耗定额和超定额加价制度。能耗定额制度是在建筑能效审计的基础上，综合考虑建筑特征、气候特点、生活习惯等影响建筑节能潜力的主要因素，所确定的建筑在一定时期内的合理用能水平。类似于环境排污指标，能耗定额具有法律效力，是政府对公共建筑实行目标管理的手段，也是政府对业主行为节能进行奖惩的界限。超定额加价制度是指对超出能耗定额的部分执行更多的能源价格，对不同的超额范围实行累进加价。超定额加价制度是政府能源价格政策的一种制度表现形式，通过累进加价机制，形成价格杠杆，奖优罚劣，约束业主控制能耗并参与节能改造[80]。

（3）能效公示制度。依托建筑节能信息平台，定期向社会公开建筑能耗及能效信息的制度即能效公示制度。通过能效公示，既可以发挥公众的舆论监督作用，又可以形成对建筑业主及使用者的监督与鞭策机制，从而促使业主投身节能改造及建筑使用者日常的行为节能。同时，对于既改市场而言，能效公示制度能增强信息的透明度，弱化信息不对称引起的市场失灵；对政府而言，发挥公众监督机制能防止行业垄断和信息寻租现象，一定程度上减少了政府的管理成本且降低了政府失灵的可能；对于社会而言，能效公示制度提高了既改的社会关注度，有益于公众节能意识的形成，增强了公众参与节能改造的意识和动力。

（4）能效标识制度。能效标识是近年来在发达国家广泛应用的一种基于市场化的运行机制，是对强制性的能效标准及行政监管的有效补充[154]。通过对节能改造材料、设备、用能产品及改造后房屋节能性能、能源利用效率等级、能源消耗量等性能进行测评，并给予一种信息标识，可以为消费者（包括企业、居民及各级政府）的购买决策提供必要信息，可以引导和帮助消费者选择高效能的产品。在发达国家，能效标识制度有自愿性和强制性两种。在节能改造初期、市场机制不完善的发展中国家，强制性能效标识制度对既改市场发展更为有效。

2）针对地方政府的保障性制度

地方政府与中央政府具有不同的利益诉求，两者存在信息不对称现象，地方政府对中央政策的贯彻执行程度对既改市场发育具有重要影响。针对地方政府构建保障性制度有益于中央政策发挥实效,具体包括以下两种制度。

(1)节能目标责任考核制度。简言之,这项制度是指上级政府对下级政府的节能改造目标完成情况、落实节能改造措施情况实施考核。将节能改造目标纳入政府年度目标考核计划和干部政绩考核范围,实行节能目标问责制和"一票否决制"[155];实行节能改造"双目标"责任考核,上级政府与下级政府签订节能改造目标责任书,形成横到边、纵到底的节能改造目标责任考核体系。通过发挥节能目标考核调控作用,促进节能改造倒逼机制的形成。

(2)信用评级制度。节能改造所需资金大、融资障碍多是造成既改市场发育缓慢的一个重要原因。既改具有准公共物品属性,地方政府作为地方公共产品的主要提供者,担负了巨大的资金压力。中共十八届三中全会提出"建立透明规范的城市建设投融资机制,允许地方政府通过发债等多种方式拓宽城市建设融资渠道"[156],未来中国市政债券可能成为地方城市建设的主要融资工具。然而,发行地方债券以筹集资金给地方政府财务带来了一定的风险隐患,而信用评级制度在信息披露、风险揭示、价格发现以及接受社会及市场监督方面具有重要作用。因此,建立地方政府信用评级制度理应作为保障市场发育的一项重要制度安排。

3)针对业主的保障性制度

业主作为节能改造市场的重要需求主体,建立针对业主的保障性制度能在保障其权利的基础上刺激消费需求,从而推动市场发展。

(1)业主责任制度。业主作为改造市场需求主体,在享受政府培育及激励性政策的同时,也应当承担一定的主体责任。笔者参与了天津市"供热机制的改革"课题研究工作,深切体会到供热服务及运营管理机制建设,对推进热计量改造、供热机制改革乃至节能改造具有重要意义。然而,实地调研过程中发现,有些业主抱有一种"事不关己"的态度,有些业主甚至存在抵触情绪,政策落实中经常遇到业主不理解、不支持、不配合等情况,造成政策难以落实、改革工作难以落地。建立业主责任制度可以形成有效的约束机制,进而规范业主行为。

(2)供热计量收费制度。以往普遍的供热收费制度按供热面积计价收费,只要供热面积固定,无论用能多少,收费一定。供热计量收费制度则是通过对热源热网进行改造,在每个住户中单独安装热计量装置,按每户单独的用热量计价收费。供热计量收费制度实现了用户室内温度可调,用户可以依据自身需求灵活控制室内用热。供热收费关系到普通百姓的切身利益,分户计量制度既符合环保节能的要求,又对用热较少居民的利益形成保障;既对居民用热形成利益驱动,也是对用热较多、用热浪费居民的一种有力约束。

4)针对 ESCO 的控制性制度

ESCO 作为节能改造市场的重要供给主体,其综合能力对市场发育有重要影响。针对 ESCO 构建市场准入制度、不合格服务惩罚制度、节能服务行业竞争机制，可以规范 ESCO 主体行为，净化节能改造市场秩序。

（1）市场准入制度。该制度是指为克服市场失灵、保护社会公共利益而规定的公民和法人进入市场从事商品生产与经营活动必须满足的条件以及必须遵守的规范的总称。为防止节能改造市场失灵、避免低资质的 ESCO 进入市场扰乱市场秩序，针对 ESCO 建立市场准入制度十分必要。具体而言，可以综合 ESCO 专业技术水平、资本实力、管理能力、财务状况、融资及风险控制能力、专业人才储备及水平、企业运营情况等多方面指标对 ESCO 进行量化考核，对不符合规定条件及标准的企业一律不允许进入市场，不准参与节能改造活动。

（2）不合格服务惩罚制度。ESCO 个体的服务质量直接影响改造项目节能效果，群体的服务水平影响整体市场发育。节能改造市场活动中，ESCO 有两种行为选择："提供合格的节能改造服务"和"提供不合格的节能改造服务"。显然，不合格服务成本低、收益高。如果缺乏相关的行为约束机制，ESCO 理性经济人属性使"提供不合格节能改造服务"成为其必然的行为选择。因此，制定不合格服务的惩处制度，可以有效避免劣质的节能改造服务进入市场。

（3）节能服务行业竞争机制。既改市场逐步发育的同时，带来了 ESCO 数量及企业规模实力的显著提高，进一步带来了节能服务行业的繁荣。截至 2013 年 5 月，我国 ESCO 总数已突破 4200 家，连同 2012 年底创下 1650 亿元产值，两组数字揭示了国内节能服务产业规模的壮大。然而，这背后却透视着节能服务市场竞争的无序。2012 年以来，整体经济低迷导致建筑节能进展缓慢，市场需求下滑进一步造成供需矛盾凸显，市场中优势企业驱逐小企业退出市场，市场竞争秩序更加混乱。因此，应建立节能服务行业竞争机制，适度限制大型企业、优势企业过快发展，防止行业垄断；同时扶持刚刚起步的小型企业，使节能服务"蛋糕"均匀分配，市场才能均衡发展。

8.5.5 激励性政策设计

与强制性政策作用机制相反，激励性政策不具备强迫的性质，它通过政府引导或经济手段刺激市场主体投身节能改造。激励性政策是解决市场发育过程中显性需求不足、消除市场失灵的有效政策手段。将激励性政策划分为引导性激励政策和经济激励政策两类。

1. 引导性激励政策

相比经济激励政策，引导性激励政策是一种间接的激励手段，是一种拉动力量。引导性激励政策并非对市场主体采取直接的财政上、经济上的补贴或者优惠，而是通过政府的宣传引导，促使原本缺少节能意识的主体自觉节能，并使其从节能中获益。针对市场的供需双方——业主和 ESCO 分别构建引导性激励政策。

1）针对业主的引导性激励政策

针对业主，建立节能宣传及鼓励参与机制、行为节能奖励机制两种引导性激励政策。

（1）节能宣传及鼓励参与机制。建立节能改造试点工程、示范小区是我国既改实践中的成功经验。试点工程不仅是对节能改造政策建设及管理的有益探索，更是对既有建筑节能改造的间接宣传。然而，实践表明，零星的示范工程宣传效果不佳，亟须建立节能宣传与鼓励参与机制。搭建既改信息平台，以媒体传播、节能改造宣讲会的方式，对节能改造进行宣传，使节能改造理念深入人心，从而达到公共参与的效果。

（2）行为节能奖励机制。关于节能行为，第一层含义是通过降低单位产值能耗（即提高能源利用效率）实现节能的行为；第二层含义是通过使用优质能源（即提高能源质量）实现节能的行为[157]。本书在借鉴学者相关研究的基础上，认为行为节能是公众通过合理的决策选择和行为方式，在日常生活中主动实现节约能源的行为[158]。通过节能宣传鼓励居民节能，并依托建筑用能分户计量装置对居民节能行为的节能量进行统计，对节能效果显著的居民采取奖励措施，这样便形成了利益驱动机制，能有效引导居民实施行为节能。

2）针对 ESCO 的引导性激励政策

针对 ESCO，建立合同能源管理推广机制、节能服务创新奖励机制两种引导性激励政策。

（1）合同能源管理推广机制。EPC 是一种基于市场化的节能新机制，实质是以减少的能源费用来支付项目节能改造成本。作为一种缓解融资困难的新型投资方式，EPC 在发达国家已取得了成功的实践应用，然而在我国尚属刚刚起步。EPC 模式应用能有效促进既改市场发育已毋庸置疑，但我国特有的政治经济环境、政策支持力度不足、业主认可度偏低等原因造成 EPC 发展障碍重重。从营造良好的外部环境、提高 ESCO 综合能力、加大宣传力度等方面建立 EPC 推广机制十分必要。

（2）节能服务创新奖励机制。上面针对 ESCO 构建的保障性制度中，对其提供不合格服务采取惩罚措施。相反，为引导其努力提升专业知识、创新节能改造技术、提升节能服务质量，需要创建节能服务创新奖励机制。类似于能耗定额和超定额加价制度，奖优罚劣机制能发挥杠杆作用，能有效引导 ESCO 提供高质量的节能服务。

2. 经济激励政策

经济激励政策强调以市场手段解决市场发育中的实际问题，它通过市场信号影响政策对象做出行为决策。相比强制性政策，设计合理、运用得当的经济激励政策能以较低的社会成本、较高的政策效果推动既改市场发育。

1）财政补贴政策

财政补贴政策是指政府拿出财政资金，对市场主体进行直接的经济补贴。依据对象不同，一般可分为投资补贴、生产者补贴、消费者补贴三种。在既改市场中，依次对应的就是对投资者（依融资方式不同为金融机构或 ESCO）的补贴、对市场供给方 ESCO 的补贴、对市场需求方业主的补贴。财政补贴收入是一种直接而确定的收入，带来的是显现收益，效果直接，易于政策对象接受。

2）设立节能基金政策

设立节能基金政策是指划拨一定的政府资金以设立专门的节能改造基金，用于支持各种节能改造相关活动。该政策与财政补贴政策都依附于政府财政，不同点是节能基金政策的基金由专门的节能改造资金管理机构进行管理，属于专款专用，保证了资金来源和数量的稳定性。

3）税收优惠政策

税收优惠政策的实质是减少纳税人的税赋，从而提高纳税人的收益水平。为激励金融机构、资金实力雄厚的 ESCO 以及其他市场主体积极投资既改，政策体系构架中应当包含税收优惠政策。依据各种税收特点，可以使用的税收工具有增值税、营业税、企业所得税、城市维护建设税、房产税等。

4）信贷优惠政策

信贷资金是节能改造资金的重要来源之一。政府对市场中的节能改造设备投资者和技术开发主体，提供低息贷款、贴息贷款和贷款担保，是发达国家普遍采用的信贷优惠方式。该政策可以起到减轻企业还本期利息负担、降低节能改造成本的作用，从而解决了制约市场发展最关键的融资问题。因此信贷优惠政策应当成为政府经济激励政策构建的方向。

需要补充的是，既改政策实施中，形式多样的经济激励政策往往配合使用；经济激励政策与引导性激励政策、宏观视角下的激励性政策与强制性政策也应当相互补充、配合使用，只有这样才可以形成协同与互补机制，促进市场更快、更健康发展。

8.6　既有建筑节能改造政策实施环境条件分析

1. 稳定的经济环境

发达国家建筑节能受到重视并大面积开展源于 20 世纪七八十年代的石油大幅度涨价，由此各国纷纷意识到经济增长的背后是严重的能源危机和日益恶化的

地球环境。发达国家建筑节能的发展经历告诉我们，稳定的世界经济环境是建筑
节能稳步发展的前提。既改作为建筑节能的重要组成部分，稳定的经济环境能减
少政府频繁、短期的宏观调控，从而避免了政策波动，确保了已定政策的稳步实
施。另外，既改的正外部性属性、改造资金瓶颈造成建筑业主改造积极性不高、
ESCO "裹足不前"，稳定的经济环境使政府构建经济激励政策以盘活市场成为可
能。因此，稳定的经济环境是确保政策有效实施的重要环境条件之一。

2. 持续而有力的政治支持

市场发育离不开政策引导与规制，政策实施同样需要稳定的政治环境。持续
而有力的政治支持是既改政策顺利实施的政治保障。其具体表现是国家节能战略
制定及对既改的支持程度。随着我国经济社会的快速发展以及同世界各国交流的
不断深入，中央政府已认识到发达国家经济建设中的能源问题；立足我国实际，
也越来越重视节能工作。目前我国确立了节能减排战略，以国家五年规划约束性
指标的形式提出节能减排目标，不仅体现了节约资源、保护环境的基本国策，也
是促进我国经济结构优化、转变经济发展方式的重要措施。节能改造是一项长期、
持久的系统工程，需要政府明确而不变的政治支持。国家对既有建筑节能改造一
如既往的支持能避免具体政策在实施中夭折以及不了了之，同时也是政策调整及
政策更新的坚强后盾。

3. 全民积极参与的社会环境

我国既有建筑存量巨大，据统计，既有建筑面积已达 560 亿 m^2。建筑是人民
群众生产生活的重要载体，对既有建筑实施节能改造是提高人民群众生活水平、
关注民生的重要途径。既有建筑的广泛性决定了对其实施节能改造需要广大人民
群众的支持与配合。然而，现阶段人民群众节能意识与节能认知并不高；既有建
筑节能改造的外部性本质、改造所需资金巨大的特点进一步造成了既有建筑节能
改造的全民参与机制尚未形成。提高全员参与意识、主人翁意识，调动广大人民
群众参与节能改造的积极性，是解决节能改造市场显现需求不足的重要途径。因
此，努力营造全民积极参与的社会环境也是既有建筑节能改造政策实施环境条件
之一。

4. 积极开拓的技术创新

发达国家既改的成功经验已为我们揭示了技术创新的重要支撑作用。先进的
节能改造技术是提高实际工作效率、提升改造效果与品质的重要保障。然而，现
阶段我国既改的相关技术标准与规范并不十分完备，难以为改造实践活动提供全
面参考依据；进一步导致实际改造中施工人员的经验主义，留下安全隐患的同时

也造成了实际改造效果与广大业主期许的偏离、业主满意度与积极性降低,改造活动再次陷入需求不足的僵局。技术创新是保障节能改造工程质量的前提,是既改工作开展的重要推动力量,新常态下与时俱进、积极开拓、不断推动技术创新、发挥技术进步的驱动作用已是当务之急,更是保障既改政策有效实施的重要条件。

5. 顺畅而高效的政策执行监督管理体制

政策执行监督管理体制为公共政策有效实施提供了制度规范和秩序保障。前面已分析指出,我国既改政策的实施监管及保障机制不健全,在实际工作中表现为"多头管理"及"互相扯皮",以及中央、地方两级政府的利益博弈,政策实施与执行过程中难以统一协调管理,各部门间互相推脱,造成政策实施不力、达不到预期效果。因此,从中央到地方各级政府建立起专门的既有建筑节能改造管理机构并保质保量地履行其职能,协调好上下级管理部门间、平行部门间关系,落实地方政府、各级既有建筑节能改造管理部门的节能改造目标责任考核制,形成"自检""互检""交接检"的多重监督管理机制,为既有建筑节能改造政策的实施提供有力保障。

由上面分析可知,市场发育阶段性与地区发展差异性决定了统一的既有建筑节能改造政策难以解决实际各方面存在的问题,构建因时而异、区别有度的既有建筑节能改造政策体系十分必要。借鉴发达国家政策建设成功经验,架构了基于市场发育的既有建筑节能改造政策体系完整框架。然而,政策的有效实施受多种因素影响,若要保障既有建筑节能改造政策实施有效,必须从经济环境、政策支持、社会影响、技术创新、监管体制方面加强建设。

第9章 既有建筑节能改造政策体系构建中的主体行为博弈分析

既有建筑节能改造市场健康发育的关键在于高效的政策体系和以ESCO供给主体为主导的市场各主体履行社会责任，ESCO的能力对市场发育的重要影响决定了其履责行为的重要性。政府主管部门与ESCO在利益诉求上存在差别，使双方行为博弈成为必然。探讨既有建筑节能改造政策体系构建中两者的行为博弈，分析政策构建主体与政策对象的行为策略选择，探求主体行为策略选择路径，能提高政策制定的科学性，提升政策实施的有效性与执行的坚决性，从而更好地指导既有建筑节能改造实践。

9.1 博弈理论阐述

9.1.1 进化博弈

进化博弈理论是非合作博弈理论和生态学理论的完美结合，它摒弃了主流博弈论中行为主体完全理性的假设，认为行为主体是有限理性的，使其更接近于实际。该理论依据动态分析方法，把影响参与主体行为的各种因素纳入理论模型中，并以系统论的观点来考察群体行为进化趋势[159]。

应用进化博弈理论分析主体行为选择涉及两个重要概念：复制动态方程和进化稳定策略。复制动态方程是指某一特定策略在一个群体中被采用频率的动态微分方程[160]。对于博弈方某一可选择策略 i ，设 x_i 为该博弈群体中选择策略 i 的比例，$U(x_i,x)$ 为群体选择策略 i 获得的收益，$U(x,x)$ 为相应的群体的平均收益，复制动态方程可表述为式（9-1）：

$$F(x) = \frac{\mathrm{d}x_i}{\mathrm{d}t} = x_i \cdot [U(x_i,x) - U(x,x)] \tag{9-1}$$

由复制动态方程进一步求得抗干扰能力不同的多个稳定状态，其中抗干扰能力强的稳定状态称为进化稳定策略，其内涵及特点是在动态调整过程里受到少量干扰后仍能"恢复"到稳定状态，数学表示如下。

设 s 是博弈 G 的一个策略组合，如果存在任意小的 ε ，对任意 $s' \neq s$ 和 $\varepsilon \in (0,1]$ ，满足式（9-2）：

$$g(s,(1-\varepsilon)\cdot s+\varepsilon^{*}\cdot s') > g(s',(1-\varepsilon)\cdot s+\varepsilon^{*}\cdot s') \qquad (9\text{-}2)$$

则称 s 是一个进化稳定策略。其中，式（9-2）中的 g（策略 1，策略 2）表示博弈方在双方策略为（策略 1，策略 2）时的收益。在此定义中，ESS 代表一个群体抵抗变异侵袭的一种稳定状态，当主导策略 s 受到少量变异策略侵袭时，定义中的不等式要求主导策略严格优于变异策略。

9.1.2　不完全信息动态博弈

不完全信息动态博弈是博弈理论的重要内容之一，了解其内涵之前需明确博弈的分类。博弈的划分有两个角度：一是按照参与人是否都清楚各种对局情况下每个参与人的策略、收益等信息，分为完全信息博弈和不完全信息博弈[161]，完全信息博弈是每一参与人对其他参与人信息完全了解，反之为不完全信息博弈；二是依据参与人行动的先后顺序，分成静态博弈和动态博弈，静态博弈是指参与人同时选择行动，或虽然不是同时但后行动者并不知道先行动者的行动内容。综上，博弈分类如表 9-1 所示[162, 163]。

表 9-1　博弈分类

行动顺序	了解信息程度	
	完全信息	不完全信息
静态	完全信息静态博弈	不完全信息静态博弈
动态	完全信息动态博弈	不完全信息动态博弈

由表 9-1 可以看出，不完全信息动态博弈同时具有不完全信息博弈和动态博弈的特征，即参与人并不完全清楚在各种对局情况下每个参与人的全部信息，同时，参与人的行动具有先后顺序。具体的博弈过程与一般情况下的博弈过程类似：明确博弈参与人，确定参与人行为策略空间及各种策略对应的支付与收益情况，进行合理的模型假设，构建博弈模型，对模型求解得到均衡策略。

9.2　激励性政策下政府主管部门与 ESCO 的行为博弈分析

政府主管部门是既有建筑节能改造政策的构建者，代表全体人民的利益，推行既有建筑节能改造的宗旨是获得最大范围的经济效益、社会效益和生态效益；ESCO 是既有建筑节能改造市场最主要的供给主体，理性经济人的角色决定了其行为策略的出发点更多考虑的是自身经济利益，显而易见，政府与 ESCO 存在着诉求与利益上的分歧，两者行为博弈具有必然性。既有建筑节能改造存在正外部效应，市场发育初期，构建激励性政策是世界各国推动节能改造的普遍做法，是消除经济外部性和提升主体参与积极性的重要手段。因此，分析激励性政策下政府主管部门与 ESCO 的行为博弈策略，确定科学合理、强度适中的激励力度，可以为激励性政策构建提供参考。

9.2.1　模型的基本假设

假设 9.1　博弈双方为政府主管部门和 ESCO 群体，政府主管部门制定激励补贴政策对 ESCO 行为进行干预，引导其投身节能改造，实现既改目标；单独考虑某一种政策的作用效果，如政府主管部门制定激励性政策时已排除强制性政策的干扰；市场中有多种企业类型不同的 ESCO，本模型不作具体区分，视为群体；政府主管部门通过补贴政策引导 ESCO 的节能改造行为，$ESCO_i(i=1,2,\cdots,n)$ 对政府不同行为做出相应的反应。

假设 9.2　政府主管部门是完全理性决策主体，以推动节能改造市场发育和实现综合节能收益为决策出发点；ESCO 是有限理性决策主体，其局限性决定了需要经过不断的学习与策略调整，获得主体最优策略，最终达到博弈均衡状态。

假设 9.3　补贴力度（补贴额）u 为政府主管部门的策略选择，节能改造行为 v_i 为 ESCO 的策略选择；$u \geqslant 0$，u 越大表明补贴力度越强；ESCO 有两种策略选择（v_i）：$v_i=0$ 表示"提供不合格的节能改造服务"，$v_i=1$ 表示"提供合格的节能改造服务"。

假设 9.4　政府主管部门与 ESCO 群体间传递的是对称信息，两者都充分知晓对方在不同策略下的收益情况。

假设 9.5　参数设定：ESCO 提供合格的节能改造服务时，政府主管部门对其提供补贴额 u，反之不提供；ESCO 选择策略 $v_i=0$ 即"提供不合格的节能改造服务"的概率为 x，选择策略 $v_i=1$ 即"提供合格的节能改造服务"的概率为 $1-x$；ESCO 选择策略 $v_i=0$ 时的营业利润为 a_0，ESCO 选择 $v_i=0$ 时政府获得的税收收入等经济和其他收益为 b_0；ESCO 选择策略 $v_i=1$ 时的营业利润为 a_1，获得的额外收益如企业知名度提升、品牌积聚效应等为 a，ESCO 选择 $v_i=1$ 时政府获得的税收收入等经济收益和居住条件改善等社会效益为 b_1，获得的额外收益如节能产业发展、资源节约、环境改善等长期收益为 b。

9.2.2　模型构建

1）模型构建理论分析

由以上分析和假设可知，激励补贴政策下政府主管部门与 ESCO 群体的行为博弈问题可以归为个体与群体的进化博弈过程，个体是政府主管部门，群体则是

ESCO 群体。博弈过程中，政府主管部门先进行决策，其策略是提出补贴政策的补贴力度，即某一确定的补贴额；ESCO 知晓政府主管部门的具体策略后，针对性地确定自己的行为选择。在政府主管部门做出不同的决策，即制定不同额度的补贴政策后，ESCO 进行相应的策略调整，而这又将引起政府主管部门新一轮的政策调整，ESCO 为追求自身利益最大化继续调整策略，如此往复，形成了两者动态博弈过程。直至双方达到进化博弈均衡状态，博弈过程结束。

2）模型构建——政府主管部门与 ESCO 的收益函数及复制动态方程

结合前述假设，补贴额为 u 时，双方的收益情况如下。

当 ESCO 选择策略 $v_i = 0$ 即"提供不合格的节能改造服务"时，ESCO 与政府主管部门的收益函数分别为式（9-3）和式（9-4）。

ESCO：
$$\pi_E(v_i = 0) = a_0 \tag{9-3}$$

政府主管部门：
$$\pi_G(v_i = 0) = b_0 \tag{9-4}$$

当 ESCO 选择策略 $v_i = 1$ 即"提供合格的节能改造服务"时，ESCO 与政府主管部门的收益函数分别为式（9-5）和式（9-6）。

ESCO：
$$\pi_E(v_i = 1) = a_1 + a + u \tag{9-5}$$

政府主管部门：
$$\pi_G(v_i = 1) = b_1 + b - u \tag{9-6}$$

ESCO 选择两种策略的平均期望收益为式（9-7）：
$$\bar{\pi}_E = x \cdot \pi_E(v_i = 0) + (1-x) \cdot \pi_E(v_i = 1) = x \cdot a_0 + (1-x) \cdot (a_1 + a + u) \tag{9-7}$$

政府主管部门的平均期望收益为式（9-8）：
$$\bar{\pi}_G = x \cdot \pi_G(v_i = 0) + (1-x) \cdot \pi_G(v_i = 1) = x \cdot b_0 + (1-x) \cdot (b_1 + b - u) \tag{9-8}$$

由以上的期望收益可得 ESCO 在选择 $v_i = 0$ 即"提供不合格的节能改造服务"策略时的复制动态方程 $F(x)$ 为式（9-9）：
$$F(x) = \frac{dx}{dt} = x \cdot [\pi_E(v_i = 0) - \bar{\pi}_E] = x \cdot (1-x) \cdot (a_0 - a_1 - a - u) \tag{9-9}$$

因本模型中已假设政府主管部门是完全理性主体，其策略是提供补贴力度（补贴额）为 u 的激励补贴政策，当 u 一定时，不存在政府主管部门的复制动态方程。

9.2.3 模型求解及分析

1）ESCO 的复制动态方程求解及分析

由 ESCO 群体有限理性的假设可知，博弈均衡策略是不断学习调整、多次行为选择的结果。按照生物进化复制动态思想，采用策略收益较低的博弈个体会模仿较高收益的策略，因此群体中选择不同策略的比例发生变化，特定策略比例的变化速度与其在群体中的比重和其收益超过平均收益的幅度成正比[164]。

式（9-9）为 ESCO 选择策略 $v_i = 0$ 的复制动态方程，令 $F(x) = 0$，得出复制

动态方程的稳定点 $x_1^* = 0$、$x_2^* = 1$ 及 $u^* = a_0 - a_1 - a$。当 $u = u^* = a_0 - a_1 - a$ 时，无论 x 取何值，$F(x) \equiv 0$，且 $F'(x) \equiv 0$，表明政府主管部门提供激励补贴政策达到启动点，ESCO 选择"提供合格的节能改造服务"和"提供不合格的节能改造服务"两种策略比例达到稳定状态。当 $u > u^*$ 时，$x_1^* = 0$、$x_2^* = 1$ 是两个稳定状态，且由于 $F'(0) < 0$，$F'(1) > 0$，说明当 x 取值从 1 到 0 的过程，$F(x)$ 的变化趋势为先增后减，因此 $x_1^* = 0$ 是进化稳定策略，表明政府主管部门激励力度 $u > u^*$ 时，ESCO 学习及策略选择的方向是"提供合格的节能改造服务"；当 $u < u^*$ 时，$F'(0) > 0$，$F'(1) < 0$，此时 $x_2^* = 1$ 是进化稳定策略，即政府主管部门对 ESCO 的经济激励力度不够，激励强度达不到启动点，造成 ESCO 动力缺乏，"提供不合格的节能改造服务"成为 ESCO 群体的均衡选择策略。ESCO 进化博弈复制动态方程相图如图 9-1 所示。

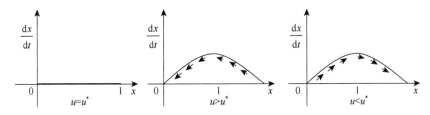

图 9-1　ESCO 进化博弈复制动态方程相图

2）ESCO 的复制动态演化相图分析

将 ESCO 群体的复制动态及稳定性表示在以 x 和 y 为坐标的平面图形上，可呈现其博弈演化趋势。ESCO 行为进化博弈复制动态演化相图如图 9-2 所示。

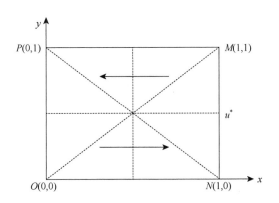

图 9-2　ESCO 行为进化博弈复制动态演化相图

由进化相图（图 9-2）可知，ESCO 的行为演化路径与政府主管部门激励力度

（补贴额）密切相关。ESCO 选择"提供合格的节能改造服务"的行为选择在本模型中与补贴额关系紧密，也就是说，政府主管部门补贴额的大小直接影响着 ESCO 群体的行为选择与进化路径。当 $u < u^*$ 时，ESCO "提供不合格的节能改造服务" 行为的概率 x 由 $O(0,0)$ 点向 $N(1,0)$ 点移动，$x_2^* = 1$ 是进化稳定策略，表示当 $u < u^*$ 时，ESCO 群体选择"提供不合格的节能改造服务"的概率越来越大，直至趋于 "1"（全部提供不合格的节能改造服务）稳定，市场秩序混乱、发育畸形。当 $u > u^*$ 时，x 由 $M(1,1)$ 点向 $P(0,1)$ 点移动，此时，$x_1^* = 0$ 是进化稳定策略，表示当 $u > u^*$ 时，ESCO 群体选择"提供合格的节能改造服务"的概率越来越小，趋于 "0"（全部提供合格的节能改造服务）稳定，市场秩序规范、发育良好。

3）政府主管部门的行为博弈分析

式（9-8）表示政府主管部门的平均期望收益。政府主管部门理性经济人的角色决定了只有当其实施激励补贴的期望收益大于等于 ESCO 群体选择"提供不合格的节能改造服务"策略时政府主管部门的收益时，政府主管部门才会实施激励补贴政策，也就是说政府主管部门对 ESCO 提供经济补贴的前提条件是 $\bar{\pi}_G \geq \pi_G(v_i = 0)$。$\pi_G(v_i = 0) = b_0$，所以求解 $\bar{\pi}_G \geq b_0$，可得到 $u \leq b + b_1 - b_0$。

结合 1）中对 ESCO 复制动态方程的分析，可以得到作为完全理性的政府主管部门应树立长远视角，坚持以经济、社会、环境、生态的长期利益为激励性政策决策依据，激励补贴强度满足式（9-10）：

$$a_0 - a_1 - a \leq u \leq b + b_1 - b_0 \qquad (9\text{-}10)$$

式（9-10）中，$a_0 - a_1 - a < b + b_1 - b_0$ 恒成立，因为从社会整体全局视角，ESCO 提供合格的节能改造服务带来的总体收益 $a_1 + a + b_1 + b$ 恒大于 ESCO 提供不合格的节能改造服务带来的总体收益。式（9-10）左侧 $a_0 - a_1 - a \leq u$ 揭示了既改激励补贴政策的启动点，右侧 $u \leq b + b_1 - b_0$ 揭示了理性政府主管部门激励力度的最高额度。因此，锁定有远见的激励性政策，确定合理的激励强度，激励并引导 ESCO 的决策行为，使其在长期的动态进化过程中不断学习和模仿、不断调整策略，使 ESCO 群体选择 $v_i = 0$ "提供不合格的节能改造服务"策略的比例 $x \to 0$，最终达到进化博弈的帕累托最优稳定均衡状态 $(u, v_i = 1)$，实现多主体积极参与、推动既有建筑节能改造市场健康发育的目标。

9.2.4 激励性政策构建启示

通过分析激励性政策下政府主管部门与 ESCO 群体的进化博弈及行为选择，可得出以下激励性政策构建启示。

（1）激励性政策对于引导节能改造主体行为选择及市场发育至关重要。节能改造市场发育初期，市场机制尚未建立，ESCO 作为最主要的供给主体，融资能力、技术水平不足，改造积极性不高。如果缺乏政府的激励措施，ESCO 将因成本低、收益高而选择"提供不合格的节能改造服务"，这样，必将造成市场陷入 ESCO 信誉降低、业主抵制的恶性循环，长此以往，既有建筑节能改造市场将踏上一条艰辛的发展之路，甚至秩序混乱、发育畸形，而这无疑对整体的建筑节能事业发展、节能减排政策实施形成巨大阻碍。但相反，在市场发育不同阶段，尤其是市场机制尚不完善的初期，政府"有形的手"能有效弥补市场的缺陷，对 ESCO 以及决定市场需求的业主施以直接的激励性政策，能显著提升市场主体的参与热情，促进市场发育及节能改造的大面积实施。

（2）激励补贴额度需合理确定，否则适得其反。由以上分析可知，激励性政策对于节能改造主体行为选择及市场发育至关重要，以财政补贴为例，能有效解决市场供需主体的资金瓶颈难题，带来直接的经济效益。然而，本模型中政府主管部门博弈行为分析的结果显示，政府理性经济人的角色决定了其实施激励补贴政策存在一定的前提，即实施激励补贴的期望收益大于等于 ESCO 群体选择"提供不合格的节能改造服务"策略时政府主管部门的收益，由此得到补贴额 $u \leqslant b + b_1 - b_0$。但是，$u$ 的取值也有一定的下限，即 $u \geqslant a_0 - a_1 - a$。所以，本模型不仅给出了 u 的取值范围（$a_0 - a_1 - a \leqslant u \leqslant b + b_1 - b_0$），也进一步揭示了激励补贴额的下限为 $a_0 - a_1 - a_0$，一旦 u 小于该值，ESCO 群体选择"提供不合格的节能改造服务"策略的概率将不断增大，财政补贴不仅形同虚设，反而适得其反；相反，激励补贴额一旦大于上限（最高额度 $b + b_1 - b_0$），将造成政府行为的不经济和更大的资源浪费。因此，激励补贴政策十分必要，但并非越高越好，其额度需合理确定。

9.3　激励性 + 强制性政策下政府主管部门
与 ESCO 的行为博弈分析

激励性政策产生的强烈杠杆效应能有效解决既有建筑节能改造项目融资难题，刺激市场主体的参与热情。然而，落实市场主体责任、规范市场主体行为、促进市场健康发育同样需要强制性政策的规范和保障。发达国家既有建筑节能改造实践表明，在市场发育全生命周期中，激励性政策与强制性政策缺一不可，两者组合应用能发挥显著的推动作用。构建激励性 + 强制性政策下政府主管部门与 ESCO 的博弈模型，形成有效政策体系的构建与优化启示。

9.3.1　模型的基本假设

假设 9.6　博弈模型中存在两个局中人，局中人 1 为政府主管部门，局中人 2 为 ESCO。

假设 9.7 政府主管部门的强制性政策体现为严格的监管机制及对不规范的市场主体行为的惩罚机制，激励性政策体现为对节能改造积极主体的奖励机制。

假设 9.8 局中人的行动顺序为政府主管部门先行动，ESCO 在观察政府主管部门的决策之后再行动。

假设 9.9 局中人的行为空间为政府主管部门选择是否监管，是否奖励，是否惩罚；ESCO 的选择为是否提供合格的节能改造服务，即"提供合格的节能改造服务"和"提供不合格的节能改造服务"，且只有这两种服务类型。

假设 9.10 局中人的策略空间：政府主管部门有三个信息集，其策略空间为 {(监管，不监管),(奖励，不奖励),(惩罚，不惩罚)}；ESCO 有两个信息集，每个信息集上有两个可选择的行为，其策略空间（以下策略空间中将"提供合格的节能改造服务"记作"合格"；将"提供不合格的节能改造服务"记作"不合格"）为 {(监管，合格),(监管，不合格),(不监管，合格),(不监管，不合格)}。

假设 9.11 参数设定：假设 ESCO 提供合格的节能改造服务时政府主管部门的收益是 m_1，ESCO 的收益是 w_1；ESCO 提供不合格的节能改造服务时政府主管部门的收益是 m_2，ESCO 的收益是 w_2，$m_1 > m_2$，$w_1 > w_2$；政府主管部门的监管成本是 c_1，ESCO 提供合格的节能改造服务额外多支付的成本为 c_2；政府主管部门对 ESCO 选择提供合格的节能改造服务的奖励为 k，对其提供不合格的节能改造服务的惩罚为 f；政府主管部门对 ESCO 节能活动进行监管的概率为 α，ESCO 提供合格的节能改造服务的概率为 β，ESCO 提供合格的节能改造服务受奖概率是 ε，ESCO 提供不合格的节能改造服务受罚概率为 η。

9.3.2 模型构建

1）行为策略选择

首先，政府主管部门对 ESCO 的市场行为有监管和不监管两种行为策略，每种行为策略发生后 ESCO 做出反应，同样有两种行为策略：提供合格的节能改造服务和提供不合格的节能改造服务。在政府主管部门监管行为策略下，ESCO 提供合格的节能改造服务时，政府主管部门有奖励和不奖励两种行为选择；ESCO 提供不合格的节能改造服务时，政府主管部门有惩罚和不惩罚两种行为选择。整个博弈过程中，政策主管部门先做出决策，ESCO 再相应地做出决策，因此是动态博弈过程。此外，后行动的 ESCO 知晓先行动的政府主管部门的决策行为，但政府主管部门并不知道 ESCO 的决策与收益情况，因此，从这一角度，两者的博弈属于不完全信息博弈过程。基于以上假设和分析，构建激励性＋强制性政策下政府主管部门与 ESCO 的不完全信息动态博弈模型，两者行为博弈策略选择路径如图 9-3 所示。

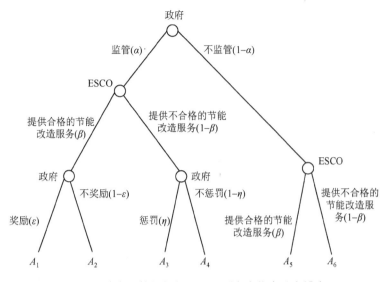

图 9-3　政府主管部门与 ESCO 不完全信息动态博弈

2）构建支付矩阵

基于图 9-3 的行为博弈选择路径，根据参数描述，得出各种策略选择下博弈双方的支付函数（政府主管部门、ESCO）如下：

$$A_1 = (m_1 - c_1 - k, w_1 - c_2 + k)$$

$$A_2 = (m_1 - c_1, w_1 - c_2)$$

$$A_3 = (m_2 - c_1 + f, w_2 - f)$$

$$A_4 = (m_2 - c_1, w_2)$$

$$A_5 = (m_1, w_1 - c_2)$$

$$A_6 = (m_2, w_2)$$

9.3.3　模型求解及分析

若给定 ESCO "提供合格的节能改造服务" 行为的概率为 β，则政府主管部门选择 "监管（ $\alpha = 1$ ）" 和 "不监管（ $\alpha = 0$ ）" 时的期望收益分别为式（9-11）和式（9-12）：

$$
\begin{aligned}
Z(1, \beta) &= \beta \cdot [\varepsilon \cdot A_1 + (1 - \varepsilon) \cdot A_2] + (1 - \beta) \cdot [\eta \cdot A_3 + (1 - \eta) \cdot A_4] \\
&= \beta(m_1 - \varepsilon k - \eta f - m_2) + \eta f + m_2 - c_1
\end{aligned}
\tag{9-11}
$$

$$
\begin{aligned}
Z(0, \beta) &= \beta \cdot A_5 + (1 - \beta) \cdot A_6 \\
&= \beta(m_1 - m_2) + m_2
\end{aligned}
\tag{9-12}
$$

式（9-11）、式（9-12）中，A_1 表示 A_1 矩阵中政府主管部门的收益值，其他同理。

找出政府主管部门采取"监管"和"不监管"两种策略选择下收益相等的临界值，即 $Z(1,\beta)=Z(0,\beta)$ 时的 β 值。

求解得 $\beta=\dfrac{c_1-\eta f}{\varepsilon k+\eta f}$，记作 β^*。

同理，政府主管部门对 ESCO 的节能活动选择"监管"的概率 α 给定时，ESCO 选择"提供合格的节能改造服务（$\beta=1$）"和"提供不合格的节能改造服务（$\beta=0$）"时的期望收益分别为式（9-13）和式（9-14）：

$$H(\alpha,1)=\alpha\cdot[\varepsilon\cdot A_1+(1-\varepsilon)\cdot A_2]+(1-\alpha)\cdot A_5 \\ =\alpha\varepsilon k+w_1-c_2 \qquad(9\text{-}13)$$

$$H(\alpha,0)=\alpha\cdot[\eta\cdot A_3+(1-\eta)\cdot A_4]+(1-\alpha)\cdot A_6 \\ =w_2-\alpha\eta f \qquad(9\text{-}14)$$

式（9-13）、式（9-14）中，A_1 表示 A_1 矩阵中 ESCO 的收益值，其他同理。

找出 ESCO "提供合格的节能改造服务"和"提供不合格的节能改造服务"两种策略选择下收益相等的临界值，即 $H(\alpha,1)=H(\alpha,0)$ 时的 α 值。

求解得 $\alpha=\dfrac{w_2+c_2-w_1}{\eta f+\eta k}$，记作 α^*。

政府主管部门可依据上述博弈过程中双方行为选择的临界值采取相应策略。如果 ESCO 选择"提供合格的节能改造服务"的概率 $\beta<\beta^*$，则政府主管部门的最优选择是"监管"；如果 ESCO 选择"提供合格的节能改造服务"的概率 $\beta>\beta^*$，则政府主管部门的最优选择是"不监管"；如果 ESCO 选择"提供合格的节能改造服务"的概率 $\beta=\beta^*$，代表一定意义上政府主管部门对其监管与否结果相当，政府主管部门可视具体情况采取具体措施。同理，如果政府主管部门采取"监管"的概率 $\alpha<\alpha^*$，ESCO 的最优选择是"提供不合格的节能改造服务"；如果政府主管部门采取"监管"的概率 $\alpha>\alpha^*$，ESCO 的最优选择是"提供合格的节能改造服务"；如果政府主管部门采取"监管"的概率 $\alpha=\alpha^*$，ESCO 可根据具体情况及自身实际进行选择，如期望低成本得到高利润或是提高成本而得到建筑节能市场好声誉等。

由此，该博弈模型下的混合纳什均衡是

$$\beta^*=\frac{c_1-\eta f}{\varepsilon k+\eta f},\qquad \alpha^*=\frac{w_2+c_2-w_1}{\eta f+\eta k}$$

9.3.4　激励性＋强制性政策构建启示

基于激励性＋强制性政策下政府主管部门与 ESCO 的博弈模型求解及分析，可得出以下启示。

　　激励性政策举足轻重，强制性政策必不可少，两者需协同配合。激励性政策下政府主管部门与 ESCO 的博弈模型已充分说明了政府激励补贴政策对于激发市场主体节能改造行为、引导市场发展具有重要意义。激励性 + 强制性政策下的双方博弈进一步说明了政府强制性政策（如监管与惩罚）对于规范市场主体行为、净化市场秩序同样意义重大：当 ESCO 选择"提供合格的节能改造服务"的概率 $\beta < \beta^*$ 时，政府主管部门需选择"监管"；而政府主管部门监管的概率 α 一旦小于 α^*，ESCO 必将选择"提供不合格的节能改造服务"。由此可见，政府监管为 ESCO 的市场行为提供了一定的束缚与鞭策。激励性 + 强制性政策的组合应用与协同配合是一种典型的"胡萝卜 + 大棒"模式，市场低迷时予以激励，市场形成时予以规范，两者协同配合，互通有无；但这并不代表两种政策一定是形影不离或是此消彼长，具体的选择及应用在市场发育的不同阶段各有侧重，呈现阶段性的差异。

第 10 章　适应市场发育的既有建筑节能改造政策有效性评价

既有建筑节能改造市场健康发育离不开政策的有效运行，评价政策的有效性有利于政府科学决策。从政策自身效果、政策行政管理效果、政策执行效果三维度，构建了既有建筑节能改造政策有效性评价指标体系及灰色综合评价模型；以市场培育阶段财政补贴政策、税收优惠政策为例，对两种政策的有效性进行对比评价演示，表明财政补贴政策更为有效。通过评价实施过程，得出有效激励性政策构建启示，以及明确激励对象、拓宽激励范围、加大激励强度、创新激励模式等激励性政策发展建议。

10.1　既有建筑节能改造政策有效性评价内涵及分析

10.1.1　既有建筑节能改造政策有效性评价内涵

1）既有建筑节能改造政策有效性

目前，既有建筑节能改造政策有效性尚没有统一而确切的定义。笔者在阅读大量相关文献的基础上，形成以下理解：既有建筑节能改造政策有效性即指政策的绩效、价值，是对政策推动市场发育及改造目标完成效果的检验，是政策执行效果、实施效果与政策预期目标的匹配度，是政策实现预期目标的效应。

理解上述内涵需明确以下两点：一是政策本身是否合理，即政策自身效果，包括其目标、对象、结构、内容等的合理性，以及政策与市场发育的匹配性；二是有效性不仅局限于政策自身，还要考虑政策的执行效果与行政管理效果，如政策促进市场发育程度、政策执行效果与管理能力等。衡量政策是否有效与有效程度如何，需要同时考虑政策自身效果、政策行政管理效果、政策执行效果三方面因素。

2）既有建筑节能改造政策有效性评价

既有建筑节能改造政策有效性评价是指依据一定的标准和程序，运用科学的技术和方法，对既有建筑节能改造政策的效果、效益、效率和公众回应加以判断、评定并由此决定政策变迁的活动。通过评价，可以科学诊断政策效果，为政策继续、终止或者修正提供参考依据。

10.1.2　既有建筑节能改造政策有效性评价分析

既有建筑节能改造政策有效性评价是一个系统工程，需要架构涉及评价内容分析、评价指标体系构建、指标权重确定、评价方法选择、评价实施过程及评价结果分析等多项内容的、科学的评价体系。对政策有效与否及有效性程度进行科学度量，其结论可以为相关部门优化既有建筑节能改造政策体系提供理论参考，进而促进政策体系完善及市场健康发育。

然而，由 8.1 节研究概述可以看到，目前国内外既有建筑节能改造政策评价的相关研究成果并不十分丰富，已有研究成果也比较分散：Beerepoot M、Beerepoot N、Drezner，以及韩青苗、杨晓冬等学者探讨了具体政策的实施效果、政策评价模型的构建思路、评价指标的选取方向以及消除评价者主观思维影响的评价方法的确定等。

梳理已有研究成果还会发现，已有研究大多以定性评价为主，目前尚未建立起完善、成熟的政策有效性评价方法和体系，对既有建筑节能改造政策的作用效果难以系统度量。而政策的有效性关系到市场的健康发育和改造目标的完成，因此，探讨适应市场发育的既有建筑节能改造政策有效性评价意义重大。

10.2　既有建筑节能改造政策有效性评价体系架构

10.2.1　评价内容分析

从上面既有建筑节能改造政策有效性内涵可以看出，政策执行效果、政策自身效果、政策行政管理效果是影响政策有效性的三个最主要因素[165]，也是政策有效性最直接的反映指标。

1）政策执行效果

既有建筑节能改造市场是既有建筑节能改造政策最直接的作用对象，市场指标如市场的发育情况、市场机制完善程度、市场中节能服务产业发展、改造后的经济及环境效益等能较好地体现政策执行效果。

2）政策自身效果

政策自身效果作为内因，其自身的科学性决定了政策执行的坚决性与政策实施的有效性。由我国当前既有建筑节能改造政策体系现状分析可知，政策体系的不完备、更新动态性缺乏、层次性不清晰、保障机制不健全等制约了我国既有建筑节能改造市场发展。因此，政策自身效果是评价政策有效性的重要指标。

3）政策行政管理效果

政策有效性的发挥离不开不折不扣的执行力和监管力，加强政策的行政管理能力建设能优化政策传导机制，确保政策实施的有效性。因此，涵盖政策实施保障机制建设、行政管理机构设置、公众监督与参与机制等的政策行政管理效果是反映政策有效性的重要指标。

10.2.2　评价指标体系构建

评价指标体系的建立遵循客观性、系统性、全面性、公平与动态设计等原则，应用系统评价的原理与方法综合确定其指标体系[166]。

既有建筑节能改造是一项复杂的系统工程的本质决定了既有建筑节能改造政策有效性评价的指标体系应综合考虑多方面因素，最终形成多层次、每层指标反映不同层面内容、各指标反映不同方面的多角度、全方位的评价指标体系。结合上述分析，选择政策执行效果、政策自身效果、政策行政管理效果作为评价指标体系的第一层次。

在政策执行效果（U_1）一级指标下，选取经济指标：节能服务产业总产值年均增速（U_{11}）、节能改造经济贡献率（U_{12}）、年改造面积增速（U_{13}），以及能源指标：改造后节能率（U_{14}）、单位 GDP 能耗（U_{15}）五个二级指标。

在政策自身效果（U_2）一级指标下，设置政策体系完备性（U_{21}）、政策目标明确性（U_{22}）、政策内容适宜性（U_{23}）、政策工具可操作性（U_{24}）、政策更新动态性（U_{25}）五个二级指标。

在政策行政管理效果（U_3）一级指标下，选取节能改造管理机构设置比例（U_{31}）、管理透明度（U_{32}）、管理简化度（U_{33}）、政策执行弹性（U_{34}）、管理的民众满意度（U_{35}）五个二级指标。

因此，得到既有建筑节能改造政策有效性评价的指标集如下：

$$U = \{U_1, U_2, U_3\}$$
$$U_1 = \{U_{11}, U_{12}, U_{13}, U_{14}, U_{15}\}$$
$$U_2 = \{U_{21}, U_{22}, U_{23}, U_{24}, U_{25}\}$$
$$U_3 = \{U_{31}, U_{32}, U_{33}, U_{34}, U_{35}\}$$

既有建筑节能改造政策有效性评价指标体系如图 10-1 所示。

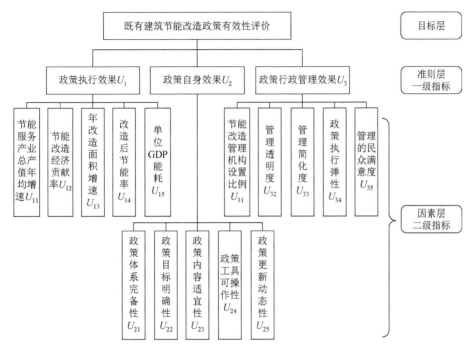

图 10-1　既有建筑节能改造政策有效性评价指标体系

10.2.3　指标权重确定

目前，应用较普遍的指标权重确定方法有层次分析法、熵值法、主成分分析法、变异系数法、重要性排序法等，其中熵值法、主成分分析法、变异系数法需要大量数据支撑，不适合本评价对象。相比层次分析法，重要性排序法能减少对评价者的主观依赖性，因此，本书选取重要性排序法确定指标权重。应用该方法的关键是对指标的重要程度及先后顺序进行准确排序，故选择业内权威专家对本书所选指标进行排序。通过理论研究和最优化方法实验得知，排序后的指标重要性程度呈等比数列分布，公比与指标数目之间存在以下关系：$\frac{1}{2}$、$\frac{2}{3}$、$\frac{3}{5}$、$\frac{5}{8}$、$\frac{8}{13}$、$\frac{13}{21}$…，当指标数和上述公比分母相同时，公比为该分母对应的分数值；若指标数在两分母之间，公比为两分数值之间的黄金分割点的数值 0.618[167]。权重计算公式为式（10-1）：

$$A = (a_1, a_2, \cdots, a_n) = \left(\sum_{i=1}^{n} a^i \right)^{-1} (a, a^2, \cdots, a^n) \tag{10-1}$$

式中，n 为评价指标数目；a 为公比值。

按式（10-1），计算各评价指标权重，最终将计算结果汇总。既有建筑节能改造政策有效性评价指标权重如表 10-1 所示。

表 10-1 既有建筑节能改造政策有效性评价指标权重

总目标	一级指标	权重	二级指标	权重
既有建筑节能改造政策有效性评价指标体系	政策执行效果 U_1	0.473	节能服务产业总产值年均增速 U_{11}	0.43
			节能改造经济贡献率 U_{12}	0.26
			年改造面积增速 U_{13}	0.16
			改造后节能率 U_{14}	0.09
			单位 GDP 能耗 U_{15}	0.06
	政策自身效果 U_2	0.316	政策体系完备性 U_{21}	0.43
			政策目标明确性 U_{22}	0.26
			政策内容适宜性 U_{23}	0.16
			政策工具可操作性 U_{24}	0.09
			政策更新动态性 U_{25}	0.06
	政策行政管理效果 U_3	0.211	节能改造管理机构设置比例 U_{31}	0.43
			管理透明度 U_{32}	0.26
			管理简化度 U_{33}	0.16
			政策执行弹性 U_{34}	0.09
			管理的民众满意度 U_{35}	0.06

注：指标 U_{21} 指政策体系的完备性或单一政策内容的完整性

10.2.4 灰色综合评价法选择

本书拟选用灰色综合评价法实施评价过程，现对灰色综合评价在本模型中应用的适用性进行分析。

如果一个系统具有如下特点：第一，既含有已知信息又含有未知信息，即信息具有不完整性；第二，结构关系模糊、变化动态随机；第三，评价指标体系具有层次性且指标数据不完整，则大致可判断该系统为灰色系统。笔者认为，既改政策有效性评价系统属于一个灰色系统。原因归纳起来主要有以下三方面：首先，既改政策有效性的理论研究尚不成熟，其有效性的影响因素与作用机理尚不明确；其次，既改事业的经济外部性、多主体参与的信息不对称性导致其处于市场失灵领域，信息不完全；最后，本书中评价指标数据部分已知、部分未知，且既有定量（白化）指标，又有定性（灰色）指标。研究对象具有以上"灰色"特征，因此，采用灰色模型评价既改政策的有效性。

灰色综合评价法是基于灰色聚类的数学原理而构建的，其中灰色白化权函数聚类可以根据评价指标的观测值判断对象的所属分类，可以用来描述一个灰数对其取值范围内不同数值的"偏爱"程度[168]。因此，选择灰色白化权函数聚类。

10.2.5　灰色综合评价实施过程

1）确定评价等级标准

将所有指标分为优、良、中、较差、很差五个等级，分别赋值 5、4、3、2、1，介于两相邻等级之间的指标评分分别为 4.5、3.5、2.5、1.5，各指标具体得分情况依据专家打分。

2）确定评分矩阵

评分矩阵由专家按评分标准对各指标进行评分得到。设第 p 个专家对某指标 x_{ij} 给出的评分为 $x_{ijp}(i=1,2,\cdots,q; j=1,2,\cdots,n; p=1,2,\cdots,k)$，则得到评分矩阵 D 为式（10-2）：

$$D=\begin{bmatrix} x_{111} & x_{112} & \cdots & x_{11p} \\ x_{121} & x_{122} & \cdots & x_{12p} \\ \vdots & \vdots & & \vdots \\ x_{ij1} & x_{ij2} & \cdots & x_{ijp} \\ \vdots & \vdots & & \vdots \\ x_{351} & x_{352} & \cdots & x_{35p} \end{bmatrix} \quad (10-2)$$

3）确定评价灰类

结合评价对象特点，设定 5 个评价灰类，依次为 $m=1,2,3,4,5$，分别表示很差、较差、中、良、优五个等级。相应白化权函数见式（10-3）～式（10-7）。

（1）灰类 $m=1$，灰数 $\otimes\in[0,1,2]$，白化权函数表示为式（10-3）：

$$f_1(x_{ijp})=\begin{cases} 1, & x_{ijp}\in[0,1] \\ 2-x_{ijp}, & x_{ijp}\in[1,2] \\ 0, & x_{ijp}\notin[0,2] \end{cases} \quad (10-3)$$

（2）灰类 $m=2$，灰数 $\otimes\in[0,2,4]$，白化权函数表示为式（10-4）：

$$f_2(x_{ijp})=\begin{cases} x_{ijp}/2, & x_{ijp}\in[0,2] \\ (4-x_{ijp})/2, & x_{ijp}\in[2,4] \\ 0, & x_{ijp}\notin[0,4] \end{cases} \quad (10-4)$$

（3）灰类 $m=3$ ，灰数 $\otimes \in [0,3,6]$ ，白化权函数表示为式（10-5）：

$$f_3(x_{ijp}) = \begin{cases} x_{ijp}/3, & x_{ijp} \in [0,3] \\ (6-x_{ijp})/3, & x_{ijp} \in [3,6] \\ 0, & x_{ijp} \notin [0,6] \end{cases} \qquad (10\text{-}5)$$

（4）灰类 $m=4$ ，灰数 $\otimes \in [0,4,8]$ ，白化权函数表示为式（10-6）：

$$f_4(x_{ijp}) = \begin{cases} x_{ijp}/4, & x_{ijp} \in [0,4] \\ (8-x_{ijp})/4, & x_{ijp} \in [4,8] \\ 0, & x_{ijp} \notin [0,8] \end{cases} \qquad (10\text{-}6)$$

（5）灰类 $m=5$ ，灰数 $\otimes \in [5,\infty]$ ，白化权函数表示为式（10-7）：

$$f_5(x_{ijp}) = \begin{cases} x_{ijp}/5, & x_{ijp} \in [0,5] \\ 1, & x_{ijp} \in [5,+\infty] \\ 0, & x_{ijp} \notin [0,+\infty] \end{cases} \qquad (10\text{-}7)$$

4）计算灰色评价系数

首先，计算每个二级指标的灰色评价系数。对二级评价指标 U_{ij} ，属于第 m 个灰类的灰色评价系数记为 X_{ijm} ，依据式（10-8）计算得到。由二级指标的灰色评价系数，依据式（10-9），可以计算得到各评价灰类的总评价系数 X_{ij} 。

$$X_{ijm} = \sum_{p=1}^{k} f_m(x_{ijp}) = f_m(x_{ij1}) + f_m(x_{ij2}) + \cdots + f_m(x_{ijp}) \qquad (10\text{-}8)$$

$$X_{ij} = \sum_{m=1}^{5} X_{ijm} = X_{ij1} + X_{ij2} + X_{ij3} + X_{ij4} + X_{ij5} \qquad (10\text{-}9)$$

5）确定评价权矩阵

首先，求解二级指标的灰色评价权。对二级评价指标 U_{ij} ，属于第 m 个灰类的灰色评价权记为 r_{ijm} ，表达式为式（10-10）：

$$r_{ijm} = \frac{X_{ijm}}{X_{ij}} \qquad (10\text{-}10)$$

其次，可得到二级指标 U_{ij} 属于各灰类的灰色评价权向量 r_{ij} ，表达式为式（10-11）：

$$r_{ij} = (r_{ij1}, r_{ij2}, r_{ij3}, r_{ij4}, r_{ij5}) \qquad (10\text{-}11)$$

最后，将每个一级指标 U_i 下的所有二级指标 U_{ij} 的各个评价权向量集合起来，就可以得到一级指标 U_i 的评价权矩阵 R_i ，表示为式（10-12）：

$$R_i = \begin{bmatrix} r_{i1} \\ r_{i2} \\ \vdots \\ r_{ij} \end{bmatrix} = \begin{bmatrix} r_{i11} & r_{i12} & \cdots & r_{i15} \\ r_{i21} & r_{i22} & \cdots & r_{i25} \\ \vdots & \vdots & & \vdots \\ r_{ij1} & r_{ij2} & \cdots & r_{ij5} \end{bmatrix} \quad (10\text{-}12)$$

6）进行综合评价

对总目标 U 进行综合评价，其结果由下属所有一级指标集合而成。因此，首先对一级指标 U_i 进行评价，综合评价结果用 B_i 表示：

$$B_i = W_i \cdot R_i = (b_{i1}, b_{i2}, b_{i3}, b_{i4}, b_{i5}) \quad (10\text{-}13)$$

综合所有一级指标的评价结果，可得到总目标 U 的综合评价结果，记为 B，表示为式（10-14）：

$$B = W \cdot R = (b_1, b_2, b_3, b_4, b_5) \quad (10\text{-}14)$$

7）计算综合评价值

既有建筑节能改造政策有效性的综合评价值用 A 表示，计算式为式（10-15）：

$$A = B \cdot C^{\mathrm{T}} \quad (10\text{-}15)$$

式中，C 为各灰类等级按灰色水平赋值形成的向量，表达式为式（10-16）：

$$C = (c_1, c_2, c_3, c_4, c_5) \quad (10\text{-}16)$$

根据式（10-15）和式（10-16）计算综合评价值 A，依据最后得分，将评价结果进行等级分类，即可得出既有建筑节能改造政策有效程度的结论，至此，评价过程结束。

10.3　市场培育阶段政策有效性评价实例

10.3.1　评价背景介绍

我国既有建筑节能改造刚刚起步，节能改造市场发育缓慢，国家颁布了一系列经济激励政策，如财政补贴、税收优惠、信贷优惠等，以激发主体参与积极性、培育节能改造市场。然而，市场培育阶段应以哪种激励性政策为主，或者说最常见的财政补贴与税收优惠哪种措施在市场培育阶段更有效，一直是学术界讨论的焦点。基于本章构建的政策有效性评价模型，以市场培育阶段为演示，对该阶段下财政补贴政策（以下简称"政策 1"）、税收优惠政策（以下简称"政策 2"）的有效性进行对比评价，以期为政策建设提供参考。

10.3.2　评价实施过程

依据本书所建模型，将政策有效性定义为优、良、中、较差、很差五个等级，分别赋值 5、4、3、2、1。选取业内 5 名权威专家对两种政策分别打分，专家打分情况汇总如表 10-2 所示。

表 10-2　专家打分汇总表

对象	指标	专家1	专家2	专家3	专家4	专家5	对象	指标	专家1	专家2	专家3	专家4	专家5
	U_{11}	5	3.5	4	4.5	3		U_{11}	4	4.5	4	3	3
	U_{12}	4	4	4.5	5	4		U_{12}	5	3	3	3.5	4
	U_{13}	5	5	3.5	3.5	4		U_{13}	5	3	3	3	3
	U_{14}	4	4	3	3	3.5		U_{14}	3	4	4	4	4
	U_{15}	5	4	3	3	3		U_{15}	4	2	3	2	4
	U_{21}	5	3	5	3	3.5		U_{21}	5	4	2	3	3
市场培育阶段"财政补贴"政策	U_{22}	4	4	3	3.5	3	市场培育阶段"税收优惠"政策	U_{22}	4	3	3	5	2
	U_{23}	4	3.5	4.5	5	3.5		U_{23}	4	3	3	2	3
	U_{24}	5	4.5	4	3.5	3		U_{24}	3	3	4	3	3
	U_{25}	4.5	3	3.5	5	3		U_{25}	3.5	2.5	3.5	3.5	3
	U_{31}	3.5	4.5	4	4	3.5		U_{31}	3	3.5	3.5	2.5	3.5
	U_{32}	3	4	4	4	4		U_{32}	2	4	3	3	3
	U_{33}	4	4.5	5	4	3.5		U_{33}	3	3.5	3	3	2.5
	U_{34}	3.5	3.5	4	4.5	3		U_{34}	3	4	3.5	2.5	2
	U_{35}	5	3	3.5	3	3.5		U_{35}	2	2.5	4	3.5	3

按照以上实施步骤，得到政策 1 的一级指标灰色评价权矩阵 R_1、R_2、R_3。

$$R_1 = \begin{bmatrix} r_{11} \\ r_{12} \\ r_{13} \\ r_{14} \\ r_{15} \end{bmatrix} = \begin{bmatrix} 0 & 0.061 & 0.270 & 0.345 & 0.324 \\ 0 & 0 & 0.241 & 0.393 & 0.366 \\ 0 & 0.42 & 0.251 & 0.356 & 0.351 \\ 0 & 0.094 & 0.313 & 0.329 & 0.264 \\ 0 & 0.115 & 0.305 & 0.305 & 0.275 \end{bmatrix}$$

$$R_2 = \begin{bmatrix} r_{21} \\ r_{22} \\ r_{23} \\ r_{24} \\ r_{25} \end{bmatrix} = \begin{bmatrix} 0 & 0.01 & 0.279 & 0.309 & 0.311 \\ 0 & 0.094 & 0.313 & 0.329 & 0.264 \\ 0 & 0.041 & 0.261 & 0.360 & 0.338 \\ 0 & 0.061 & 0.270 & 0.345 & 0.324 \\ 0 & 0.098 & 0.288 & 0.315 & 0.299 \end{bmatrix}$$

$$R_3 = \begin{bmatrix} r_{31} \\ r_{32} \\ r_{33} \\ r_{34} \\ r_{35} \end{bmatrix} = \begin{bmatrix} 0 & 0.040 & 0.279 & 0.369 & 0.312 \\ 0 & 0.039 & 0.288 & 0.374 & 0.299 \\ 0 & 0.021 & 0.251 & 0.377 & 0.351 \\ 0 & 0.077 & 0.297 & 0.339 & 0.287 \\ 0 & 0.115 & 0.305 & 0.305 & 0.275 \end{bmatrix}$$

对政策 1 进行综合评价，$B_i = W_i \cdot R_i = (b_{i1}, b_{i2}, b_{i3}, b_{i4}, b_{i5})$，其中二级指标权重向量 $W_2 = (0.43, 0.26, 0.16, 0.09, 0.06)$，由此得到 B_1、B_2、B_3，进一步得到政策 1 的总灰色矩阵 R，$R = (B_1, B_2, B_3)$。再由 $W_1 = (0.473, 0.316, 0.211)$，得到综合评价结果 B，$B = W \cdot R = (0, 0.0756, 0.2746, 0.3481, 0.3179)$。所以政策 1 最终有效性综合评价值：$A_1 = B \cdot C^{\mathrm{T}} = (0, 0.0756, 0.2746, 0.3481, 0.3179) \cdot (1, 2, 3, 4, 5)^{\mathrm{T}} = 3.9569$。

按照同样的过程得到政策 2 的有效性综合评价值 $A_2 = 3.6954$。

很显然 $A_1 > A_2$，由此评价结果可得出结论：在市场培育阶段，财政补贴政策、税收优惠政策的有效性均介于中和良之间，但前者比后者更为有效。

10.3.3　评价结果分析

上述评价结果显示，市场培育阶段下，财政补贴政策比税收优惠政策更为有效，原因主要有以下三点。

第一，在市场培育阶段，是否进行改造的决定权一定程度上在业主手里。对业主来讲，财政补贴政策相比税收优惠政策作用更直接，更能激发业主的改造热情。

第二，对节能改造多主体而言，财政补贴收入是确定收入，税收优惠节税收入是期望收入，且获得的税收优惠在很大程度上取决于所得税前收益[61]。当税前收益 ≤ 0 时，税收优惠节税收入为 0。因此对于改造主体，财政补贴收入稳定而直接，税收优惠节税收入波动性强。

第三，两种政策对节能改造主体效用各异。财政补贴收入是显现收益，而税收优惠节税收入是潜在收益，因而从情感上讲，市场培育阶段各主体对财政补贴政策更易接受。

10.3.4　政策改进建议

政策有效性评价体系给出了政策有效性评价的原理、方法及实施过程。通过实施评价，可以找出造成政策无效的指标因素，为政策改进提供切入点；通过政策有效性的对比评价，也可以确定某一阶段下适应并促进市场发育的优选政策，为政策体系优化提供方向。

基于上面的对比评价和结果分析，针对我国处于既改市场培育期的现状，政府应注重财政补贴政策建设。在财政负担允许范围内，进一步明确激励对象：需求方业主、供给方 ESCO 或者对市场发育有重要影响的其他市场主体；拓宽激励范围：如技术研发领域、示范工程建设领域、可再生能源应用领域、节能改造宣传培训及教育领域等；加大激励强度：多级政府联动、共同出资，提高财政直接补贴比例；创新激励模式：建立以财政补贴政策为主的多种政策组合模式，相互补充、相互支持，形成合力。

第11章 基于市场发育的既有建筑节能改造政策体系优化策略

由上述分析可知，现阶段我国既有建筑节能改造市场存在市场失灵现象，难以充分发挥在资源配置中的决定性作用，需要构建有效政策体系以指导改造实践。市场发育的阶段性特征对构建适应市场发育的既有建筑节能改造政策体系提出了客观要求。因此，基于前几章的市场成熟度影响因素分析、政策构建中的主体行为博弈分析、政策有效性评价等内容，科学判定既有建筑节能改造市场发育成熟度，具体分析市场发育不同阶段的政策需求特征、基于市场发育的政策演变机理，在此基础上架构适应市场发育的有效政策体系框架，针对性地提出我国既有建筑节能改造政策体系优化路径及实施策略，以科学、系统、高效的政策体系推动既有建筑节能改造市场健康发育，促进既有建筑节能改造工作长效机制的建立。

11.1 既有建筑节能改造市场发育成熟度评价模型

探讨市场发育不同阶段下政策体系特征、构建机理以及在整个市场生命周期中的变化趋势与优化路径，其必要前提是对市场发育阶段进行准确而科学的度量。下面基于既改市场成熟度影响因素分析，构建既改市场成熟度评价模型，确定科学的评价标准，为政策体系优化研究奠定理论基础。

11.1.1 评价内容与指标体系

1. 评价内容分析

既有建筑节能改造市场发育成熟度评价需要综合考虑市场构成主体、市场运行特征、影响因素等内容。前面已系统分析了中央政府、地方政府、建筑业主、ESCO 主体特征及其职责，剖析了市场运行三方面特征，从市场自身、社会环境、经济影响三个视角划分并具体阐述了既有建筑节能改造市场发育成熟度的 15 个影响因素。在这些理论研究的基础上，细化市场诉求，建立系统、全面、多层次的评价指标体系，实施科学的评价过程。

2. 指标体系构建

1）构建原则与思路

建立既有建筑节能改造市场发育成熟度评价指标体系应坚持科学性、系统性、综合性、全面性、可操作性等原则，考虑既有建筑节能改造市场全方位、多视角特征，分层次构建。

具体的指标体系构建应遵循如下思路：根据层次分析原理，将评价指标体系分成四层：目标、准则、因素、子因素。第一层是目标层，即评价对象——既有建筑节能改造市场发育成熟度。第二层是准则层，确立市场规模结构、市场主体、市场运行情况三个准则。第三层是因素层，由准则层的内涵细化分解得到。第四层是子因素层，是对因素层的进一步细化描述[169]。

2）指标体系建立

依托前面的理论分析，确定市场规模结构、市场主体、市场运行情况作为一级评价指标；选取容量、ESCO、金融情况等9个因素作为二级评价指标；对二级评价指标进一步细化分解，选定节能服务产业总产值、ESCO设计施工能力、市场集中度等21个子因素作为三级评价指标，最终形成既有建筑节能改造市场发育成熟度综合评价指标体系，如图11-1所示。

评价模型中的相关符号说明如下：评价目标记作 A，一级评价指标记作 B_i ($i=1,2,3$)，相应权重记作 w_i ($i=1,2,3$)；二级评价指标记作 C_{ij} ($i=1,2,3; j=1,2,3,4$)，相应权重记作 w_{ij} ($i=1,2,3; j=1,2,3,4$)；三级评价指标记作 D_{ijk} ($i=1,2,3; j=1,2,3,4; k=1,2,3,4$)，相应权重记作 w_{ijk} ($i=1,2,3; j=1,2,3,4; k=1,2,3,4$)。

3. 指标权重确定

借鉴上述评价模型中指标权重确定方法的理论分析，本模型选用层次分析法（analytic hierarchy process，AHP）确定既有建筑节能改造市场发育成熟度评价指标权重，以体现方法选择的差异性。

1）层次分析法的适用性分析

既有建筑节能改造起步晚、发展慢的客观现实造成了我国既有建筑节能改造市场的成熟度度量模型所需数据来源有限，指标数据不完整。考虑到层次分析法通过对两两指标比较来判断取值，从而能避免对指标数据的过分依赖；加之既有建筑节能改造市场是一个涉及多主体、多目标、多阶段、复杂的动态系统，AHP分层递进的系统分析方法适合解决多层次、多目标问题[170]，因此，选择AHP确定评价指标权重。

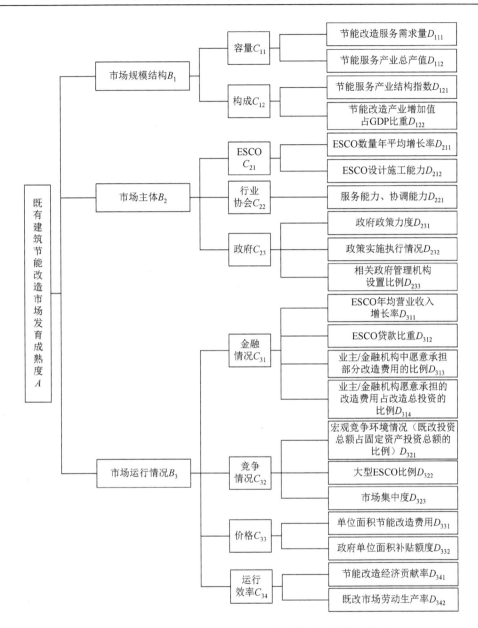

图 11-1　既有建筑节能改造市场发育成熟度评价指标体系

2）层次分析法确定权重的实施步骤

第一步，构造判断矩阵。采用九级评分标准表示相邻两因素间的相对重要程度，九级评分标准赋值参考如表 11-1 所示。

表 11-1　九级评分标准

标度值	含义
1	前后两个因素相比，同等重要
3	前后两个因素相比，前者稍重要
5	前后两个因素相比，前者明显重要
7	前后两个因素相比，前者非常重要
9	前后两个因素相比，前者极端重要
2、4、6、8	重要性为前后两个因素比较的中间值
倒数	若因素 i 对于因素 j 的重要性数值表示为 m_{ij}，则因素 j 对因素 i 的重要性数值表示为 m_{ji}，且 $m_{ji}=1/m_{ij}$

以 A 为研究对象，研究 B_i 两两因素相对 A 的重要性。依据表 11-1 所示的评分标准，邀请业内数名权威专家对一级评价指标 B_i 因素间重要性程度进行打分。将打分情况整理汇总，选择有效数据进一步确立 A-B 判断矩阵，A-B 判断矩阵如表 11-2 所示。

表 11-2　A-B 判断矩阵

A	B_1	B_2	B_3
B_1	1	1/5	1/4
B_2	5	1	3
B_3	4	1/3	1

第二步，一致性检验。进行一致性检验确定此判断矩阵是否合理。在 MATLAB 软件中输入 A-B 判断矩阵，计算出判断矩阵 P 的最大特征根 $\lambda_{\max}=3.0858$。根据 $\lambda_{\max}$ 进行一致性检验，令 $\text{CI}=\dfrac{\lambda_{\max}-n}{n-1}$，其中 $n=3$；且 $n=3$ 时，$\text{RI}=0.58$。根据公式 $\text{CR}=\dfrac{\text{CI}}{\text{RI}}$ 计算出 $\text{CR}=0.074<0.1$，说明一致性检验通过。

第三步，确定权重。仍以 A 为研究对象，计算影响因素 B_i 对 A 的影响权重。最后根据公式 $PW=\lambda P$ 计算得出权重向量 $W=(w_1,w_2,w_3)^{\text{T}}=(0.206,0.549,0.245)^{\text{T}}$。

同理，以 B_i 为研究对象，研究 C_{ij} 两两因素对 B_i 的重要性；以 C_{ij} 为研究对象，研究 D_{ijk} 两两因素对 C_{ij} 的重要性，均按上述三个步骤进行。各层级举例如下。

C_{ij} 两两因素对 B_i 的重要性以 C_{ij} 对 B_3 为例，B_3-C 判断矩阵如表 11-3 所示。

表 11-3　B_3-C 判断矩阵

B_3	C_{31}	C_{32}	C_{33}	C_{34}
C_{31}	1	4	3	2
C_{32}	1/4	1	1/3	1/2
C_{33}	1/3	3	1	1/2
C_{34}	1/2	2	2	1

经计算，$\mathrm{CR} = \dfrac{\mathrm{CI}}{\mathrm{RI}} = 0.046 < 0.1$，通过一致性检验。权重向量 $w_{ij} = (w_{31}, w_{32},$ $w_{33}, w_{34})^{\mathrm{T}} = (0.471, 0.096, 0.179, 0.254)^{\mathrm{T}}$。

D_{ijk} 两两因素对 C_{ij} 的重要性以 D_{ijk} 对 C_{31} 为例，C_{31}-D 判断矩阵如表 11-4 所示。

表 11-4　C_{31}-D 判断矩阵

C_{31}	D_{311}	D_{312}	D_{313}	D_{314}
D_{311}	1	2	1/2	1
D_{312}	1/2	1	1	1/2
D_{313}	2	1	1	1
D_{314}	1	2	1	1

经计算，$\mathrm{CR} = \dfrac{\mathrm{CI}}{\mathrm{RI}} = 0.069 < 0.1$，通过一致性检验。权重向量 $w_{ijk} = (w_{311}, w_{312},$ $w_{313}, w_{314})^{\mathrm{T}} = (0.245, 0.173, 0.291, 0.291)^{\mathrm{T}}$。

最终，当 w_i、w_{ij} 和 w_{ijk} 都计算出来后，即可计算 D_{ijk} 对 A 的权重 w_A，$w_A = w_i \cdot w_{ij} \cdot w_{ijk}$。由此得到各指标权重。既有建筑节能改造市场发育成熟度评价指标权重如表 11-5 所示。

表 11-5　既有建筑节能改造市场发育成熟度评价指标权重

	准则层	权重	因素	权重	子因素	最终权重
既有建筑节能改造市场发育成熟度 A	市场规模结构 B_1	0.206	容量 C_{11}	0.25	节能改造服务需求量 D_{111}	0.034
					节能服务产业总产值 D_{112}	0.017
			构成 C_{12}	0.75	节能服务产业结构指数 D_{121}	0.116
					节能改造产业增加值占 GDP 比重 D_{122}	0.039

续表

准则层	权重	因素	权重	子因素	最终权重
市场主体 B_2	0.549	ESCO C_{21}	0.364	ESCO 数量年平均增长率 D_{211}	0.100
				ESCO 设计施工能力 D_{212}	0.100
		行业协会 C_{22}	0.099	服务能力、协调能力 D_{221}	0.054
		政府 C_{23}	0.537	政府政策力度 D_{231}	0.077
				政策实施执行情况 D_{232}	0.122
				相关政府管理机构设置比例 D_{233}	0.097
市场运行情况 B_3	0.245	金融情况 C_{31}	0.471	ESCO 年均营业收入增长率 D_{311}	0.028
				ESCO 贷款比重 D_{312}	0.020
				业主/金融机构中愿意承担部分改造费用的比例 D_{313}	0.033
				业主/金融机构愿意承担的改造费用占改造总投资的比例 D_{314}	0.033
		竞争情况 C_{32}	0.096	宏观竞争环境情况（既改投资总额占固定资产投资总额的比例）D_{321}	0.004
				大型 ESCO 比例 D_{322}	0.010
				市场集中度 D_{323}	0.009
		价格 C_{33}	0.179	单位面积节能改造费用 D_{331}	0.011
				政府单位面积补贴额度 D_{332}	0.033
		运行效率 C_{34}	0.254	节能改造经济贡献率 D_{341}	0.042
				既改市场劳动生产率 D_{342}	0.021

注：准则层左侧合并单元格为"既有建筑节能改造市场发育成熟度 A"。

11.1.2 评价方法与实施过程

1）评价方法确定

模糊综合评审是应用模糊集合的概念将定性指标定量化，从而实现系统评价的一种有效方法[171]。鉴于市场成熟度影响因素与评价指标的复杂性、多层次性，以及部分指标难以量化的客观困难，本模型选择模糊综合评审法进行评价。

模糊综合评审法的基本原理表述如下。设评价指标权重集合 $W = (w_1, w_2, \cdots, w_n)$，且 $\sum w_i = 1$；系统评语集合 $y = (y_1, y_2, \cdots, y_m)$；对第 i 个指标做第 j 种评语的可能性为 r_{ij}，r_{ij} 组成反应矩阵 R，表达式为式（11-1）：

$$R = \begin{bmatrix} r_{11} & r_{12} & \cdots & r_{1m} \\ r_{21} & r_{22} & \cdots & r_{2m} \\ \vdots & \vdots & & \vdots \\ r_{n1} & r_{n2} & \cdots & r_{nm} \end{bmatrix} \tag{11-1}$$

综合评审向量 B 按式（11-2）计算：

$$B = W \cdot R = (b_1, b_2, \cdots, b_m) \tag{11-2}$$

若将评语用分数描述，将 $y = (y_1, y_2, \cdots, y_m)$ 转换为 $P = (p_1, p_2, \cdots, p_m)^T$，系统综合评分可按式（11-3）计算：

$$K = W \cdot R \cdot P = (w_1, w_2, \cdots, w_n) \begin{bmatrix} r_{11} & r_{12} & \cdots & r_{1m} \\ r_{21} & r_{22} & \cdots & r_{2m} \\ \vdots & \vdots & & \vdots \\ r_{n1} & r_{n2} & \cdots & r_{nm} \end{bmatrix} \begin{bmatrix} p_1 \\ p_2 \\ \vdots \\ p_m \end{bmatrix} \tag{11-3}$$

2）模糊综合评价实施过程

模糊综合评审法分别用独立的单一指标评估，不考虑其他因素依次进行，最后形成反应矩阵。例如，只考虑指标 D_{111} 时，得到专家的反应为 r_{1j}，$r_{1j} = (r_{11}, r_{12}, r_{13}, r_{14})$，若 $r_{11} = 0.6$、$r_{12} = 0.2$、$r_{13} = 0.1$、$r_{14} = 0.1$，则表示专家认为既改市场处于培育期、成长期、发展期、成熟期四个阶段的概率分别为 0.6、0.2、0.1、0.1。接下来，只考虑指标 D_{112}，得到 $r_{2j} = (r_{21}, r_{22}, r_{23}, r_{24})$。由于本模型建立了 21 个评价指标，最终，形成 21×4 阶的反应矩阵 R，R 表示为式（11-4）：

$$R = \begin{bmatrix} r_{11} & r_{12} & \cdots & r_{14} \\ r_{21} & r_{22} & \cdots & r_{24} \\ \vdots & \vdots & & \vdots \\ r_{20,1} & r_{20,2} & \cdots & r_{20,4} \\ r_{21,1} & r_{21,2} & \cdots & r_{21,4} \end{bmatrix} \tag{11-4}$$

为简化，设 21 个评价指标（按表 11-5 中顺序）的权重依次为 $w_1, w_2, \cdots, w_{21}$，得到权重集合 $W = (w_1, w_2, \cdots, w_{21})$，则最终的综合评审向量为 B，表示为式（11-5）：

$$B = W \cdot R = (w_1, w_2, \cdots, w_{21}) \begin{bmatrix} r_{11} & r_{12} & \cdots & r_{14} \\ r_{21} & r_{22} & \cdots & r_{24} \\ \vdots & \vdots & & \vdots \\ r_{21,1} & r_{21,2} & \cdots & r_{21,4} \end{bmatrix} \quad (11\text{-}5)$$

假设式（11-5）结果为(a, b, c, d)，则结论是专家认为既改市场处于培育期、成长期、发展期、成熟期四个阶段的概率依次为a、b、c、d。

对于市场各阶段的取值，评审中为简化计算，分别取前面章节给出的各区间上限值 20、60、80、100，含义为超过此数值进入下一市场阶段。

按式（11-3）计算得到，本评价模型中既改市场发育成熟度的最终评审得分为 $K = B \cdot P = (a, b, c, d)(20, 60, 80, 100)^{\mathrm{T}}$。以前述确定的既有建筑节能改造市场发育阶段的界定标准为依据，查看得分所在区间，即可判断市场所处的阶段。

11.2　政策有效性与市场发育匹配性分析

既有建筑节能改造政策有效性的内涵决定了政策执行效果、政策行政管理效果是衡量其有效性程度的重要指标，由前述给出的既有建筑节能改造政策有效性评价模型可以看出，一级指标"政策执行效果"所占权重为 0.473，"政策行政管理效果"所占权重 0.211，两者之和 0.684，明显说明了政策促进市场发育情况对衡量其有效与否影响重大。因此，判定既改政策有效与否必须以既改实践及既改市场的发育情况为依据；同样，既改市场的健康发育也离不开高效的政策体系，两者存在相辅相成的关系。简言之，有效的政策需要与市场发育程度相适应、相匹配。

下面基于前述章节叙述的既有建筑节能改造市场发育阶段界定及本章的市场成熟度评价模型、既有建筑节能改造政策框架设计及既有建筑节能改造政策有效性评价标准，进行政策有效性与市场发育的适应性和匹配性分析。研究工作的前提是，必须科学界定推动市场各阶段发育的政策有效性标准，分析市场各阶段政策需求特征；在此基础上，归纳基于市场发育的政策演变机理，为构建市场发育视角下引导市场主体行为规范的有效政策框架奠定基础。

11.2.1　不同阶段政策需求特征分析

基于既改市场不同阶段本质特点和推动市场向下一阶段健康、快速发育的目标导向，剖析市场发育不同阶段的政策需求特征。既有建筑节能改造市场不同阶段政策需求特征如表 11-6 所示。

表 11-6　既有建筑节能改造市场不同阶段政策需求特征分析

对象		政策特征			
		培育期市场	成长市场	发展期市场	成熟期市场
既有建筑节能改造市场	ESCO 业主 地方政府	基本标准强制＋高标准激励，激励为主 对耗能高、节能潜力大的建筑实行强制改造；考虑业主意愿，给以基本标准强制性政策；强化需求侧管理，对业主实行高标准激励性政策，拉动市场需求；实行地方政府节能改造目标责任考核制	高标准强制＋基本标准激励 市场逐步发育，市场活动日益复杂，对各主体加强行为监管； 市场机制逐步建立，市场自我调节能力加强，政府激励弱化	更高标准强制＋基本标准激励 市场发展机遇与挑战并存，实施更高标准强制性政策：一是规范市场，防止企业垄断，促进市场转型升级（结合激励性政策）；二是市场之外宏观政策调控、管理体制调整	基本标准＋引导性政策 市场机制完备，自身调节市场供需，无需经济激励； 鼓励 ESCO 技术进步与创新； 鼓励业主自觉行为节能
整体视角政策变化趋势		强制性政策：弱→强→更强→弱 激励性政策：强→逐渐减弱→略强			

1）培育期市场——基本标准强制＋高标准激励，激励为主

培育期市场，市场机制尚未建立，无法依靠市场机制调节节能改造活动，市场发育主要推动力量来自政府。此阶段，市场发育对政策需求强烈：既改外部性属性使市场主体改造意愿不强，个别主体甚至存在抵触情绪；需要政府以强制性政策首先对能耗高、节能潜力大的建筑强制改造，而考虑业主意愿，强制力度不宜过高，同时需结合激励性政策共同使用；激励性政策重点作用于市场核心需求方——业主，考虑到激励程度越高，业主改造意愿越强烈，因此激励性政策宜采用较高标准。当市场需求建立后，市场供给——ESCO 便能较快形成，随之市场进入正常发展轨道。总体来说，培育阶段以激励性政策为主。

2）成长期市场——高标准强制＋基本标准激励

市场发育进入第二阶段，市场交易活动、主体活动日益复杂，政策重点从激励主体投身节能改造转向规范节能改造主体行为、规范市场发展秩序。因此，强制性政策需求增强；而随着市场机制的逐步建立，市场自我调节能力加强，市场对激励性政策需求减弱，政府激励逐渐弱化，整体政策需求呈高标准强制性政策结合基本标准激励性政策的特点。

3）发展期市场——更高标准强制＋基本标准激励

市场经历了前两个阶段的迅猛发展，成熟度显著提高，市场机制日益完善，

但也暴露了市场发育、政策管理机制等方面的问题，亟待政府规范市场秩序，提高市场透明度与自身管理能力。此外，市场发育面临更高标准、更高要求的既有建筑绿色改造、城区级综合改造及能效提升改造等多重挑战，如何实现既改市场继续推进与转型升级是面临的重要选择。因此，需要更高标准的强制性政策，但侧重点与前两个阶段不同——侧重于宏观政策、管理体制调整及防止垄断的市场规范。与此同时，既改市场的转型升级需要对市场供需主体进行激励与引导，因此，激励性政策必不可少。而考虑既改事业的持续性、完整性，不应该将市场重心全部转移，因此，激励性政策无需高标准，基本标准即可。

4）成熟期市场——基本标准 + 引导性政策

市场进入成熟期，市场机制趋于完善，市场及行业运行波动性小，呈现平稳发展趋势。市场"看不见的手"作用日益显现，市场机制自身可调节市场供需，无需经济激励政策。成熟期市场主体的自我管理能力较强，以为其提供更大发展空间为导向，政府应以引导性政策为主，鼓励 ESCO 自身技术进步与创新，鼓励业主自觉行为节能。由前述政策体系框架设计可知，引导性政策本质属于激励性政策，市场主体的自觉性提高使引导性政策为基本标准即可。

11.2.2　基于市场发育的政策演变机理分析

由上述分析可知，引导市场健康发育的有效政策体系并非一成不变，而是伴随市场发育不断变化和调整。既改政策演变的实质是政策工具的更新迭代过程[172]。强制性政策与激励性政策作为既改政策体系中的两大核心政策类别，对市场发育的作用机理存在差异，不同市场阶段对政策的需求特征也导致了两者演变趋势存在不同：强制性政策呈现由弱到强继而更强最后减弱的趋势，激励性政策呈现由强到逐渐减弱最后略强的趋势。但两者绩效发挥的出发点均是促进市场健康发育，因而其演变机理存在本质上的共同特点。

（1）能源与环境形势日益严峻是既有建筑节能改造政策演变的外在原因。能源与环境形势日益严峻、雾霾等气候问题日渐突出为我国节能减排事业提出了更高要求。建筑领域作为能源消耗的三大领域之一，既有建筑节能改造作为建筑节能的重要组成部分，实施既有建筑节能改造是大势所趋更是形势所在。能源消费高速增长、环境资源约束日趋强化，加剧了既有建筑节能改造事业的紧迫性，其指导政策作为宏观导向必须实时做出动态调整。

（2）既有建筑存量持续上升是既有建筑节能改造政策演变的客观决定因素。城镇化进程的加快使建筑总量持续攀升，由此带来既有建筑的存量也在持续上升。住建部科技与产业化发展中心相关研究显示，我国既有建筑存量已高达 560 亿 m²[110]。此外，相比新建建筑，既有建筑具有复杂性与多样性的本质特征，建设年代、建筑类型、建筑材料、节能标准执行情况、产权归属等差异较大。既有建筑基数巨大且仍不断增长使既改市场发育存在波动，也为政策建设带来挑战；同时，存量上升加剧了既有建筑的客观复杂性，为政策体系的动态性、差异性带来更高要求，驱动政策演变。

（3）市场要素整合升级是既有建筑节能改造政策演变的内在动力。既有建筑节能改造政策的最终目标是推动既有建筑节能改造市场发育，市场作为政策的作用对象，其内在变化也会影响政策发展方向。伴随市场逐步发育，市场要素需要整合升级，市场整体也面临转型升级的选择；而有效的政策体系需要与市场发育情况"接轨"，市场的变化必将引起政策调整，或者说有效的政策体系只有不断地动态调整才能保障市场面临障碍或选择时继续保持健康发展。因此，从这一角度来看，市场自身变化是既有建筑节能改造政策演变的内在驱动。

11.2.3　适应市场发育的有效政策体系架构

本书探讨基于市场成熟度的既有建筑节能改造政策体系构建机理，分市场与政策体系两条主线推进：市场主线分析了市场构成主体与市场发育阶段划分，建立了既改市场成熟度评价模型，给出了市场发育阶段的科学界定及判定方法；政策体系主线以国内外既改政策体系现状分析为基础，探讨了政策体系构建中的主体行为策略选择，构建了既改政策有效性评价模型，给出了政策有效程度的判定标准。最后，将两条主线相结合，分析了不同阶段政策需求特征、基于市场发育的政策演变机理。综合上述所有研究，细化前述既有建筑节能改造政策体系框架，针对既改市场各阶段特质及政策需求特点，构架适应市场发育、引导主体行为规范的有效政策体系。有效政策体系框架要点如表 11-7 所示。

表 11-7　有效政策体系框架要点

市场阶段	政策框架要点	
培育期	1. 业主 强制性政策：能耗高、节能潜力大的建筑强制改造 激励性政策：财政补贴政策 2. ESCO 强制性政策：市场准入制度 激励性政策：信贷优惠为主、税收优惠为辅的经济激励政策 3. 地方政府 强制性政策：目标责任考核制	共同： 　节能宣传引导 　鼓励参与机制 此外： 加强法规制度建设 完善标准规范体系
成长期	1. 业主 强制性政策：居住建筑实行供热计量收费制度 公共建筑实行能耗定额和超定额加价制度、能效审计制度、能效公示制度 激励性政策：对公共建筑节能改造给予一定财政补贴政策	

续表

市场 阶段	政策框架要点
成长期	2. ESCO 强制性政策：行业规范化竞争制度、提供不合格服务惩罚制度 激励性政策：信贷优惠、税收优惠，合同能源管理应用奖励机制、节能服务创新奖励机制 3. 地方政府 强制性政策：目标责任考核制、信用评级制度
发展期	强制性政策：管理体制调整，防垄断，市场规范制度 激励性政策：对积极进行既有建筑绿色改造、绿色城区级综合改造、能效提升改造的业主、ESCO、地方政府实行补贴、税收优惠、信贷优惠等政策
成熟期	引导性政策：鼓励 ESCO 进行技术进步与创新、鼓励业主自觉行为节能

注：表中对各主体的激励性政策可根据当地经济及财政状况实行多层激励

11.3 既有建筑节能改造政策体系优化路径选择与实施策略

11.3.1 政策体系优化路径设计

以国内外既有建筑节能改造政策体系现状分析为基础，树立问题导向研究思路；以构建因时而异、层次有别、区别对待、统筹兼顾的政策体系为目标，明确政策需求；进一步结合上述政策有效性与市场发育匹配性分析内容，构建我国既有建筑节能改造政策体系优化路径，如图 11-2 所示。

将内在驱动力开发和外在驱动力建设作为政策体系优化路径的构建方向。内外在驱动力的界定并非以政策体系自身为划分标准，而是根据内外在因素对政策优化作用的侧重点而定。内在驱动力开发及运行策略的设计原则是明确主体功能定位，完善政策构建系统；外在驱动力建设及促进措施的构建宗旨是加强制度建设，强化过程监管，增进政策执行与实施保障。

11.3.2 政策体系优化的内在驱动力开发及运行策略

内在驱动力开发及运行策略的构建原则是激发政策构建过程中构建主体、构建程序方面的政策优化驱动力量。

1. 明确主体定位，激活政策体系优化内在动力

1）简政放权，变政府"主导"为政府"引导"

这是明确政府的角色与功能定位。无论是中共十八大，还是十九大，简政放权都是其中的热点与关键词汇，代表了政府一定程度上的权力下放。笔者认为，简政放权同样适用于既有建筑节能改造工作，其具体含义是政府职能转变与创新——政

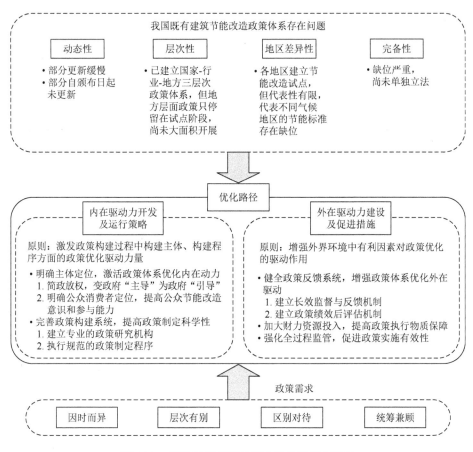

图 11-2　既有建筑节能改造政策体系优化路径

府由传统的"主导"市场向"引导"市场转变，弱化政府职能，强化市场机制作用。简政放权让政府和市场各归其位，并处理好政府与市场的关系，弱化政府的"有形的手"作用，强化市场的"无形的手"作用。

2）明确公众消费者定位，提高公众节能改造意识和参与能力

公众指作为建筑业主的广大人民群众，是既有建筑节能改造市场的参与者，是节能改造服务的需求者和消费者，也是既有建筑节能改造事业发展的最终驱动主体。政府通过宣传、引导和培训，可以显著提高普通公众的节能改造意识，刺激其节能改造需求，提高其节能改造活动参与能力；而反过来，作为消费者和需求方的节能改造业主，观念的转变又可以为节能改造事业的推进扫清障碍，进一步减少市场培育阶段及成长初期常规激励性政策及强制性政策的使用。因此，明确消费者定位、注重其节能改造意识提高是既有建筑节能改造政策体系优化的驱动力量之一。

2. 完善政策构建系统，提高政策制定科学性

1）建立专业的政策研究机构

政策研究机构及构建主体的专业性很大程度上影响着政策制定的科学性。现阶段，国家住建部建筑节能与科技司全面负责建筑节能管理工作，笔者认为，以该部门为核心，同时邀请行业相关协会、高校、科研院所等领域内的专家作为政策研究主体；以既有建筑节能改造市场中 ESCO、业主等为重要参与方，为政策建设建言献策，实现既保障政策成果的科学性，又满足"接地气"的实践需求，从而有效避免政策"束之高阁"、缺乏实操性。

2）执行规范的政策制定程序

规范的公共政策制定程序包括公共政策问题确认、公共政策目标确定、公共政策方案设计、公共政策方案评估、公共政策方案择优、公共政策方案可行性论证、公共政策合法化七个环节[173]。以政策合法化为例，其内涵是选择一项政策建议，为这项建议建立政治上的支持，将它作为一项法规加以颁布[174]。而目前，我国尚未对既有建筑节能改造单独立法，由此可见，既有建筑节能改造政策制度程序仍需改进和完善。转变过去重实体、轻程序的传统观念，执行规范的政策制度程序，能在过程中优化政策方案，提高政策制定的科学性。

11.3.3 政策体系优化的外在驱动力建设及促进措施

外在驱动力建设及促进措施旨在增强外界环境中有利因素对政策优化的驱动作用。

1. 健全政策反馈系统，增强政策体系优化外在驱动

1）建立长效监督与反馈机制

若要保证既有建筑节能改造政策导向作用充分发挥，就必须加强培育政策监督外部主体，同时拓宽政策监督与反馈渠道[175]。长效监督机制的基础是建立信息披露制度，对政府政务信息、建筑能耗信息、改造后节能效果信息、ESCO 综合实力信息等既改市场多主体、多渠道信息进行公示，增强节能信息和政府信息的透明度。针对政策优化而言，政务信息公开使政府管理行为接受社会公众监督，同样使其他市场主体信息及市场活动接受公众监督与政府监管，从而消除市场的信息不对称，调动市场主体的参与热情，拓宽政策反馈渠道，为政策动态调整提供可能。

2）建立政策绩效后评估机制

政策评估是政策实施过程的重要环节之一，在特定一轮政策实施过程中，可以看作最后一个环节；而考虑政策全生命周期理论，政策评估又是新一轮政策过程的开始。政策绩效后评估机制是对政策作用效果的诊断与检验，是经过实践验证之后对政策优化调整的依据。建立既有建筑节能改造政策绩效后评估机制，进一步建立政策全程评估机制，可以系统、科学地评价政策效果，为既有建筑节能改造政策及时优化提供科学基础和目标导向。

2. 加大财力资源投入，提高政策执行物质保障

加大财力资源投入是消除既有建筑节能改造市场外部性、提高政策执行坚决性的重要物质保障。在我国既有建筑节能改造实践中，政府以设立基金、财政补贴等方式投入政府财力资源，很好地推动了改造实践的开展。在政府财政承受范围内，在市场发育初期尤其是培育阶段，加大财力资源投入可以清除市场发育障碍、增进政策执行的坚决性、加快市场发育步伐，而市场健康发育又将带来节能改造更可观的经济效益、社会效益、生态效益等综合效益提升。可以看到，加大财力资源投入与改造事业开展可以形成相互促进的循环效应；加大财力资源投入，提高了政策优化的物质与资金保障。

3. 强化全过程监管，促进政策实施有效性

由前面分析可知，顺畅而高效的监督管理体制是既有建筑节能改造政策有效实施的重要环境条件之一。加强政府监管机制建设，建立覆盖多级政府、改造实践全过程的既有建筑节能改造监管体系，提高管理人员专业素质，强化政策执行过程中的事中监管与过程监管，可以及时发现政策体系存在的问题，完善政策传导机制，保障政策实施过程发挥实效。这也是针对性地解决政策本身具有科学性而实施效果不尽如人意的有效措施，是以政策有效实施促进政策体系优化的重要途径。

第12章 结论与展望

既有建筑节能改造市场发展机理与政策体系优化研究，可以是多视角、全方位的，本书基于主体行为策略视角，开展了相关研究。在既有建筑节能改造市场主体行为策略与保障体系、既有建筑节能改造市场发展路径优化和基于市场成熟度的既有建筑节能改造政策体系构建机理三个方面，初步形成了相关研究成果。由于研究的局限性，在此三个方面仍然有值得深化探讨的空间。

12.1 研 究 结 论

12.1.1 既有建筑节能改造市场主体行为策略与保障体系研究结论

市场是进行既有建筑节能改造的温床，为加快既有建筑节能改造步伐，完成既有建筑节能改造目标，必须深化研究既有建筑节能改造主体的市场行为规律，制定有利于规范主体行为的激励对策，以市场机制健康运行推动既有建筑节能改造事业快速发展。本书基于国内外既有建筑节能改造市场培育研究成果综述与借鉴，以市场培育及市场机制相关理论为基础，从我国既有建筑节能改造市场构成及现状分析着手，对主体行为影响因素及节能改造市场特征和需求规律进行系统探究，运用管理博弈论的相关理论研究市场行为，通过构建各主体间的博弈模型分析了既有建筑节能改造市场主体间行为策略，探析了影响既有建筑节能改造市场培育的主体行为的影响因素。基于市场特征及主体行为博弈分析的博弈策略，提出构建我国既有建筑节能改造市场保障体系，初步形成了我国既有建筑市场培育与发展的理论体系。概括起来，本书通过系统性的分析与研究，在既有建筑节能改造市场构成、市场特征、市场主体行为策略以及市场保障体系构建四个方面取得初步研究成果。

（1）既有建筑节能改造市场构成研究。从政策体系不完善、主体改造源动力不足和市场结构不严谨三方面概述了我国既有建筑节能改造市场培育方面的不足，并将既有建筑节能改造市场细分为节能改造服务市场、资本市场以及技术市场三个子市场，介绍了各自的作用及我国在此方面的不足；结合国内外在既有建筑节能改造市场培育实践上的对比分析，探析了我国既有建筑节能改造在节能法律法规、经济激励政策、合同能源管理等融资机制方面、节能专项基金以及能效能耗标识手段等方面存在的缺陷。

（2）既有建筑节能改造市场特征研究。从引起既有建筑节能改造市场失灵的原因入手，引入经济学原理及市场供需理论，概括总结了既有建筑节能改造市场的行为特征，主要表现为：抑制市场机制下业主节能改造行为的正外部性；由"单向行车道"问题造成"劣品驱良品"的信息不对称性；虽具有准公共物品属性但政府参与度不足的政府缺位；造成供需不足，难以达到帕累托最优的主体动力不足；使既有建筑节能改造市场处于"贫血"状态而缺乏合理融资渠道。

（3）既有建筑节能改造市场主体行为策略研究。基于既有建筑节能改造市场主体行为影响因素，探求既有建筑节能改造市场各主体间相互关系，基于有限理性假设建立了中央政府与地方政府、政府与业主、业主与业主以及 ESCO 与业主之间的进化博弈模型，分析了各主体的进化稳定策略和复制动态，并合理解释了既有建筑节能改造市场各主体投资和改造积极性不高的原因；在考虑期望行为和实际行为的差异对收益的影响下，构造 ESCO 与第三方评估机构的博弈双方收益修正函数，进一步论证了建立第三方评估机构的必要性和积极作用。

（4）既有建筑节能改造市场保障体系构建研究。基于市场行为特征及市场主体行为策略分析，提出构建我国既有建筑节能改造市场保障体系，主要表现在三个方面：首先是构建既有建筑节能改造政策保障体系，包括完善既有建筑节能改造法规体系、丰富既有建筑节能改造经济激励政策、制定既有建筑节能改造标准和强制实施建筑能效标识制度；其次是构建既有建筑节能改造市场主体保障体系，表现在明确中央政府与地方政府在既有建筑节能改造中的定位、调动节能改造需求端——业主的积极性、保障 ESCO 的正常运营以及加强第三方评估机构的管理四个层面；最后是完善我国既有建筑节能改造市场架构，具体包括完善既有建筑节能改造服务市场、建立既有建筑节能改造资本市场和构建既有建筑节能改造技术市场。

12.1.2　既有建筑节能改造市场发展路径优化研究结论

我国既有建筑节能改造工程起步早、范围广、资金需求量大。目前以政府行政化手段为主要推动力的运行模式已经无法满足全国范围内的既有建筑节能改造需求。培育既有建筑节能改造市场，运用市场机制解决供需矛盾，协调分配要素资源，缓解资金融通压力，实现循环发展是大势所趋。因此，研究既有建筑节能改造市场基本属性，揭示市场运行发展原理机制，据此选择优化发展路径已成为必要的研究内容。本书基于国内外既有建筑节能改造市场发展研究成果综述与借鉴，在清晰界定既有建筑节能改造市场范围和内涵的基础上，全面深入地分析市场基本属性；归纳市场发展重要影响因素及其与发展时序的关系；利用系统动力学理论探讨既有建筑节能改造市场发展的动态反馈过程，并据此构建市场演进模型；引用演化经济学中企业与产业共演理论分析，挖掘市场发展的本质内涵，并从市场系统内部与外部分别提出优化发展路径；并最终提出一套针对既改市场化运作的优化发展策略，为推进既改市场快速、平稳、健康发展提供理论基础与决策建议。总结而言，初步研究成果主要表现为以下六个方面。

（1）清晰界定了既有建筑节能改造市场的内涵并全面分析市场特征。在广泛参考行业内书籍、研究理论和实践成果的基础上，对既有建筑节能改造市场及市场化运作进行了清晰定义，并对市场主体、市场机制、市场监管等概念进行了清晰界定。全面分析既有建筑节能改造市场结构，包括要素市场结构、市场层次结构和市场组织结构，其中要素市场由金融市场、劳动力市场、技术市场、信息市场构成，市场层次结构包括初级市场、中间市场和最终市场，市场组织结构包括市场主体组织、市场中介组织和市场调控组织；并且对市场经济特性和系统特性展开分析，其中经济特性包括外部性、信息不对称性和资本密集与知识密集特性，系统特性包括主体多元性、协同性和自组织特性。详尽的市场内涵与特征分析为之后的市场发展影响因素和市场运作机理分析提供了充足的理论与实践依据。

（2）系统化解释市场发展影响因素及不同发展阶段下的关键影响因素转换规律。从系统角度出发，在分析市场发展基本特征的基础上，结合内外因分析，从静态和动态两种视角全面解释既有建筑节能改造市场发展影响因素。首先从静态视角出发，根据在市场发展过程中所起作用的不同，将市场发展因素分为动力因素、制约因素、保障因素和促进因素四类。其中动力因素分为驱动力因素、拉动力因素、推动力因素，驱动力因素包括技术创新、企业竞争、劳动力资源、资本资源，拉动力因素为市场需求，推动力因素为政策激励；制约因素分为相对制约因素和绝对制约因素，包括项目阻碍特性、关联产业情况、节能意识和心智模式；保障因素包括法律规范、行政调控、行业监督和信息管理；促进因素包括制度变革与产业整合和突发事件。其次基于动态视角分析不同市场发展阶段下市场关键影响因素具有更替性变化。市场形成期的主要发展动力是市场需求和政策激励，成长阶段的重要影响因素是技术创新、需求拉动与竞争机制完善，成熟阶段的重要因素是技术创新、开发新需求、制度变革与产业调整。系统化的影响因素分析宏观揭示了市场发展演进的基本特征，为机理解释和模型构建提供理论支撑。

（3）引入系统动力学方法探究既有建筑节能改造市场动态反馈系统特征。在对既有建筑节能改造市场发展影响因素进行系统分析的基础上，在广义市场的范畴内，从市场机制和狭义市场内、外部视角上，按照市场功能主体将系统分为节能服务市场子系统、金融市场子系统、需求市场子系统和市场调控子系统。从系统主体行为关系和市场作用关系分析入手，推导出市场系统结构关系，并根据市场特征分析和演进特征分析得到各子系统下的结构关系；进而得出系统及各子系统的因果关系图，建立了既有建筑节能改造市场演进系统动力学模型；分析了系统关键环路、关键基模和关键延迟等动态反馈特征，揭露了既有建筑节能改造市场发展演进机理。

（4）构建既有建筑节能改造市场发展运行机制模型。根据既改市场发展影响因素及市场发展机理分析，构建既有建筑节能改造市场发展运行机制模型。在考虑元素间动力关系、保障关系和促进关系以及市场发展系统内信息传导和功能实现过程的基础上，将既有建筑节能改造市场发展运行机制解释为动力机制、保障机制、促进机制、传导机制和实现机制的耦合作用关系。其中动力机制由技术驱动力、劳动力驱动力、资本驱动力、竞争驱动力、需求拉动力和政策推动力以及资源支持力构成；保障机制由市场的监督管理和信息管理构成；促进机制由产业制度变革和节能服务产业整合构成；传导机制由物流和信息化手段构成；实现机制由供求机制、价格机制、竞争机制、风险机制和货币机制构成。在市场不同发展阶段，主导机制会发生更替转换。通过建立市场发展机制模型，清晰解释了市场运行演进过程。明确了既有建筑节能改造市场发展内涵包括企业核心竞争力提升、市场结构优化和产业规模扩张三个方面。

（5）基于演化经济学共演理论提出市场内、外部优化发展路径。引入演化经济学的企业与产业共演理论深入探究既有建筑节能改造市场发展的本质原因，得出知识的创生和累积是市场发展的根本原因。并从狭义市场定义的内部和外部两个方面探索市场发展优化路径。从市场自组织发展角度出发，在分析企业核心竞争力积累、企业间互动关系和产业成长周期的基础上，建立基于创新与合作的优化发展路径模型；从政府监管视角出发，通过建立进化博弈模型分析得到 ESCO 与政府的复制动态和进化稳定策略，并讨论不同创新激励成本和收益情况下，政府和企业的行为策略转换关系，得到政府有效激励 ESCO 进行自主研发创新的行为边界与市场外部的优化管理策略。

（6）提出针对既有建筑节能改造市场化运行的优化发展策略。基于既有建筑节能改造市场特性分析以及既有建筑节能改造市场发展因素及动态反馈系统特征和运行机理分析，提出了推进"市场主导、政府监管"的市场化发展模式、优化要素市场构成、支持市场可持续发展，以及以市场需求为导向推动企业技术创新等三个方面优化发展路径和运行、监管策略，为市场发展和政府决策提供理论基础。

12.1.3 基于市场成熟度的既有建筑节能改造政策体系构建机理研究结论

既有建筑节能改造市场健康发育是加快完成既有建筑节能改造目标的重要前提，推动市场健康发育离不开科学的政策引导与规制，基于市场发育成熟度探讨既有建筑节能改造政策体系构建机理、架构适应市场发育的有效政策体系具有重要的理论价值与实践意义。本书以市场和政策体系两条主线推进：市场主线分析了市场构成主体与市场发育阶段划分，建立了既改市场成熟度评价模型，给出了市场发育阶段的科学界定及判定方法；政策体系主线以国内外既改政策体系现状分析为基础，探讨了政策体系构建中的主体行为策略选择，构建了既改政策有效性评价模型，提出了政策有效程度的判定标准。最后将两条主线相结合，分析了市场不同阶段政策需求特征、基于市场发育的政策演变机理、适应市场发育的有效政策体系构架、政策体系优化路径选择与实施策略。概括起来，在以下五个方面取得初步研究成果。

（1）既有建筑节能改造市场构成主体与市场发育阶段界定研究。从政策建设视角分析了既有建筑节能改造市场中中央政府、地方政府、建筑业主、ESCO 等构成主体特征及其职责，剖析了市场显性需求不足、经济外部性、信息不对称性三个方面的运行特征。应用系统动力学原理从市场自身、社会环境、经济影响三个维度分析了影响既有建筑节能改造市场发育成熟度的 15 个因素，提出了市场培育、成长、发展、成熟四个发育阶段的界定标准。

（2）既有建筑节能改造政策体系架构与实施环境研究。从我国既有建筑节能改造政策体系现状分析入手，对比我国与发达国家政策体系特点和构建实践，指出了我国既改政策体系在完备性、动态性、可操作性、系统性、层次性、地区差异性六个方面与发达国家存在差异；借鉴国外发达国家成功经验，构建了基于市场发育、涉及市场运行多主体的既有建筑节能改造政策体系基本框架；从经济环境、政治支持、社会影响、技术创新、监管机制建设五个方面探析了既有建筑节能改造政策实施的环境条件。

（3）既有建筑节能改造政策构建中的主体行为博弈研究。基于进化博弈理论和不完全信息动态博弈理论，以市场运行有效性为导向，分别架构了激励性政策下、激励性＋强制性政策下政府主管部门与 ESCO 的行为博弈模型；分析了不同政策下 ESCO 的行为策略选择路径及主体选择最优策略；确定了激励补贴额度的合理区间和两种政策共同作用下政府监管的概率取值；基于博弈结果的理论分析，形成了激励性政策构建、激励性＋强制性政策构建的有益启迪。

（4）既有建筑节能改造政策有效性评价研究。从既有建筑节能改造政策有效性评价的内涵出发，按照层次关联关系，从政策自身效果、政策行政管理效果、政策执行效果三个维度构建了既有建筑节能改造政策有效性评价指标体系，运用重要性排序法确定指标权重、运用灰色综合评价法实施评价过程；以市场培育阶段财政补贴政策和税收优惠政策为例进行评价与分析，得出市场培养阶段财政补贴政策更为有效的结论和政策改进建议。

（5）既有建筑节能改造市场成熟度评价及政策体系优化策略研究。从市场划分科学性要求出发，构建了既有建筑节能改造市场发育成熟度评价模型，给出了市场成熟度的科学度量方法和标准；通过市场发育不同阶段的政策需求特征分析、基于市场发育的政策演变机理分析，探析了政策有效性与市场发育匹配性的内在机理，架构了适应市场发育的有效政策体系框架；最后提出了既有建筑节能改造政策体系优化路径与内外在要素双向驱动的实施策略：内在驱动力开发及运行策略包括明确主体定位、激活政策体系优化内在动力，完善政策构建系统、提高政策制定科学性两个方面；外在驱动力建设及促进措施包括健全政策反馈系统、增强政策体系优化外在驱动，加大财力资源投入、提高政策执行物质保障，强化全过程监管、促进政策实施有效性三个方面。

12.2　研　究　展　望

12.2.1　市场主体行为策略视角

　　既有建筑节能改造是一项复杂的系统工程，培育和完善既有建筑节能改造市场，以市场化手段推进既有建筑节能改造工作是实现我国建筑节能战略的必然选择。鉴于研究视角和篇幅的限制，本书只初步形成了既有建筑节能改造市场培育理论体系和实践策略，尚存在需进一步深入研究的问题。

　　（1）主体行为因素动态仿真机制的建立及各因素间的相互影响及反馈机理。在节能改造主体行为影响因素的研究中，仅根据既有节能改造市场特征及规律考虑影响节能改造主体行为的内在和外在因素，为探究主体行为选择的主要路径及演变规律，基于系统动力学原理分析这些影响因素之间的相互作用与反馈关系值得进一步研究。

　　（2）选择合理数理统计方法对市场成熟度进行量化评价。对于既有建筑节能改造市场保障体系的构建没有考虑到市场的成熟程度对政策制定的影响，相关政策的制定应与时俱进，应根据不同的市场发育阶段制定不同的政策，鉴于此，既有建筑节能改造市场成熟度指标体系构建及市场发育成熟度度评价值得进一步研究。

　　（3）多主体多层次博弈分析研究。在对既有建筑节能改造市场中各主体间的行为博弈分析中，构建博弈模型是基于两两主体之间行为策略，基于行为策略制定的相应政策也仅针对单一主体，但在复杂的既有建筑节能改造市场中，各主体之间相互联系、相互制约，应建立政府与市场各主体间的多主体、多层次博弈模型，得到全方位的行为均衡策略，这方面有待改进。

12.2.2　市场发展路径优化视角

　　既有建筑节能改造市场发展理论分析是一项全面、复杂、庞大的系统工程，需要通过理论分析与实践经验相结合，因此，需要建立在大量实证的基础上对理论研究进行检验。本书研究内容侧重解释市场运行机理，并在市场基础特征研究和原理解释等方面进行了十分具体、翔实的研究、解释工作，并且基于知识经济和演化经济的新视角解释市场发展本质内涵，取得了一定的创新成果，但是由于研究时间有限和有限理性，仍有大量内容需要后期继续探索，主要包括以下三个方面。

（1）本书在系统间各因素及子系统的相互影响因果关系方面深入研究，后期将加入量化分析，尤其对于系统动力学模型的应用，应在因果关系分析的基础上，采集变量数据，进一步得出系统的流量存量关系，运用相关系统分析软件如Vensim对其进行数据分析，通过数学模型对所建立系统进行仿真，以实践结果修正系统模型，使其能够准确反映市场运作过程。但是鉴于中国既有建筑节能改造市场化进程缓慢，数据可得性较差，因此，需要长时间跟踪观察，时刻关注行业发展，并对现有模型进行纠正。

（2）本书将既有建筑节能改造市场划分为狭义市场和广义市场，其中广义市场包含 ESCO、政府、金融机构、业主等。由于团队研究精力有限，只对狭义市场外部主体中的政府主体进行研究，简略了金融机构和业主群体对服务市场的影响作用。但是由系统分析可知，金融机构和业主群体对服务市场具有重要影响，其中金融机构的金融产品创新可以有效改善节能服务市场融资缺口问题，业主群体的显性需求上升也可有效拉动节能服务市场发展。因此今后还需对其他外部主体进行行为研究，为提出有效优化发展策略提供理论根据。

（3）根据本书既有建筑节能改造市场运行机制模型研究成果，既改市场发展主要表现为企业核心竞争力提升、市场结构优化和产业规模扩张三个方面。本书重点解释市场层面发展机理及建议对策，对企业和产业研究缺乏深入展开。纵览行业相关研究，郭汉丁和葛继红对 ESCO 核心竞争力进行了全面而深入的研究，但是学术界缺乏对节能服务产业扩张和产业链、产业结构的系统化研究。本书核心部分建立在演化经济学范畴的企业与产业共演理论之上，因此，后期有必要对节能服务产业进行深入探索研究，弥补理论空白。

12.2.3　政策体系构建视角

基于市场成熟度的既有建筑节能改造政策体系构建机理研究是一项需要持续探索的发展课题，鉴于笔者收集资料的局限性和调研分析的主观性限制，市场发育动态模拟仿真、多主体动态博弈和评价模型优化等方面有待深化研究。

（1）市场发育成熟度影响因素动态反馈仿真机制探索将成为研究新动态。本书对于市场发育成熟度影响因素，仅对市场构成主体及供需关系的影响进行了定性研究，深入探究了市场由低级阶段向高级阶段的发育路径与发展机理，需要运用系统动力学工具，寻求因素间相互作用关系与反馈机理，构建相应的系统流程图，并进行计算机仿真，以量化关键变量、明晰各变量间结构和动态关系，得出各变量对市场成熟度的影响程度，这方面将在未来继续研究。

（2）政策体系构建中的多主体动态博弈分析值得深化探讨。政策体系构建中探讨了激励性政策下、激励性＋强制性政策下政府主管部门与 ESCO 的行为博弈；而市场发育的阶段性、政策体系构建本质上的复杂性，对政府主管部门与其他市场主体间的多主体动态博弈及行为策略选择提出了必然要求。为提高政策制定的科学性，政策体系构建中的多主体动态博弈研究需要进行深化。

（3）市场发育成熟度评价模型的科学性有待进一步优化。既有建筑节能改造市场信息不对称的本质特征造成市场成熟度评价难以获取实际真实数据，本书中已尽量选取贴近评价对象本质特征且避免数据限制的量化评价方法。但不可否认，依靠专家打分使人为主观性难以避免。因此，打破数据局限，以实际真实数据为依托的市场成熟度评价模型优化需要进一步研究。

参 考 文 献

[1] 清华大学建筑节能研究中心. 中国建筑节能研究发展分析报告（2010）[M]. 北京：中国建筑工业出版社，2010：12～18.

[2] 王肖芳. 重庆既有住宅节能改造研究[D]. 重庆：重庆大学，2007.

[3] 马兴能，郭汉丁，尚伶. 基于市场特征的既有建筑节能改造中业主行为分析[J]. 建筑科学，2012，28（4）：52～56.

[4] 陈涛，陈漪，陈烈，等. 推行合同能源管理存在的问题及相关建议[J]. 建筑经济，2012，33（1）：67～69.

[5] Morelli M，Harrestrup M，Svendsen S. Method for a component-based economic optimization in design of whole building renovation versus demolishing and rebuilding[J].Energy Policy，2014，（65）：305～314.

[6] Juan Y K，Kim J H. GA—based decision support system for housing condition assessment and refurbishment strategies[J].Automation in Construction，2008，（18）：394～401.

[7] Dascalaki E，Balaras C A. XENIOS—a methodology for assessing refurbishment scenarios and the potential of application of RES and RVE in hotels[J].Energy and Buildings，2004，36（11）：1091～1105.

[8] 郭汉丁，马兴能，尚伶. 既有建筑节能改造市场培育实践与理论研究综述[J]. 科技进步与对策，2012，18（3）：151～156.

[9] 卢双全. 建筑节能改造的外部性分析与激励政策[J]. 节能经济，2007，（4）：43～46.

[10] 刘玉明，刘长滨. 既有建筑节能改造的经济激励政策分析[J]. 北京交通大学学报（社会科学版），2010，9（2）：52～57.

[11] 金占勇，韩青苗，孙金颖，等. 北方采暖地区既有居住建筑节能改造融资方案设计[J]. 四川建筑科学研究，2010，36（16）：252～256.

[12] 梁洋，毕既华. 既有建筑改造的监管机制研究[J]. 沈阳建筑大学学报（社会科学版），2011，13（1）：31～34.

[13] 中华人民共和国住房和城乡建设部. 住房城乡建设部关于印发"十二五"绿色建筑和绿色生态城区发展规划的通知[EB/OL]. http://www.mohurd.gov.cn/wjfb/201304/t20130412_213405.html [2013-04-03].

[14] 朱世君. 协同发展，让建筑更加舒适节能[J]. 建设科技，2014，22（5）：55～57.

[15] 魏兴，郭汉丁. 国内外既有建筑节能改造政策法规体系构建实践分析[J]. 建筑经济，2014，（6）：68～72.

[16] 戴建如. 中国合同能源管理融资模式研究[D]. 北京：中央财经大学，2005.

[17] Lee P，Lam P T I，Yik F W H，et al. Probabilistic risk assessment of the energy saving shortfall in energy performance contracting projects—a case study[J].Energy and Buildings，2013，（66）：353～363.

[18] 陈赟. 加快我国合同能源管理发展的思考[J]. 中国能源, 2011 (1): 42~44.

[19] Brown N W O, Malmqvist T, Bai W, et al. Sustainability assessment of renovation packages for increased energy efficiently for multi-family buildings in Sweden[J]. Building and Environment, 2013, (61): 140~148.

[20] 龙惟定, 范蕊, 梁浩. 提供全程服务的建筑合同能源管理[J]. 建设科技, 2012, (4): 36~39.

[21] 连春琦, 赵世强. 建筑业引入合同能源管理新机制的探讨[J]. 建筑经济, 2007, 7 (2): 118~120.

[22] 师旭燕, 郭汉丁, 焦江辉. 我国既有建筑节能改造项目融资理论研究[J]. 北方经贸, 2011, (4): 136~137.

[23] 陈静. 既有建筑节能改造多元主体融资模式研究[J]. 金融经济, 2013, 8 (4): 80~82.

[24] 沈龙海. 加大政策支持和引导推行合同能源管理节能新机制[J]. 上海节能, 2010, (6): 14~18.

[25] 张良. 规模化既有建筑节能改造的探索与实践[J]. 建设科技, 2014, 9 (6): 55~57.

[26] 李先铎, 李孟原, 贺喜格图. 绿色节能技术在既有建筑改造中的应用[J]. 山西建筑, 2015, (1): 194~195.

[27] Paiho S, Hedman A, Abdurafikov R. Energy saving potentials of Moscow apartment buildings in residential districts[J]. Energy and Buildings, 2013, (66): 706~713.

[28] 续振艳, 郭汉丁, 任邵明. 既有建筑节能改造市场的信息不对称分析及对策研究[J]. 建筑经济, 2009, (6): 94~98.

[29] 梁传志, 侯隆澍. 既有建筑节能改造: 进展·成效·建议[J]. 建设科技, 2014, 7 (4): 11~14.

[30] 葛新, 尹笑迪. 北方既有居住建筑节能改造项目技术经济评价[J]. 经营与管理, 2015, (1): 78~80.

[31] 夏吉龙. 市场化途径下的公共建筑节能改造研究[J]. 科技风, 2015, 2 (1): 185.

[32] 马兴能, 郭汉丁, 尚伶. 第三方权威认证及评估机构与节能服务企业在既有建筑节能改造评估中的博弈分析[J]. 建筑科学, 2011, 12 (9): 61~65.

[33] 侯静, 武涌, 刘伊生. 既有公共建筑节能改造市场化途径研究[J]. 城市发展研究, 2014, (6): 1~5.

[34] 马兴能. 既有建筑节能改造市场主体行为策略与保障体系研究[D]. 天津: 天津城市建设学院, 2012.

[35] 韩青苗, 张洋, 占松林, 等. 我国建筑节能服务市场供给分析[J]. 建筑经济, 2008, 12 (10): 89~92.

[36] 丁克伟, 王素凤, 潘和平. 完善我国建筑节能政策体系的对策研究[J]. 合肥工业大学学报 (社会科学版), 2014, 6 (3): 44~48.

[37] 朱锡平. 新时期政府节能管理模式研究[J]. 宁夏大学学报 (人文社会科学版), 2006, (1): 84~90.

[38] 奥斯雷格. 中德技术合作 "中国既有建筑节能改造" 项目成果汇编 (2) —德国和东欧国家预制板居住建筑综合节能改造投融资模式研究[M]. 北京: 德国技术合作公司, 2008: 17~24.

[39] Amstalden R W, Kos M, Nathani C. The effects of policy instruments and energy price expectations[J]. Energy Policy, 2007, (35): 1819~1829.

[40] Beehler M E. Managing risk on available transmission capacity using performance

contracting[C]. Transmission & Distribution Construction，1998 IEEE 8th International Conference，1998：167~171.

[41] Bertoldi P，Rezessy S，Vine E. Energy service companies in European countries：current status and a strategy to foster their development[J]. Energy Policy，2006，34（14）：1818~1832.

[42] Westling H. Performance contracting summary report from the IEA DSM Task X within the IEA DSM implementing agreement[J]. International Energy Agency，Paris，2003，（6）：416~423.

[43] Bertoldi P，Berrutto V，De R M. How are EU ESCOs behaving and how to create a real ESCO market[C]. Proceedings of the Summer Study Conference，ECEEE，Saint Raphaël，France，2003.

[44] Biermann A. ESCOs in the liberalized domestic UK energy markets–barriers to establishing ESCOs and possibilities to overcome them in the UK energy markets[J].Proceedings of the 2001 ECEEE Summer Study，European Council for an Energy-Efficient Economy，Paris，France，2001，（2）：437~446.

[45] Mills E，Kromer S，Weiss G，et al. From volatility to value：Analysing and managing financial and performance risk in energy savings projects [J]. Energy Policy，2006，34（2）：188~199.

[46] Uihiein A，Eder P. Policy options towards an energy efficient residential building stock in the EU-27[J]. Energy and Buildings，2010，（42）：791~798.

[47] Izquierdo M，Veegs M，Daniel J. Life cycle and optimum thickness improved preformed ceramics brick walls[C]. The Case of Chile，The 2005 World Sustainable Building Conference，Tokyo，2005：418~425.

[48] Bustamante W，Bobadilla A. Energy efficiency in houses with thermally improved preformed ceramics brick walls[C]. The Case of Chile，The 2005 World Sustainable Building Conference，Tokyo，2005：1127~1134.

[49] Tavil A. Window system design and selection for energy conservation in Turkey[J]. The 2005 World Sustainable Building Conference，Tokyo，2005，27（9）：265~273.

[50] 刘玉明，刘长滨. 采暖区既有建筑节能改造外部性分析及应用[J]. 同济大学学报，2009，（11）：1521~1525.

[51] 金占勇，武涌，刘长滨. 基于外部性分析的北方供暖地区既有居住建筑节能改造经济激励政策设计[J]. 暖通空调，2007，37（9）：14~19.

[52] 吕石磊，武涌. 北方采暖区既有建筑节能改造的目标识别和障碍分析[J]. 暖通空调，2007，（9）：20~24.

[53] 张丽，王永慧. 既有建筑节能改造经济激励政策研究[J]. 建筑经济，2008，（6）：94~96.

[54] 李菁，马彦琳，梁晓群. 既有建筑节能改造的融资障碍及对策研究[J]. 建筑经济，2007，（12）：37~40.

[55] 梁镜，李百战. 中国公共建筑节能管理与改造制度研究[J]. 建筑科学，2007，23（4）：9~15.

[56] 孙金颖，刘长滨. 西南地区公共建筑节能改造投融资机制探讨[J]. 建筑经济，2007，（4）：36~39.

[57] 张维迎. 博弈论与信息经济学[M]. 上海：上海人民出版社，2004：398~429.

[58] 王洪波，梁俊强，刘长滨. 建筑节能服务公司的信息传递博弈模型[J]. 暖通空调，2007，

37（10）：12～16.

[59] 韩青苗，刘长滨，张洋，等. 非对称信息下既有建筑节能改造经济激励合约设计[J]. 土木工程学报，2009，42（8）：129～133.

[60] 马兴能，郭汉丁，尚伶. 国内外既有建筑节能改造市场培育实践研究分析[J]. 建筑节能，2012，（2）：71～74.

[61] 刘玉明. 既有居住建筑节能改造经济激励研究[D]. 北京：北京交通大学，2009.

[62] Sorrel S. The economics of energy service contracts[J]. Energy Policy，2007，（35）：507～521.

[63] 俞振发，黄义龙. 推进我国既有建筑节能的对策思路[J]. 安徽建筑，2008，（2）：27～34.

[64] 窦媛，郭汉丁，葛继红，等. 国内外建筑节能实施过程管理实践研究分析[J]. 建筑节能，2009，37（11）：11～14.

[65] 孙鹏程，刘应宗，尹波. 节能建筑市场的信息不对称分析及对策[J]. 西安电子科技大学学报，2008，18（2）：89～93.

[66] 武涌. 既有建筑节能的鼓励政策和举措[C]. 物业管理与既有建筑节能论坛暨会员单位交流会 FOCUS，北京，2010：18～19.

[67] 何维达，王清勤，于一. 既有居住建筑节能改造市场化推广模式比较研究[J]. 城市发展研究，2010，17（7）：52～55.

[68] 丰艳萍. 既有公共建筑节能激励政策研究[D]. 北京：北京交通大学，2010.

[69] 高鸿业. 西方经济学[M]. 北京：中国人民大学出版社，2000.

[70] 张琦. 既有建筑节能改造管理研究[D]. 天津：天津大学，2010.

[71] 梁洋，毕既华. 推动我国既有建筑改造政策研究[J]. 建设科技，2010，22（13）：78～80.

[72] 任邵明，郭汉丁，续振艳. 我国建筑节能市场的外部性分析与激励政策[J]. 建筑节能，2009，（1）：75～78.

[73] 单英华，金占勇，刘长滨，等. 对北方采暖地区既有居住建筑节能改造专项资金的探讨[J]. 建筑经济，2009，（3）：62～65.

[74] 尹波，刘应宗. 建筑节能领域市场失灵的外部经济性分析[J]. 华中科技大学学报（城市科学版），2005，4（2）：69～72.

[75] 马兴能，郭汉丁，尚伶. 基于市场特征的既有建筑节能改造中业主的行为分析[J]. 建筑科学，2012，（4）：52～56.

[76] 张大伟，郑慧君，李硕. 建筑节能的社会效益分析[J]. 中小企业管理与科技（上旬刊），2015，（1）：99～101.

[77] 金汐，魏景姝，张亮，等. 既有建筑绿色化改造产业链研究[J]. 住宅产业，2012，（9）：20～23.

[78] 陆园园，薛镭. 基于复杂适应系统理论的企业创新网络研究[J]. 中国科技论坛，2007，12（10）：76～80.

[79] 刘美霞，武洁青，刘洪娥. 我国既有建筑改造市场研究及运行机制设计[J]. 城市开发，2010，22（14）：65～69.

[80] 孙鹏程. 建筑节能服务发展管理研究[D]. 天津：天津大学，2007.

[81] Bames R W. The structure and responsibilities of the surgical organizations：How do fit into the program director's responsibilities?[J]. Current Surgery，1999，56（12）：87～89.

[82] 付继娟，聂锐. 基于有限理性的员工与组织匹配的进化博弈模型分析[J]. 中国管理科学，2007，15（专辑）：587～590.

[83] 马兴能，郭汉丁，尚伶. 基于外部性的既有建筑节能改造业主进化博弈行为分析[J]. 工程管理学报，2011，25（6）：644～648.

[84] 王孟钧，王艳. 建筑市场激励机制的博弈分析[J]. 武汉理工大学学报，2001，23（4）：78～80.

[85] 田盈，蒲勇健. 建筑市场激励机制设计[J]. 重庆大学学报，2003，26（10）：140～142.

[86] 王凯. 建筑节能及既有建筑节能改造相关问题探索与研究[J]. 建筑设计管理，2014，2：92～93.

[87] Paiho S，Hoang H，Hedman A. Energy and emission analyses of renovation scenarios of a Moscow residential district[J].Energy and Buildings，2014，（76）：402～413.

[88] Peeehenino J A R. An over lapping generations model of growth and the environment[J]. Economic Journal，1994，（104）：1393～1411.

[89] Casals X G. Analysis of building energy regulation and certification in Europe：Their role，limitations and differences[J]. Energy and Buildings，2006，（38）：381～392.

[90] Painuly J P，Park H，Lee M K，et al. Promoting energy efficiency financing and BEMCOs in developing countries：Mechanisms and barriers[J]. Journal of Cleaner Production，2003，11（6）：659～665.

[91] 刘继仁，郭汉丁，崔斯文，等. 既有建筑节能改造市场发展机理研究综述[J].建筑经济，2014，9：81～85.

[92] 王玲，田稳苓，陈朝霞.建筑节能产业发展模式与实施建议[J]. 商业时代，2011，（9）：124～125.

[93] 靳鑫.民用建筑节能影响因素分析及对策[J]. 科技风，2014，24（17）：166.

[94] 李铌，李亮，赵明桥，等. 城市既有建筑节能改造关键技术研究[J]. 湘潭大学自然科学学报，2009，（3）：104～111.

[95] 武元浩. 合同能源管理在我国北方住区节能改造的应用研究[D]. 哈尔滨：哈尔滨工业大学，2012.

[96] 黄志烨. 不确定条件下既有建筑节能改造项目投资决策研究[J]. 城市发展研究，2015，22（1）：4～8.

[97] 孙继昌. 建立建筑节能服务体系的思考[J]. 建设科技，2009，（3）：46～47.

[98] 陈静.既有建筑节能改造财政推动路径探析[J].天津经济，2013，（4）：41～43.

[99] 方晓春.既有建筑节能改造的实践与思考[J].建设科技，2012，15（11）：68～69.

[100] 石锋.建筑节能服务市场培育的政府行为研究[D].哈尔滨：哈尔滨工业大学，2014.

[101] 陈柳钦.市场化节能新模式——合同能源管理[J].创新，2013，（1）：54～59.

[102] 丁剑红.中国绿色建筑运行管理与优化之实践及思考[J].绿色建筑，2014，4（3）：22～25.

[103] 刘振.技术创新自组织系统理论及其应用[D]. 南宁：广西大学，2003.

[104] 黄凯南.现代企业演化理论：方法论、核心概念及其解释逻辑[J].江海学刊，2006，（5）：72～76.

[105] 黄凯南.企业和产业共同演化理论研究[D]. 济南：山东大学，2007.

[106] 逯笑微.基于组织变革的产业演化机理研究[D].大连：大连理工大学，2010.

[107] 杨保军，黄志斌.基于知识进化视角的技术创新与品牌进化耦合机制研究[J].自然辩证法研究，2014，12（8）：30～35.

[108] 周立华，王天力，张明晶.演化与企业演化机制的探析[J].长春工业大学学报（社会科学版），

2013，（6）：23～26.

[109] 谢雄标，严良.产业演化研究述评[J].中国地质大学学报（社会科学版），2009，6（5）：97～103.

[110] 梁传志，侯隆澍.夏热冬冷地区既有居住建筑节能改造政策要点与工作进展[J].建设科技，2013，（13）：18～21.

[111] 李晖丹.基于技术链构建的新兴产业形成路径研究[D].大连：大连理工大学，2011.

[112] 杨忠泰.我国高新技术产业自主创新模式的选择[J].科技管理研究，2012，2（2）：12～16.

[113] 李俊莉.资源产业演进的自组织理论解释[D].长春：吉林大学，2006.

[114] 张良桥.进化博弈：理论与方法[J].顺德职业技术学院学报，2007，3（1）：37～42.

[115] 龙天炜，汪艳杰.政府与科技型中小企业间技术创新进化博弈行为分析[J].天津商业大学学报，2013，（2）：13～17.

[116] 孟葵.建筑市场：现状、特点及其运行机制[J].天津城市建设学院学报，1995，（4）：43～44.

[117] 龙惟定，白玮，马素贞，等.我国建筑节能服务体系的发展[J].暖通空调，2008，7（2）：36～43.

[118] 李玉洁.我国建筑节能服务扩散影响因素研究[D].杭州：浙江工商大学，2011.

[119] 陈扬.供应链联盟协同进化机制与策略[D].武汉：武汉科技大学，2009.

[120] 孙鹏程，刘应宗，梁俊强，等.建筑节能领域的政府失灵及其对策[J].建筑科学，2007，12（4）：1～6.

[121] 王笑平.城市建筑节能改造经济性分析[J].低碳世界，2014，（21）：271～272.

[122] 古小东，夏斌.我国推行合同能源管理的问题与对策研究[J].企业经济，2012，（3）：149～152.

[123] Beerepoot M. Government regulation as an impetus for innovation: Evidence from energy performance regulation in the Dutch residential building sector[J]. Energy Policy, 2007,（35）: 4812～4825.

[124] 张玉东.我国合同能源管理的立法现状及前瞻[J].政法论丛，2011，（4）：86～92.

[125] 张仕廉，李学征，刘一.绿色建筑经济激励政策分析[J].生态经济，2006，（5）：312～315.

[126] 尚伶，郭汉丁，马兴能.既有建筑节能改造项目投资管理实践与理论研究综述[J].建筑节能，2012，（8）：62～66，70.

[127] Stephen D. Barriers within firms to energy-efficient investments[J]. Energy Policy, 1993, 21（9）: 906.

[128] 马丽，李惠民，齐晔.中央-地方互动与"十一五"节能目标责任考核政策的制定过程分析[J].公共管理学报，2012，9（1）：1～8，121.

[129] Kanyama C，Linden A，Eriksson B. Residential energy behavior: Does generation matter[J]. International Journal of Consumer Studies, 2005, 29（3）: 239～253.

[130] 陶小马，杜增华.欧盟可交易节能证书制度的运行机理及其经验借鉴[J].欧洲研究，2008，（5）：62～77.

[131] Drezner J A. Designing effective incentives for energy conservation in the public sector[D]. Berkley: Doctor Dissertation of the Claremont Graduate University, 1999.

[132] 韩青苗，杨晓冬，占松林，等.建筑节能经济激励政策实施效果评价指标体系构建[J].北京交通大学学报（社会科学版），2010，9（3）：59～63.

[133] 许鹏，殷荣欣，朱亚明，等.美国建筑节能研究总览[M].北京：中国建筑工业出版社，

2012：124～125.

[134] 傅丽娜. 合同能源管理经济激励机制研究[D]. 北京：北京建筑工程学院，2012.

[135] 刘桦，李晨. 建筑节能服务公司的国内外比较研究[J]. 建筑经济，2012，33（11）：76～79.

[136] 续振艳，郭汉丁，任邵明. 国内外合同能源管理理论与实践研究综述[J]. 建筑经济，2008，29（12）：100～103.

[137] 周查理. 我国建筑节能立法成就及国外立法经验借鉴[J]. 节能减排，2009，（5）：10～13.

[138] 周查理. 发达国家建筑节能立法经验[J]. 上海房产，2010，（1）：50～52.

[139] 韩晓娜. 我国建筑节能公共政策环境分析及对策研究[D]. 天津：天津理工大学，2008.

[140] 李学胜. 建筑节能中政府作用研究[D]. 青岛：青岛大学，2008.

[141] 郑晓蕾. 建筑节能政府管理与市场机制互动研究[D]. 重庆：重庆大学，2009.

[142] 涂逢祥. 坚持中国特色建筑节能发展道路[M]. 北京：中国建筑工业出版社，2012：42～56.

[143] 王勇军. 中央政府与地方政府在城市空气污染治理中的博弈分析[D]. 成都：西南石油大学，2012.

[144] 廉龑，郝有志，张强，等. 北方采暖地区既有居住建筑节能改造投融资模式研究//中国城市科学研究会，中国建筑节能协会，中国城市科学研究会绿色建筑与节能专业委员会. 城市发展研究——第7届国际绿色建筑与建筑节能大会[C]. 北京，2011：276～279.

[145] 龙惟定，白玮. 能源管理与节能——建筑合同能源管理导论[M]. 北京：中国建筑工业出版社，2012：14～25.

[146] 周鲜华，曹斯雯，夏宝晖. 低碳经济驱动的既有建筑节能改造融资策略研究[J]. 中国软科学，2010，（S1）：97～101.

[147]《MPA必读核心课程》编写组. 公共部门经济学[M]. 北京：中国人民大学出版社，2005：66～73.

[148] 周惠中. 略谈伪劣产品和打假——不对称信息理论的应用，现代经济学前沿专题[M]. 北京：商务印书馆，1999：44～59.

[149] Roberts E B. Managerial Applications of System Dynamics[M]. Cambridge：Productivity Press，1978：46～66.

[150] Goldman C A，Hopper N C，Osborn J G. Review of US ESCO industry market trends：An empirical analysis of project data[J]. Energy Policy，2005，33（3）：387～405.

[151] 贺勇，张云波，詹朝曦，等. 基于行业寿命周期的建筑节能改造融资模式[J]. 武汉理工大学学报（信息与管理工程版），2011，33（5）：817～820.

[152] 金占勇. 北方采暖地区既有居住建筑节能改造经济激励研究[D]. 哈尔滨：哈尔滨工业大学，2010.

[153] 国务院发展研究中心技术经济研究部"赴日本、韩国"考察团（田杰棠执笔）. 韩国的能效认证和能源审计检查制度及启示[EB/OL]. http://www.drcnet.com.cn/eDRCnet.common. web/docview.aspx?leafid = 21199&docid = 1693903&version = integrated[2008-4-18].

[154] 尹波，武涌，刘应宗. 建筑能效标识体系的国际经验及启示[J]. 施工技术，2007，36（10）：54～56，64.

[155] 山东省人民政府. 山东省人民政府关于2012年度各市及省有关部门节能目标责任考核情况的通报[J].山东省人民政府公报，2013，（14）：14～20.

[156] 潘功胜. 建立规范透明有约束力的地方政府融资机制（学习贯彻十八届三中全会精神）[EB/OL]. http://finance.people.com.cn/n/2014/0630/c1004-25215239.html[2014-6-30].

[157] 郭琪. 公众节能行为的经济分析及政策引导研究[D]. 济南：山东大学，2007.

[158] 叶斯博力. 大连市居民节能行为影响因素及引导政策研究[D]. 大连：大连理工大学，2009.

[159] Hammerstein P，Selten R. "Game Theory and Evolutionary Biology" Hand-book of Game Theory[M]. Amsterdam：Elsevier，1994：144～158.

[160] 李旭升，陈鑫，石朝锋. 基于进化博弈的生态建筑项目开发商群体行为研究[J]. 资源开发与市场，2013，29（12）：1254～1256，1283.

[161] 翁瀚. 基于不完全信息多维博弈模型的城市产业的分析[D]. 广州：广东工业大学，2011.

[162] 乔云云. 不完全信息下的项目竞标策略贝叶斯博弈分析[D]. 广州：华南理工大学，2012.

[163] Friedman J W. Game Theory with Application to Economics[M]. New York：Oxford University Press，1990：35～55.

[164] 王洪波，刘长滨. 基于博弈分析的新建建筑节能激励机制设计[J]. 建筑科学，2009，25（2）：24～28.

[165] 张黎黎. 住房政策有效性评价研究[D]. 哈尔滨：哈尔滨工业大学，2012.

[166] 张印贤，郭汉丁，郭汉刚，等. 施工阶段主要分部工程质量政府监督评价方法[J]. 重庆工学院学报（社会科学版），2009，23（8）：57～62.

[167] 杨晓冬，惠晓峰，张黎黎. 住房政策有效性的灰色综合评价研究[J]. 中国软科学，2012，（11）：183～192.

[168] 陈美江. 基于灰色综合评价法的节能服务公司核心竞争力评价体系构建[D]. 杭州：浙江工商大学，2012.

[169] 魏兴，郭汉丁. 既有建筑节能改造市场发育成熟度评价探讨[J]. 建筑节能，2015，（1）：106～110，119.

[170] Saaty T L. A scale method for priorities in hierarchical structures[J]. Journal of Mathematical Psychology，1977，（15）：234～281.

[171] 董肇君. 系统工程与运筹学[M]. 3版. 北京：国防工业出版社，2011：59～64.

[172] 张力，夏露林. 美国区域经济政策的演变机理及其对我国的启示[J]. 当代经济，2010，（10）：114～117.

[173] 段树兵. 公共政策制定程序建设研究[D]. 长沙：湖南大学，2012.

[174] Thomas R D. Understanding Public Policy[M]. Englewood Cliffs：PrenticeHall Inc，1987：24.

[175] 喻晓雪. 优化地方政府创新型人才政策研究[D]. 苏州：苏州大学，2011.

后　记

　　正值我从事研究生教育 11 周年之际，《既有建筑节能改造市场发展机理与政策体系优化研究——基于主体行为策略视角》即将出版发行，这是我带领我的研究生动态研究团队十年共同努力、创新探索的结果，也是继《既有建筑节能改造 EPC 模式及驱动要素研究》（天津市哲学社会科学规划后期资助项目（TJGLHQ14））之后，研究生 11 年教育又一丰硕成果的彰显，一定程度上，本书标志着我们研究生教育的业绩与成就。本书是教育部哲学社会科学研究后期资助项目"既有建筑节能改造市场发展机理与政策体系优化研究——基于主体行为策略视角"（16JHQ031）的终期成果，是在完成住建部软科学研究项目（无经费资助）"既有建筑节能改造市场培育机制及其发展政策研究"，以及 3 篇硕士学位论文：马兴能的"既有建筑节能改造市场主体行为策略与保障体系研究"（2015 年获天津市优秀硕士学位论文）、刘继仁的"既有建筑节能改造市场发展路径优化研究"和魏兴的"基于市场成熟度的既有建筑节能改造政策体系构建机理研究"的基础上，经过整体系统架构和多次充实修改形成的。全书包括总括、市场培育实践、市场保障体系、市场发展政策、研究动态五大模块。

　　本书作为我们研究生教育的业绩成果，首先得益于建筑节能研究方向的确立。2003～2005 年在天津大学管理与经济学部从事博士后研究工作期间，按照合作导师刘应宗教授当时主导项目的研究要求，我作为核心成员参与完成了"废旧电器回收再生利用产业发展管理研究"和"天津市中长期节能规划研究"两个项目，这两个项目的研究奠定了我开展管理研究的循环经济理念。基于此，2007 年，天津城建大学开始管理科学与工程硕士研究生教育，选择了"既有建筑节能改造管理"作为研究生培养的主导研究方向，取得了丰硕的研究成果。在本书出版之际，衷心感谢我的导师刘应宗教授，是他开阔了我的研究视野，使我顺利步入生态宜居城市与可持续建设管理研究领域。

　　研究成果的取得依赖于稳定的研究方向和积极向上的动态创新研究团队。我们以生态宜居城市与可持续建设管理研究中心为平台，围绕稳定研究方向、实施整体规划、分步实施的思路开展研究生教育与培养，把科学研究探索与学生兴趣和基础相结合，研究方向引导与学生自主选择相结合，针对既有建筑节能改造管理，我们规划了既有建筑节能改造市场管理、交易关系、投融资管理、绿色建造、绿色产业链管理五大方向的 40 余个子课题，供我指导历届研究生学位论文选题。

自 2007 年起，持续开展了 11 年的研究历程，形成了以研究生为主体的动态研究团队。至今，已有 21 位硕士研究生（续振艳、任邵明、葛继红、窦媛、师旭燕、韩新娜、焦江辉、马兴能、尚伶、魏兴、刘继仁、崔斯文、张宝震、赵倩倩、张海芸、陶凯、王星、王毅林、郑悦红、吴思材、陈思敏）完成相关硕士学位论文并顺利毕业（其中，葛继红和马兴能分别于 2013 年和 2015 年获得天津市优秀硕士学位论文），尚有 9 位在读研究生（伍红民、李柏桐、李玮、秦广蕾、乔婉贞、王文强、刘美辰、魏永成、祁刚）以相关专题作为硕士学位论文研究方向，他们静心探索、勇于创新、团结奋进，在既有建筑节能改造管理研究方面不断推陈出新、创新探索、积累成果，为既有建筑节能改造研究动态团队建设和研究发展作出了积极贡献，我以他们为荣。

社会各界的支持与帮助是我们开展既有建筑节能改造管理研究的坚强后盾。有提供研究方便与研究资料的段炼、郭俊克、潘鹏程、郭汉刚、丰红彦、马辉、张宇、刘炳胜、杜亚玲、赖迪辉、王磊、张琦、潘辉、姜琳等老师、朋友与同事，有提供实习与工作的程贵堂、尹波、仙燕明、刘国发、丘佳梅、阎利等各位领导朋友，有项目立项与结项的评定推荐的王明浩正高工、仙燕明正高工、刘应宗教授、李健教授、孙钰教授、尹贻林教授、陈立文教授、陈敬武教授、尚天成教授、李书全教授、郝海教授、杜子平教授、王雪青教授、张连营教授、孙慧教授、易展能总经理、齐晓辉副总经理、刘祖玲正高工、蔡贵生正高工、刘向东正高工、田雨辰高工、曹红梅高工、郭邦军高工、郭振国高工等专家的指导与支持，有研究生学位论文开题与答辩委员王明浩正高工、仙燕明正高工、罗永泰教授、王建廷教授、符启勋教授、董肇君教授、陈敬武教授、尚天成教授、郭伟教授、李锦华教授、任志涛教授、刘戈教授、曹琳剑教授、张宇副教授、马辉副教授、刘国发高工等专家的指导与指正，有项目组成员张印贤、马辉、马兴能、魏兴、刘继仁以及研究生的共同努力，有王毅林、陶凯、王星、伍红民、李柏桐、吴思材、郑悦红、陈思敏等研究生广泛收集资料、细心整理文献、精心排版校对、积极参与研究。特别值得一提的是在教育部哲学社会科学研究后期资助项目的申报与结题鉴定过程中，各位专家精心细致的审阅、具体的修改建议与指正，更好地指导了成果的深化研究与完善。成果形成的过程中，还得到了科技进步与对策、科技管理研究、资源开发与市场、建筑经济、建筑科学、建筑、工程管理学报、建筑节能、项目管理技术、科技与产业、城市等期刊专家的指正与支持，借鉴与参考了包括参考文献在内的国内外专家、学者的观点与见解。本书出版得到了科学出版社的精心策划与编审帮助。本书出版得到天津市高等学校创新团队（TD13-5006）"建筑工业化与绿色发展"的资助。

在本书出版之际，对所有给予我们研究热忱指正的帮助者，一并表示诚挚的敬意和衷心的感谢！